I0887338

(DR)

# LES AVIONS DE COMBAT DE L'OTAN
## de 1949 à nos jours

Texte, profils et insignes Gérard PALOQUE
*Ouvrage réalisé sous la direction de Dominique BREFFORT*

COLLECTION Avions de Combat

**Avertissements**
1. : Pour d'évidentes raisons de mise en pages, les profils présentés dans les pages qui suivent ne sont pas tous à la même échelle.
2. Cet ouvrage ne traitant que des avions de combat, également pour des raisons de place, certains types d'appareils possédés par les nations membres de l'OTAN (transport, hélicoptères, etc.) ne sont pas évoqués. De même, certaines nations membres de l'Alliance ne sont pas citées (Albanie, Estonie, etc.), car elles ne possèdent pas, ou plus, d'avions de combat depuis leur adhésion à l'OTAN.

HEIMDAL

# NATO OTAN

*L'un des dix-sept Boeing E-3A Sentry spécialement décoré pour célébrer le 35e anniversaire de la création du NATO E-3A Component, en 2007.* (OTAN)

*Le F-104 Starfighter est un avion symbolique pour l'OTAN car il fut le premier chasseur acheté par une très large partie des pays membres.* (OTAN)

Afin de faire face à la menace sur l'Europe occidentale représentée par l'Union Soviétique à la fin des années quarante, et à la suite notamment du blocus de Berlin en 1948, plusieurs pays d'Europe de l'Ouest décidèrent de s'allier afin de s'apporter une assistance mutuelle en cas de conflit. Ces démarches aboutirent, le 4 avril 1949, à la signature du traité de l'Atlantique nord, rassemblant au sein de l'Organisation du traité de l'Atlantique nord (OTAN, en anglais NATO, pour *North Atlantic Treaty Organization*) dix nations européennes, ainsi que le Canada et les États Unis. Selon les termes de ce traité, les nouveaux Alliés décidèrent qu'« une attaque armée contre l'un d'entre eux (…) serait considérée comme une attaque contre tous », et qu'en réponse à cette attaque éventuelle, chacun des Alliés pourrait prendre « n'importe quelle mesure qu'il juge nécessaire, y compris le recours à la force ». Ce traité crée surtout le Conseil de l'Atlantique nord (CAN) qui, à la suite de la première explosion d'une bombe nucléaire par l'URSS et surtout du déclenchement de la guerre de Corée, va mettre sur pied, en décembre 1950, une organisation militaire intégrée permanente. Le grand quartier général de cette dernière, le SHAPE (*Supreme Headquarters Allied Powers Europe*), s'installera à Rocquencourt, en région parisienne, en avril 1951, avec à sa tête le général américain Dwight D. Eisenhower en tant que SACEUR (*Supreme Allied Commander Europe*). Quasiment dans le même temps, les Alliés instituent un secrétariat civil permanent de l'OTAN, dont le siège sera à Paris (dans les locaux de l'actuelle université Paris-Dauphine), et dont le premier Secrétaire général est le Britannique Lord H. L. Ismay.

Selon cette nouvelle organisation, les pays membres mettent à disposition des commandements de l'OTAN tout ou partie de leurs forces, dont ils continuent cependant d'assurer directement le coût. En revanche, pour contrer la supériorité quantitative des forces soviétiques, l'OTAN va prendre des mesures afin d'augmenter sensiblement les forces occidentales, la plupart du temps avec l'aide matérielle des États Unis.

Ces derniers vont en outre déployer de nombreuses forces en Europe dans le cadre de l'OTAN pendant toute la durée de la guerre froide. Ces forces sont placées sous l'autorité du Commandement des forces des États-Unis en Europe (en anglais EUCOM), dont le général commandant est le SACEUR. La composante aérienne de ces forces est l'US Air Force Europe (USAFE), dont le quartier général est situé sur la base de Wiesbaden, en Allemagne, et qui rassemble au total quatorze escadres aériennes (Wings), quatre basées au Royaume-Uni, trois en Allemagne Fédérale et sept en France.

Dans les années cinquante, trois nouveaux membres vont venir rejoindre l'OTAN : la Grèce et la Turquie qui vont renforcer le flanc sud, et surtout l'Allemagne Fédérale.

### PAYS MEMBRES DE L'OTAN

**Membres fondateurs (1949)** Belgique, Canada, Danemark, États-Unis, France, Islande, Italie, Luxembourg, Norvège, Pays-Bas, Portugal, Royaume-Uni.
***1952 :*** Grèce et Turquie.
***1955 :*** Allemagne.
***1982 :*** Espagne.
***1999 :*** Hongrie, Pologne, République Tchèque.
***2004 :*** Bulgarie, Estonie, Lettonie, Lituanie, Roumanie, Slovaquie, Slovénie.
***2009 :*** Albanie et Croatie.
***2017 :*** Monténégro.

L'adhésion de cette dernière, longtemps contestée par la France, aura des conséquences non négligeables car elle entraînera dans un premier temps une reconstitution des forces armées allemandes, et par ricochet la formation, en mai 1955, du Pacte de Varsovie, rassemblant les pays du Bloc de l'Est sous la férule soviétique.

La décennie suivante sera marquée en revanche par un départ, celui de la France. En effet, en septembre 1965, le général de Gaulle, soucieux de redonner son indépendance à la France, notamment vis-à-vis des États Unis, et d'assurer la sécurité du pays par la création d'une « Force de frappe » nationale, annonce lors d'une conférence de presse que la France, tout en restant membre de l'OTAN, va cesser sa participation aux commandements « intégrés » et ne mettra plus de forces à la disposition de l'OTAN. Cette décision va obliger les militaires étrangers, essentiellement américains, se trouvant sur le sol français (environ 30 000 hommes) à se redéployer dans les mois suivants sur d'autres bases de pays membres de l'Alliance, tandis que le siège de l'OTAN est déplacé en 1966 à Haren (faubourg de Bruxelles), et que le SHAPE s'installe à Maisières, près de Mons, également en Belgique, au début de l'année suivante.

L'Espagne ayant à son tour rallié l'OTAN en 1982, l'implosion de l'URSS et la dissolution du Pacte de Varsovie, entre 1989 et 1991, vont changer totalement la donne pour l'Alliance atlantique, essentiellement en raison de la disparition de son adversaire principal. Les budgets militaires vont ainsi être sensiblement réduits, tandis que de nouveaux membres, principalement de l'ancien bloc de l'Est, vont être accueillis à partir de 1999. Dans le même temps, l'Alliance va mener ses premières opérations militaires extérieures en 1992, d'abord en ex Yougoslavie (Bosnie en 1992-1995, Serbie et Kosovo en 1999), puis en Afghanistan (à partir de 2001) Libye (2011) et au Levant (à partir de 2016). La France ayant réintégré de plein droit l'OTAN en avril 2009, tout en conservant sa force de dissuasion nationale, trois nouveaux pays sont devenus membres de l'OTAN en 2009 (Albanie et Croatie) et 2017 (Monténégro), tandis que deux, la Bosnie Herzégovine et la Macédoine du Nord, ont sollicité leur adhésion.

***Le SHAPE (Supreme Headquarters Allied Powers Europe), le quartier général de l'OTAN, à Rocquencourt, en région parisienne. Le retrait de la France de l'OTAN l'obligea à déménager en Belgique en 1966.*** *(OTAN)*

### BASES AÉRIENNES DE L'OTAN EN FRANCE

Entre 1950 et 1967, l'US Air Force Europe a disposé de onze bases principales en France :

— Bordeaux-Mérignac Air Base (12th Air Force en 1952-1953, fermée en 1958)
— Chambley-Bussières AB (12th et 17th AF).
— Châteauroux Air Depot.
— Chaumont-Semoutiers AB (17th AF)
— Dreux-Louvilliers AB.
— Étain-Rouvres AB.
— Évreux-Fauville AB.
— Laon-Couvron AB (17th AF puis 3rd AF 1966-1970)
— Orly AB.
— Phalsbourg-Bourscheid AB.
— Toul-Rosières Air Base.

De son côté, la Royal Canadian Air Force (RCAF) déploya jusqu'en 1967 sa 1re Division aérienne (Air Division), dont le quartier général était situé au château de Mercy, près de Metz, sur les deux bases (Canadian Air Bases) de Grostenquin et de Marville.

### NATO E-3 COMPONENT

Depuis 1982, l'OTAN dispose de sa propre flotte d'AWACS, rassemblée sous le terme de « E-3A Component » (composante E-3A) qui est rattachée à la NATO Airborne Early Warning & Control Force (NAEW&CF, force de détection aérienne et de contrôle de l'OTAN) mise sur pied en janvier 1980. Cette composante est unique en son genre car elle est la première unité aérienne multinationale constituée par l'Alliance. Sa mission principale est la surveillance et l'organisation tactique du champ de bataille, et son commandement est assuré alternativement par un général de l'USAFE et de la Luftwaffe, qui opèrent sous les ordres directs du SACEUR, tandis que le commandement en second est systématiquement attribué à un colonel de l'armée de l'Air des Pays Bas.

La composante E-3A de l'OTAN dispose d'une quinzaine d'équipages provenant de seize des 29 pays membres de l'Alliance (Belgique, Canada, République tchèque, Danemark, Allemagne, Grèce, Hongrie, Italie, Pays Bas, Norvège, Pologne, Portugal, Roumanie, Espagne, Turquie et États unis) et rassemble environ 1 400 personnels militaires et civils.

Actuellement, la Composante possède dix-sept Boeing E-3A Sentry immatriculés au Luxembourg, répartis en trois squadrons opérationnels. Sa base principale est située à Geilenkirchen, en Allemagne, et elle dispose de bases avancées à Aktion (Grèce), Trapani (Italie), Konya (Turquie), Oerland (Norvège), tout en pouvant détacher personnel et matériel sur d'autres bases alliées, en fonction des missions et besoins.

# ALLEMAGNE

***Patrouille de deux EF2000 Typhoon II du Taktisches Luftwaffengeschwader 74 (TLG 74) « Mölders » de Neuburg.***
*(Luftwaffe)*

À la fin de la Seconde Guerre mondiale, l'Allemagne ne possédait plus d'armée et la Luftwaffe, son armée de l'Air, avait disparu dans la tourmente. De plus, le pays avait été divisé en deux, la République Fédérale d'Allemagne (RFA) dans le camp occidental, et la République démocratique allemande (RDA), rattachée au bloc de l'Est et membre du Pacte de Varsovie à partir de 1955.

L'OTAN, créée en 1949, se tourna vers l'Allemagne pour compenser le manque en matière de forces armées en Europe occidentale, malgré l'opposition de la France, très réticente au réarmement du pays, mais qui était à l'époque trop engagée militairement en Indochine pour apporter une contribution importante à l'Alliance. Le Bloc de l'Est devenant en outre de plus en plus puissant et la guerre froide s'installant, l'Allemagne fut donc autorisée, en 1956, à rejoindre l'OTAN, celle-ci s'engageant en retour à l'assister dans la reconstitution de sa force aérienne.

Les premiers appareils reçus par la Bundesluftwaffe naissante furent des Republic F-84F Thunderstreak, dont environ 450 exemplaires furent fournis à l'Allemagne à partir de 1956. La première unité équipée de ce modèle fut le *Jagdbombergeschwader* (JaboG, escadre de chasseurs bombardiers) 31 de Büchel, suivis par cinq autres unités (JaboG 32 à 36) entre 1958 et 1961. Ces Thunderstreak furent retirés du service en décembre 1966, et remplacés par des Starfighter. 108 exemplaires de la version de reconnaissance photographique de cet avion, le Republic RF-84F Thunderflash, seront fournis aux unités de reconnaissance allemandes, qui les utiliseront de 1958 à 1966, la *Waffenschule* 50 (WaSLw 50), ainsi que deux *Aufklärungsgeschwader* (escadrons de reconnaissance), les AG 51 et AG 52, étant spécialement créés à cette occasion.

Entre 1957 et 1960, des Canadair Sabre Mk.5 et Mk.6 commencèrent à équiper certaines unités de chasse de la Luftwaffe, dont les *Jagdgeschwader* (JG, escadres de chasse) 71, 72 et 73, ces appareils n'étant retirés du service qu'en 1983. Afin de constituer plusieurs unités spécialisées dans la chasse tout temps, la Luftwaffe reçut également 88 North American F-86K Sabre « Dog ». Utilisés de 1959 à 1966, ces chasseurs, fabriqués sous licence en Italie par la société Fiat, équiperont la Waffenschule 10 d'Oldenburg, ainsi que le JG 75 basé à Leipheim et le JG 74 de Neuburg.

La Luftwaffe entra dans l'ère supersonique en 1960, en recevant des Lockheed F-104G et TF-104G Starfighter. L'Allemagne utilisa jusqu'en 1987 916 exemplaires du « missile avec un homme à l'intérieur », deux escadres de chasse, le JG 71 « Richthofen », basé à Wittmundhafen, et le JG 74 « Mölders » de Neuburg, étant formées à cette occasion, ainsi que six escadres de chasseurs bombardiers précédemment équipées de F-84F, le JaboG 31 « Boelcke » à Nörvenich, le JaboG 32 (Lechfeld), le JaboG 33 (Büchel), le JaboG 34 (Memmingen), le JaboG 35 (Pferdsfeld) et le JaboG 36 (Rheine-Hopsten). Deux plus, deux escadres de reconnaissance furent également dotées de RF-104G, les AG 51 « Immelman » et AG 52, qui volaient auparavant sur Thunderflash.

**Republic Thunderstreak (s/n 53-7172) du 1./JaboG 32 (Jagdbombergeschwader 32). Fürstenfeldbruck, 1961.**

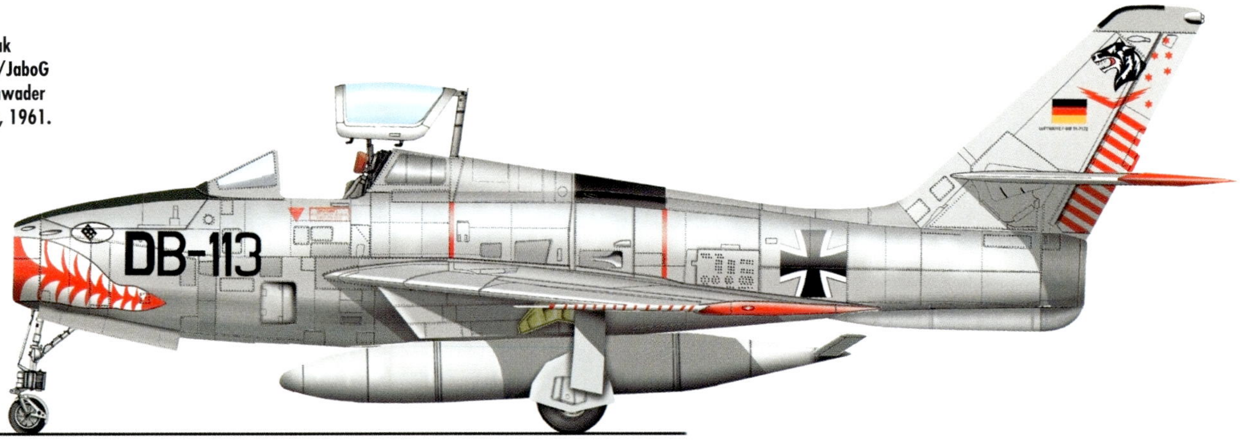

*Republic F-84F-71-RE Thunderstreak (s/n 53-6902)*

L'arrivée du Starfighter entraîna une réorganisation des unités de la Luftwaffe, les Sabre étant progressivement remplacés par le nouveau « Century Fighter », tandis que la Luftwaffe faisait l'acquisition, à partir de 1960, de 64 Fiat G.91R/3, complétés par 270 exemplaires supplémentaires du « Gina » construits par Dornier. L'arrivée de ce modèle fut, là encore, l'occasion de créer quatre nouvelles unités dédiées à l'attaque légère, ou *Leichtkampfgeschwader* (LeKG), se substituant aux JaboG et JG auparavant équipés de Thunderstreak et de Sabre : le LeKG 41 (ex JaboG 41) à Husum, le LeKG 42 (ex JG 73) à Pferdsfeld, le LeKG 43 (ex JaboG 43) à Oldenburg et le LeKG 44 de Leipheim, formé à partir de l'AG 53 qui avait été la première unité déclarée opérationnelle sur ce type en 1961. La Luftwaffe reçut également 45 Fiat G.91T/3 biplaces qui furent principalement utilisés par la Waffenschule 50 dès 1961, et servirent ensuite à la formation des officiers systèmes d'armes des F-4F Phantom II.

En janvier 1970, la Luftwaffe possédait une flotte de 310 Fiat G.91R/3 et de 40 G.91T, des appareils qui furent totalement retirés du service en 1982 et remplacés par des Alpha Jet. L'Allemagne Fédérale acheta en effet 175 exemplaires de cet avion, qui équipèrent les *Jagbombergeschwader* 41, 43 et 49, ainsi que le JaboG 44 basé à Beja, au Portugal. En 1992, la Luftwaffe commence à réduire sensiblement sa flotte d'Alpha Jet, n'en conservant que 45 exemplaires, 50 avions étant offerts au Portugal en 1993 et les derniers survivants étant définitivement retirés du service en 1998.

L'ère du Phantom II débuta en 1973 pour la Luftwaffe, 175 F-4F lui étant livrés au final. Le JG 71 « Richthofen » fut la première unité allemande équipée de ce type, en mars 1974, suivie par les JG 72 « Westfalen », JG 73 et JG 74 « Mölders », ainsi que par les JaboG 35 et 36 à partir d'avril 1975. Deux unités de reconnaissance, les AG 51 et 52, voleront quant à elles sur les 88 exemplaires du RF-4E perçus, à partir de 1971.

Le Panavia Tornado entra en service en Allemagne en 1983, les 247 exemplaires perçus au final par la Luftwaffe étant affectés à cinq escadres : le JaboG 31 à Nörvenich, le JaboG 32 à Lagerlechfeld, le JaboG 33 à Büchel, le JaboG 51 à Jagel, le JaboG 34 à Memmingen (dissous en 2003) et le JaboG 38 à Jever (dissous en 2005).

Le TLG 73 « Steinhoff » (toutes les unités de chasse — JG — et de chasse-bombardement — JaboG — de la Luftwaffe ont été rebaptisées *Taktisches Luftwaffengeschwader*, escadres d'aviation tactique ou TLG), basé à Laage, fut chargé de la formation des futurs pilotes d'EF 2000 et reçut à cet effet ses premiers biplaces en avril 2004. Le TLG 74 « Mölders » de Neuburg devint quant à lui la première unité de combat opérationnelle sur Eurofighter à partir de 2006, et il fut suivi de deux autres, le TLG 71 « Richtofen », basé à Wittmund, et le TLG 31 « Boelke » de Nörvenich. En 2018, la Luftwaffe disposait de 143 Eurofighter (dont 134 disponibles), qui ont remplacé la totalité des F-4F, tandis que la mise à la retraite des derniers Tornado doit se faire progressivement.

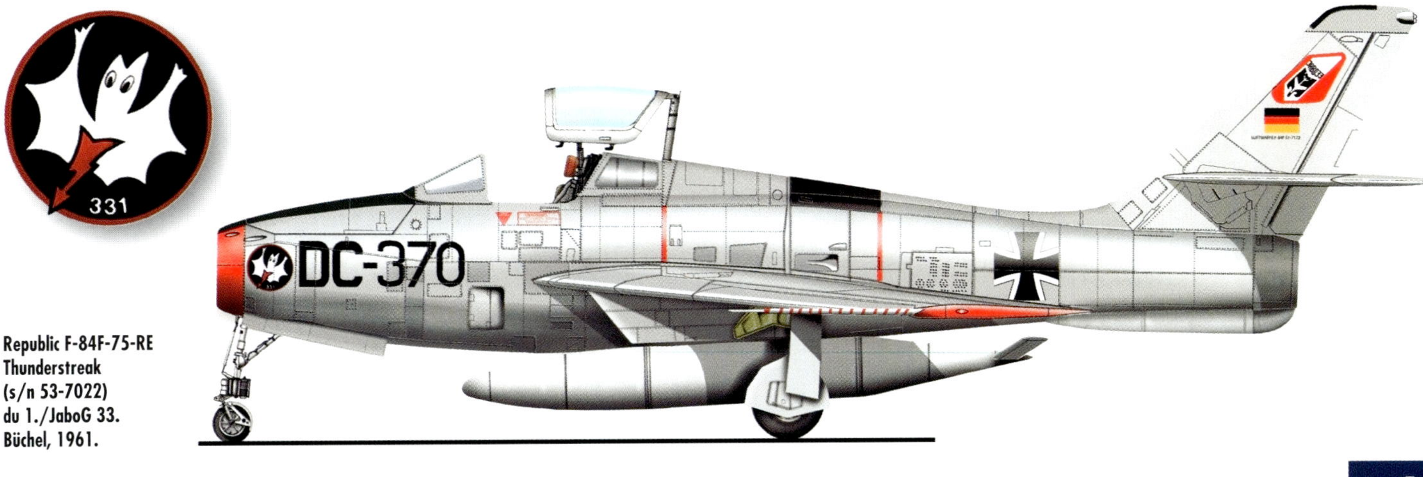


**Republic F-84F-75-RE Thunderstreak (s/n 53-7022) du 1./JaboG 33. Büchel, 1961.**

**Republic F-84F-75-RE Thunderstreak (s/n 53-7007) du 1./JaboG 33. Büchel, 1962.**

**Camouflage vu de dessus d'un Thunderstreak.**

**Camouflage vu de dessus d'un Thunderflash.**

**Republic F-84F-75-RE Thunderstreak (s/n 53-7103) du 2./JaboG 33. Büchel, 1962.**

**Republic RF-84F-46-RE Thunderflash (s/n 53-7689) du 1./AG 51 (Aufklärungs-geschwader 51). Manching, 1960.**

Republic RF-84F-46-RE Thunderflash (s/n 53-7661) du 1./AG 51. Manching, 1960. L'insigne sur la dérive est celui de la WasLw 50 qui servit à former les unités de reconnaissance allemandes.

Republic RF-84F-25-RE Thunderflash (s/n 52-7315) de l'AG 52. Erding, 1961.

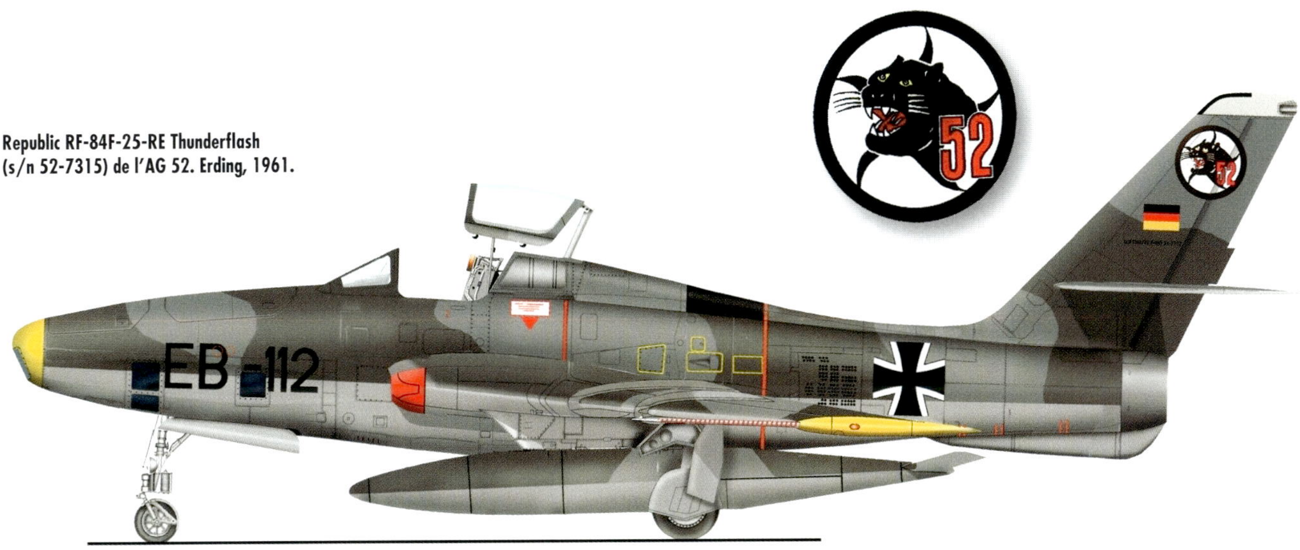

*Republic F-84F-75-RE Thunderstreak (s/n 53-7164). (DR)*

Canadair CL-13 Sabre Mk.6 du 1./JG 72 (Jagdgeschwader 72). Leck, 1962.

Canadair CL-13 Sabre Mk. 6 du 1./JG 72. Leck, 1963.

Canadair CL-13 Sabre Mk. 6 du 1./JG 71 « Richtofen ». Ahlhorn, 1957.

Canadair CL-13 Sabre Mk. 6 du 1./JG 72. Ahlhorn 1957.

Canadair CL-13 Sabre Mk. 6 du 2./JG 72. Leck, 1963.

Fiat F-86K Sabre « Dog » (s/n 56-4140) du 3./ WaSLw 10. Oldenburg, 1960. Le F-86K, une version à l'armement différent du North American F-86D, fut fabriqué sous licence par Fiat en Italie et fourni principalement aux aviations de l'OTAN.

Fiat F-86K Sabre « Dog » (s/n 56-4151) du JG 74. Neuburg, 1964.

*Les Sabre Mk 6 de la WaSLw 10 à Oldenburg dans les années soixante.* (DR)

**Lockheed T-33A-1-LO (s/n 53-5755) du 2./JG 71 « Richtofen ». Ahlhorn, début 1960.**

**Lockheed T-33A-5-LO (s/n 58-597) du 1./JG 72. Ahlhorn début 1960.**

**Lockheed T-33A-1-LO (s/n 53-5628) de l'AG 51. Bremgarten, début des années soixante-dix.**

*Ci-contre.* ***Lockheed (MBB) TF-104G Starfighter (n° 5902) du JaboG 31 « Boelcke ». Nörvenich, années soixante-dix.*** *(Coll. G. Paloque)*

***Lockheed (MBB) TF-104G (n° 5950) du JaboG 34 en 1986.*** *(Coll. G. Paloque)*

Lockheed F-104G Starfighter (n° 2087) du 2./JaboG 33. Büchel, 1964. Cet avion, qui porte sur la bande bleue devant le fuselage l'insigne du 2. Staffel du JaboG 33, a été cédé à la Turquie en 1983.

Lockheed (Fokker) F-104G Starfighter (n° 8309) du JaboG 32. Lechfeld, 1962. La bande devant le pare-brise était rouge au 1. Staffel et bleue au 2. Staffel.

Lockheed F-104G Starfighter (n° 2002) du JaboG 32. Lechfeld, 1971. Cet appareil porte les marques de sa participation au 4[e] Tactical Air Meet (TAM) en 1980.

**Lockheed (Fokker) F-104G Starfighter (n° 8271) de l'AG 52, Leck, 1967. Cet appareil, modifié en chasseur-bombardier en 1971, sera perdu par accident à la suite d'une panne de réacteur le 1er octobre 1979, son pilote parvenant à s'éjecter.**

**Lockheed (SABCA) F-104G Starfighter (n° 9182) du JaboG 34. Memmingen, 1985. Cet avion reçut le camouflage « Norm 83 » en février 1984.**

***Lockheed (MBB) F-104G Starfighter (n° 7038) du JG 74 de Memmingen au début des années quatre-vingt.***
*(Coll. G. Paloque)*

**Lockheed TF-104G Starfighter (s/n 59-4995). Cet appareil fut brièvement utilisé à Palmdale, aux États Unis, en 1960, pour la formation des futurs pilotes de Starfighter de la Luftwaffe. Il fut ensuite affecté à la WaSLw 10 jusqu'en 1971**

**Lockheed TF-104G Starfighter (n° 5927) de la WaSLw 10 (Waffenschule des Luftwaffe 10). Jever, 1981.**

**Lockheed (MBB) TF-104G Starfighter (n° 5965) du JaboG 34. Memingen, 1986.**

*Lockheed (MBB) F-104G Starfighter (n° 7184) du JaboG 34 en 1988. Le camouflage est du type « Norm 83 ».* (Coll. G. Paloque)

Fiat G.91R/3 de la WaSLw 50. Erding, 1961.

Fiat G.91R/3 du LeKG 41 (Leichtes Kampfgeschwader 41). Husum, 1979. Ce « Gina » porte sur sa dérive l'insigne de l'exercice « Bulls Eye '79 ».

Fiat G.91T/3 du LeKG 44. Leipheim, 1970.

DDB Alpha Jet A (n° 0075/1166) du JaboG 43. Oldenburg, 1993.

DDB Alpha Jet A (n° 0007) du JaboG 49. Fürstenfeldbruck, 1997. Cet appareil porte le camouflage « Norm 83 ».

*Ci-contre.*
***Fiat G.91R/3 (n° 0070) du LeKG 43.*** *(DR)*

***DDB Alpha Jet A (n° 0105) du JaboG 43 en 1993.*** *(Coll. G. Paloque)*

McDonnell F-4F-54-MC Phantom II
(s/n 72-1152) du JG 74 « Mölders ».
Neuburg, 1982

***McDonnell RF-4E-46-MC Phantom II (s/n 69-7487) de l'AG 51 « Immelman » en 1986. Cet avion a ensuite été cédé à la Grèce.*** *(Coll. G. Paloque)*

**McDonnell F-4F-55-MC Phantom II (s/n 72-1159) du JG 72 « Westfalen ». Rheine-Hopsten, 1990. Cet avion a conservé l'insigne du JaboG 36, dont cette escadre est issue, sur son entrée d'air.**

**McDonnell F-4F-52-MC Phantom II (s/n 72-1119) du JaboG 35. Pferdsfeld, 1986.**

***McDonnell F-4F-53-MC Phantom II (s/n 72-1127) du JG 72 « Westfalen » en 1986.*** *(Coll. G. Paloque)*

**McDonnell RF-4E-47-MC Phantom II (s/n 69-7534) de l'AG 51 « Immelman ». Bremgarten, 1991. Cet avion a participé au Tactical Air Meet (TAM) en 1991.**

**McDonnell RF-4E-45-MC Phantom II (s/n 69-7473) de l'AG 52. Leck, 1991. Cet avion porte une décoration spécialement réalisée à l'occasion du Nato Tiger Meet de 1991.**

*Panavia Tornado IDS (n°GS237/4296) du JaboG 31 « Boelcke » en 2010.* (Coll. G. Paloque)

***Panavia Tornado IDS (n°GS153/4200) du TLG 33.***
*(Luftwaffe)*

**Panavia Tornado IDS (n° GT021/4035) du JaboG 31 « Boelcke ». Nörvenich, 1983.**

**Panavia Tornado IDS (n° GT035/4105) du JaboG 38. Jever, 1984. Cet avion porte le camouflage « Norm 83 ».**

*Panavia Tornado ECR (n°GS259/4326) du JaboG 32 en 1997. (USAF)*

**Panavia Tornado IDS (n° GS218/4276) de l'AG 52. Leck, 1984. Cet avion porte le camouflage « Norm 95 ».**

**Panavia Tornado IDS (n°GS064/4096) de l'AG 51. Avion spécialement décoré à l'occasion du Nato Tiger Meet de 2003.**

*Vol de patrouille au-dessus de la couche nuageuse de deux EF 2000 du TLG 73 « Steinhoff ».* (Luftwaffe)

**Eurofighter EF 2000 Typhoon II (n° 078/GS012) du Taktisches Luftwaffengeschwader 74 (TLG 74) « Mölders ». Neuburg, 2006. Cet avion a été ensuite vendu à l'Autriche.**

**Eurofighter EF 2000(T) Typhoon II (n° 146/GT015J) du TLG 73 « Steinhoff ». Laage, 2014.**

# BELGIQUE

*« Mirage 5BR de la 42e Escadrille de reconnaissance basée à Florennes dans les années quatre-vingt. »* *(Coll. G. Paloque)*

L'Aviation militaire belge (*Belgisch militair vliegwezen*), née pendant la Grande Guerre, disparut lors de la Blitzkrieg de mai-juin 1940. Certains de ses éléments qui avaient pu s'échapper en Grande Bretagne combattirent sous les couleurs de la RAF, au sein de trois squadrons composés de pilotes belges. Le 1er septembre 1946, ces unités furent officiellement libérées de la tutelle anglaise et, le 15 octobre suivant, l'Aviation militaire belge fut reconstituée et devint pour la première fois de son existence une force indépendante de l'armée de Terre.

Une première escadre de chasse (A Wing, devenu en 1947 le 160e Wing, puis le 1er Wing en février 1948) fut créée à Beauvechain. Composée dans un premier temps de deux escadrilles (en néerlandais *smaldeel*) — les 349e et 350e —, elle fut suivie, l'année suivante, par une deuxième escadre basée à Florennes (d'abord 161e Wing, puis 2e Wing de Chasse en 1948), constituée elle aussi des deux escadrilles (les 351e et 352e).

Officiellement rebaptisée Force Aérienne Belge (FAéB, *Belgische Luchtmacht* en néerlandais) le 15 janvier 1949, cette aviation fut rattachée à l'OTAN en avril de la même année, la Belgique étant l'un des douze membres fondateurs de l'Alliance.

Les premiers Gloster Meteor F.4 destinés au 1er Wing de Beauvechain furent livrés à partir d'avril 1949, la 349e escadrille étant équipée la première, suivie par la 350e en juillet et la 4e, nouvellement créée, à la fin de la même année. 250 Meteor F.8 supplémentaires viendront renforcer cette flotte l'année suivante.

À la fin de l'année 1950, une troisième escadre de chasse, le 7e Wing (7e et 8e escadrilles), fut constituée sur la base de Chièvres.

À partir du mois de mai 1951, les Meteor F.4 furent progressivement remplacés par les F Mark 8, mais les deux modèles cohabitèrent à Beauvechain jusqu'en 1953, la 350e escadrille étant la première unité à se séparer de ses Meteor F.4, suivie par les 349e et 4e escadrilles. Au début de 1951, la 7e Escadrille du 7e Wing fut équipée de Meteor F.8, la 8e Escadrille, qui venait d'être formée, faisant de même en juillet. En décembre 1953, le 13e Wing fut créé à Brustem. Il était constitué des 25e, 29e et 33e Escadrilles, elles aussi équipées de Meteor F.8.

Le retrait définitif des Meteor eut lieu en juillet 1958, les derniers F.4 et F.8. encore en service ayant à cette époque achevé leur carrière au sein de l'École de Chasse de Coxyde

Dans l'intervalle, la Belgique reçut à partir du printemps 1951 vingt et un Republic F-84E et 213 F-84G Thunderjet dans le cadre du programme d'assistance militaire MAP. Les premiers F-84E furent affectés au 2e Wing de Florennes dès le mois de juin, les F-84G étant perçus un peu plus tard par cette escadre. Le 10e Wing reçut quant à lui ses F-84G dans le courant de l'année 1952, des appareils qui furent dans un premier temps répartis sur diverses bases en Belgique avant que le Wing s'installe au complet à Kleine Brogel, en 1955.

Le 9e Wing de chasse-bombardement de Bierset (22e, 26e et 30e escadrilles) perçut pour sa part des F-84E en 1954, des avions qui furent remplacés dès l'année suivante par des F-84G. Cette escadre fut dissoute en 1956 et immédiatement transformée en 9e Wing de Chasse, équipé de Meteor F.8. Des F-84G spécialement transformés en appareils de reconnaissance grâce à l'installation de caméras dans les réservoirs des extrémités des ailes furent également utilisés par la 42e Escadrille de Reconnaissance, lorsque cette dernière fut mise sur pied à Beauvechain.

Au milieu des années cinquante, la FAéB était à son apogée, comptant plus de 600 avions à réaction répartis dans douze escadrilles de chasse de jour et deux de chasse de nuit. Ces unités étaient regroupées dans quatre escadres : 1er Wing à Beauvechain, 7e Wing à Chièvres, 9e Wing (redésigné plus tard 3e Wing) à Bierset et 13e Wing à Koksijde. À cela venaient s'ajouter les six escadrilles de chasseurs-bombardiers des 2e et 10e Wings de Florennes et Kleine Brogel, deux escadrilles de transport (15e Wing de Melsbroek) et une escadrille de reconnaissance (42e) basée à Wahn, en Allemagne Fédérale.

Les F-84E et F-84G servirent dans la FAéB jusqu'en août 1957, date où ils furent remplacés par des F-84F Thunderstreak et des Hawker Hunter.

Les premiers Gloster (en fait produits par Armstrong Withworth) Meteor NF.11 furent pris en compte en juillet 1952 par les 10e et 11e Escadrilles de chasse de nuit basées à Beauvechain et qui étaient auparavant équipées de De Havilland Mosquito NF.30. Ces avions volèrent jusqu'en juillet 1958, lorsqu'ils furent remplacés par des Canadair CF-100 Canuck Mk.5. Les unités de la chasse tout-temps belge furent également dotées de Canuck de 1958 à 1963, les 53 exemplaires achetés par la Belgique étant affectés aux 11e, 349e et 350e Escadrilles du 1er Wing de Beauvechain. Ces appareils seront par la suite remplacés par des Lockheed F-104G Starfigfhter.

La Belgique utilisa également, entre 1956 et 1963, 112 Hawker Hunter F Mark 4 et 144 F Mark 6. Les F.4 seront affectés au 7e Wing de Chièvres à partir de 1956, puis au 1er Wing de Beauvechain en 1957 et enfin au 9e Wing de Bierset. Cette escadre recevra des Hunter F.6 à la fin de l'année 1959, avant d'être transformée, dès l'année suivante, en Wing de missiles sol-air Nike Ajax et Nike Hercules (sous le nom de 3e Wing Engins Téléguidés Sol-Air — WETSA — puis de 13e Wing Missiles — 13e W MSL — en 1962). Ses Hunter F.6 seront alors regroupés au 7e Wing de Chièvres, qui sera à son tour dissous en 1963.

Les six escadrilles de chasseurs-bombrdiers du 2e Wing de Florennes et du 10e Wing de Kleine Brogel furent équipées de 1955 à 1971 de Republic F-84F Thunderstreak, dont 197 exemplaires seront au total livrés à la Force Aérienne Belge. Pour les missions de reconnaissance, 34 RF-84F Thunderflash serviront au sein de la 42e Escadrille, d'abord basée à Brustem puis, à partir de 1960, à Beauvechain, où cette unité restera jusqu'en 1963. Par la suite, la 42e Escadrille s'établira à Bierset où les RF-84F resteront en service jusqu'en 1971, lorsqu'ils seront remplacés par des Mirage 5BR.

À compter de 1963, 100 Lockheed F-104G Starfighter et douze TF-104G biplaces entrèrent en service dans la FAéB. Les 349e et 350e Escadrilles du 1er Wing de Beauvechain furent les premières équipées, suivies des 23e et 31e Escadrilles du 10e Wing de Kleine Brogel. Les Starfighter furent retirés de l'inventaire belge en 1983.

La FAéB reçut également à partir de 1970 63 Dassault Mirage 5BA, 16 Mirage 5BD biplaces et 27 Mirage 5BR de reconnaissance. Ces appareils équipèrent les 1re et 8e Escadrilles du 3e Wing basé à Bierset, ainsi que la 2e Escadrille du 2e Wing de Florennes en 1971.

Quant à la 42e Escadrille de reconnaissance, jusqu'alors dotée de Thunderflash, elle s'installa à Florennes où elle perçut les Mirage 5BR. Cette unité sera dissoute en 1993, les derniers Mirage quittant la FAéB en mai 1994.

Dans le cadre de ce que l'on surnomma « le marché du siècle », destiné à fournir aux pays membres de l'OTAN un nouveau chasseur moderne, la Belgique commanda en 1977 96 General Dynamics F-16A et 24 biplaces F-16B afin de rééquiper la FAéB. Ces chasseurs furent fabriqués sous licence en Belgique par la SABCA, tandis que leurs réacteurs étaient montés dans les ateliers de la FN à partir d'éléments fournis par Pratt & Whitney. Les premiers appareils ayant été livrés au début de 1979, une OCU F-16 (unité de transformation opérationnelle) fut formée à Beauvechain dès le mois d'avril suivant, si bien qu'en janvier 1981, la 349e escadrille du 1er Wing devint la première unité européenne opérationnelle sur F-16, l'escadre abandonnant définitivement ses derniers Starfighter quelques semaines plus tard. Les 35 premiers avions, des Blocks 1 et 5, ayant été renvoyés en usine dans le courant de l'année 1981 afin d'y être portés au standard Block 10, la 350e escadrille fut à son tour déclarée opérationnelle sur F-16 en janvier 1982.

L'OCU F-16 ayant déménagé de Beauvechain à Kleine Brogel, le 10e Wing abandonna à son tour ses F-104, et la 23e escadrille fut rééquipée de F-16 en décembre 1983, suivie par la 31e en mars 1983.

Afin de permettre le rééquipement d'une troisième escadre, la Belgique commanda en février 1983 44 F-16 Block 15 OCU supplémentaires (40 monoplaces et quatre biplaces). Ces chasseurs, destinés à remplacer les derniers Mirage 5BA encore en service dans les 1re et 2e Escadrilles, furent livrés entre 1987 et 1991, la 2e Escadrille devenant opérationnelle en 1989, suivie par la 1re, qui avait quitté Bierset pour Florennes, en 1990.

Au début des années quatre-vingt-dix, le gouvernement belge décida de restructurer ses forces armées afin de s'adapter aux changements des menaces dus à la disparition de l'URSS. Les dimensions de la FAéB furent donc réduites, ce qui entraîna la disparition, en 1994, du 3e Wing Tactique de Bierset, puis celle du 1er Wing de Beauvechain en mars 1996. La flotte des F-16 belges fut durement touchée par les coupes budgétaires qui affectèrent le ministère de la Défense, le nombre des chasseurs passant de 160 à 72, plus 18 appareils de réserve. Certains avions furent stockés, tandis que d'autres étaient revendus (16 à la Jordanie en 2008, notamment). Toutefois, une modernisation à mi-vie (*Midlife Update*, ou MLU) des F-16 fut décidée, les 90 avions concernés recevant en outre le système de contre-mesures électroniques passif interne CARAPACE. Une fois modernisés, les chasseurs reçurent la nouvelle désignation de F-16AM (monoplaces) et F-16BM (biplaces).

Lors de la dissolution du 1er Wing de Chasse, ses escadrilles furent réparties entre les bases de Florennes (350e) et de Kleine Brogel (349e) qui accueillirent donc chacune trois escadrilles opérationnelles. Cette situation s'acheva en 2001 avec la dissolution de la 2e escadrille, et l'année suivante avec celle de la 23e. En 2002, dans le cadre d'une réorganisation de l'ensemble des forces armées belge, la FAéB perdit son indépendance et fut intégrée au sein de la nouvelle structure sous le nom de « Composante Air », ou COMOPSAIR (*Luchtcomponent en néerlandais*).

À l'heure actuelle, la cinquantaine de F-16 belges en service est répartie au sein de deux escadres : le 2e Wing Tactique à Florennes (1re et 350e escadrilles), et le 10e Wing Tactique de Kleine Brogel (31e et 349e escadrilles, auxquelles vient s'ajouter l'OCU uniquement équipée de biplaces F-16BM). Ces chasseurs doivent être remplacés par les 34 F-35A Lightning II qui ont été commandés par la Belgique et dont la livraison devrait débuter en 2025.

***Gloster Meteor F.4 (n° 6599) de la 349e Escadrille du 1er Wing de Beauvechain au début des années cinquante.*** *(DR)*

**Gloster Meteor F.4**
**de la 349e escadrille.**
**Beauvechain, début 1950.**

**Gloster Meteor F.8**
**de la 350e Escadrille,**
**1er Wing. Beauvechain, 1951.**

**Type de camouflage**
**des Meteor F.8 de la FAéB.**

**Gloster Meteor F.8 de la 350e Escadrille,**
**1er Wing. Beauvechain, 1951.**

**Gloster Meteor F.8 de la 350e Escadrille.**
**Beauvechain, années cinquante.**

*Insigne de la section de remorquage (Towing flight) du 13ᵉ Wing.*

**Gloster Meteor F.8 du Towing Flight (section de remorquage) du 13ᵉ Wing. Koksijde, début des années soixante.**

**Gloster Meteor NF.11 de la 10ᵉ Escadrille de chasse de nuit, 1ᵉʳ Wing. Beauvechain, 1957.**

**Gloster Meteor T.7 de l'École de Chasse. Brustem, début des années soixante.**

**Gloster Meteor NF.11 de la 11ᵉ Escadrille de chasse de nuit, 1ᵉʳ Wing. Beauvechain. Cet appareil sera perdu avec son équipage le 26 août 1955.**

**Republic F-84G-16-RE Thunderjet (s/n 51-10747) de la 23ᵉ Escadrille, 10ᵉ Wing. Kleine Brogel, 1951-1956. Cet avion sera ensuite livré à l'armée de l'Air danoise.**

*Insigne de la 27e Escadrille.*

**Republic F-84G-11-RE Thunderjet (s/n 51-10223) de la 27e Escadrille, 10e Wing. Kleine Brogel, 1953. Cet avion sera perdu lors d'une collision en vol au-dessus de la France en août 1953, son pilote périssant dans l'accident.**

**Republic F-84G-2-RE Thunderjet (s/n 51-9684) de la 31e Escadrille, 10e Wing. Kleine Brogel, 1954. Appareil perdu à la suite d'une collision en vol au-dessus des Pays Bas avec un autre Thunderjet en mai 1954.**

**Republic F-84F-30-RE Thunderstreak (s/n 52-6403) de la 23e Escadrille, 10e Wing. Kleine Brogel, 1956.**

*Republic F-84F-61-RE Thunderstreak (s/n 53-6702) de la 31e Escadrille, 10e Wing.* (DR)

Insigne de la 3e Escadrille

Republic F-84F-51-RE Thunderstreak (s/n 52-7187) de la 3e Escadrille, 2e Wing. Florennes 1959. Appareil perdu à la suite d'un crash en RFA en octobre 1959

Insigne du 2e Wing

Republic F-84F-61-RE Thunderstreak (s/n 53-6701) de la 31e Escadrille, 10e Wing. Kleine Brogel, 1956. Appareil perdu à la suite d'une panne de réacteur près de Gosselies (Belgique), en janvier 1963.

Republic F-84F-56 Thunderstreak (s/n 52-7008) de la 3e Escadrille, 10e Wing. Florennes, 1960.

*Les Thunderstreak de la FAéB à Florennes à la fin des années soixante, portant le second modèle de camouflage « style Vietnam », parfois également appelé « OTAN ». Au premier plan, le F-84F-66-RE (s/n 53-6768).* (DR)

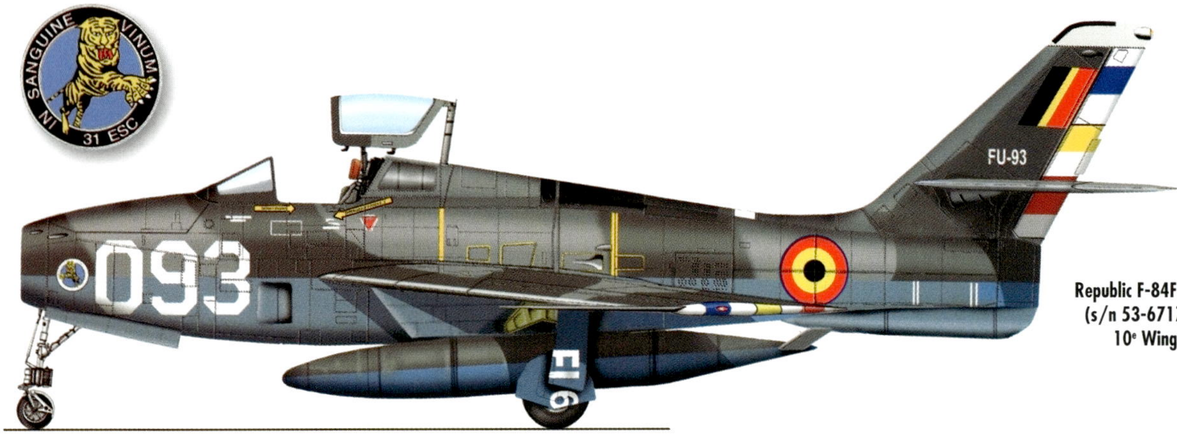


**Republic F-84F-66-RE Thunderstreak (s/n 53-6717) de la 31^e^ Escadrille, 10^e^ Wing. Kleine Brogel, 1964.**

**Republic F-84F-61-RE Thunderstreak (s/n 53-6541) de la 31^e^ Escadrille, 10^e^ Wing. Kleine Brogel, 1962. Appareil crashé à KB le 9 juillet 1962.**

*Premier modèle de camouflage des F-84F.*

*Second modèle de camouflage des F-84F, type « SEA ».*

*Type de camouflage des RF-84F.*

**Republic F-84F-66-RE Thunderstreak (s/n 53-6795) de la 27^e^ Escadrille, 10^e^ Wing. Kleine Brogel, 1965.**

**Republic F-84F-66-RE Thunderstreak (s/n 53-6806) de la 2e Escadrille, 2e Wing. Florennes, 1968.**

**Republic RF-84F-26-RE Thunderflash (s/n 52-7297) de la 42e Escadrille de reconnaissance. Brustem, 1956.**

**Republic RF-84F-16-RE Thunderflash (s/n 51-1949) de la 42e Escadrille de reconnaissance. Brustem, 1960.**

*Republic RF-84F-21-RE Thunderflash (s/n 52-7238) de la 42e Escadrille de Reconnaissance portant le camouflage SEA/OTAN à quatre teintes.* (DR)

**Republic RF-84F-16-RE Thunderflash (s/n 51-11257) de la 42e Escadrille de reconnaissance. Bierset 1968.**

**Avro Canada CF-100 Canuck Mk.5 (c/n 18724) de la 350e escadrille, 1er Wing. Beauvechain.**

**Avro Canada CF-100 Canuck Mk.5 (c/n 18700) de la 349e Escadrille, 1er Wing. Beauvechain, 1957.**

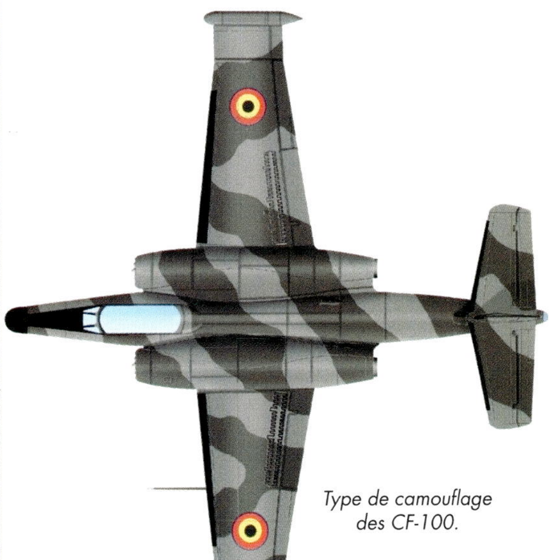

*Type de camouflage des CF-100.*

*Vue de dessus du Hunter F. de la 7e Escadrille.*

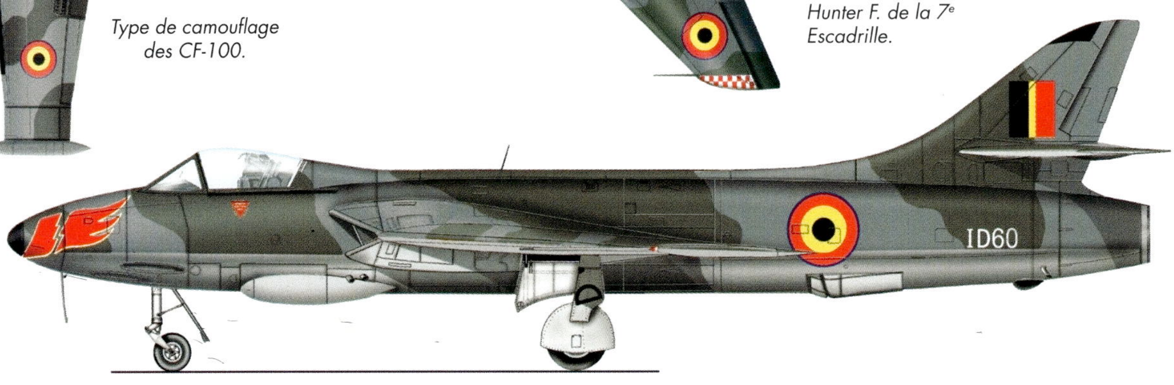


**Hawker Hunter F Mk.4 de la 350e Escadrille. Beauvechain, 1957.**

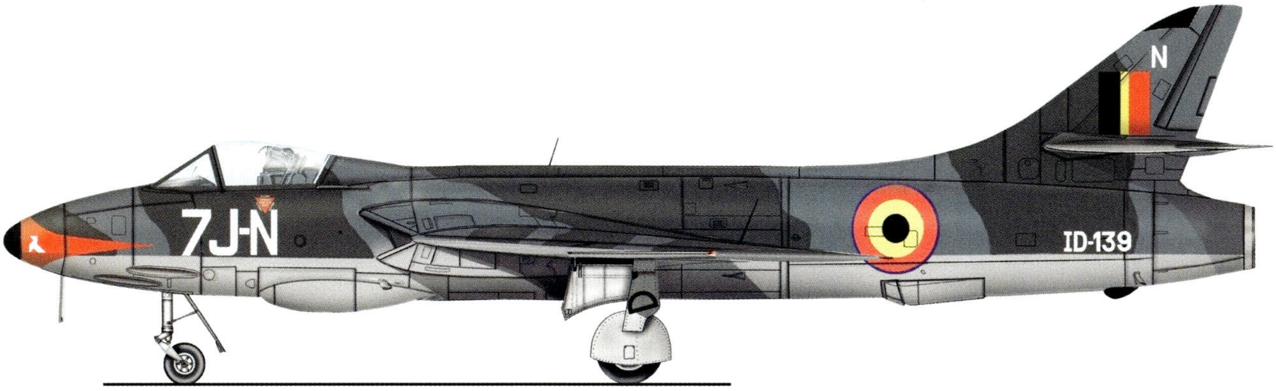


Hawker Hunter F Mk.4 de la 7e Escadrille, 7e Wing. Chiévres, 1957.

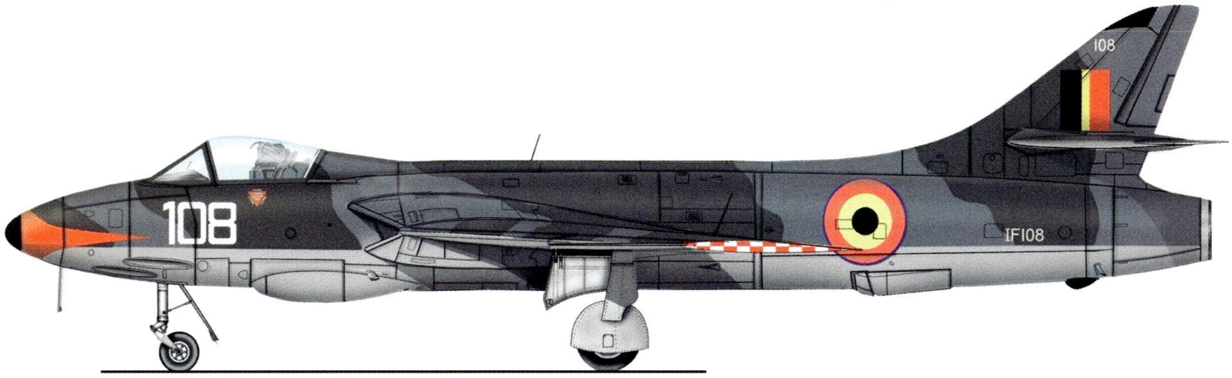


Hawker Hunter F Mk.6 de la 7e Escadrille, 7e Wing. Chièvres, 1967.

Hawker Hunter F.6 de la 8e Escadrille, 7e Wing. Chièvres, 1965.

*Les Hunter F.4 de la patrouille acrobatique nationale belge des « Diables rouges » (« Red Devils ») en 1959. Les avions de cette formation, créée au sein du 7e Wing de Chièvres, furent par la suite peints entièrement en rouge et remplacés par des Fouga Magister en 1965.* (DR)

**Lockheed (SABCA) F-104G Starfighter (c/n 9133) de la 31ᵉ Escadrille, 10ᵉ Wing. Kleine Brogel, 1963.**

**Lockheed (SABCA) F-104G Starfighter (c/n 9083) de la 31ᵉ Escadrille, 1ᵉʳ Wing. Beauvechain, 1979.**

***Lockheed (SABCA) F-104G Starfighter (c/n 9057) du 10ᵉ Wing. Ce chasseur fut revendu à la Turquie en 1983.*** *(Coll. G. Paloque)*

*Ci-contre.*
***Lockheed (SABCA) TF-104G Starfighter (c/n 5103) du 10ᵉ Wing. Retiré du service par la FAéB en 1983, ce biplace terminera sa carrière à Taïwan, qui le reçut en 1990.*** *(Coll. G. Paloque)*

***Lockheed (SABCA) F-104G Starfighter (c/n 9056) de la 31ᵉ Escadrille. Cet avion, utilisé un temps par la patrouille des « Slivers », sera perdu par accident le 13 janvier 1977.*** *(DR)*

**Lockheed F-104G Starfighter (c/n 9154) de la 31ᵉ Escadrille, 10ᵉ Wing, Beauvechain, 1979.**

**Lockheed TF-104G Starfighter de la 31ᵉ Escadrille, 10ᵉ Wing. Kleine Brogel, 1980.**

**AMD Mirage 5 BA de la 1ʳᵉ Escadrille (« Les Chardons ») du 3ᵉ Wing Tactique. Bierset, 1980.**

AMD Mirage 5BR de la 42e Escadrille de reconnaissance. Florennes, 1986.

*Insigne de la 8e. Escadrille. Le fond de l'écu était rouge pour la 7e. Escadrille et vert pour la 9e.*

AMD Mirage 5 BD de la 8e Escadrille, 3e Wing. Bierset, 1984.

AMD Mirage 5BR de la 42e Escadrille de reconnaissance. Bierset, 1990. Cet avion porte une décoration spécialement réalisée à l'occasion du 70e anniversaire de la 42e Escadrille dont le surnom était « Méphisto ».

*Mirage 5BD de la 2e Escadrille (« Comète »).* (Coll. G. Paloque)

*General Dynamics (SABCA) F-16BM (s/n 78-0165) Fighting Falcon du 10e Wing. Ce biplace a été revendu à la Jordanie en 2008.* *(Coll. G. Paloque)*

**General Dynamics (SABCA) F-16A Block 15 (s/n 80-3562) Fighting Falcon de la 23e Escadrille, 10e Wing. Kleine Brogel, 1984. L'insigne peint sur le bandeau en haut de la dérive est celui de la 23e Escadrille et celui sous le code est l'insigne du 10e Wing.**

**General Dynamics (SABCA) F-16B Block 15 (s/n 89-0012) Fighting Falcon de la 2e Escadrille du 1er Wing, Beauvechain, 1987.**

Lockheed T-33A-1-LO (s/n 51-9248) de la 11e Escadrille. Brustem, 1977.
Ce biplace a été revendu à la Yougoslavie en 1980.

Lockheed T-33A-1-LO (s/n 55-3041), Kleine Brogel, 1962. Cet appareil, qui porte sur son gouvernail les couleurs des trois escadrons du 10e Wing, a été perdu par accident en juin 1977.

DDB Alpha Jet 1B (n°B21/1080) du 1er Wing. Beauvechain, 2000. La tête de loup peinte sur la dérive est l'insigne du 1er Wing.

*Lockheed T-33A-1-LO (s/n 51-17463). Utilisé par la FAéB de 1953 à 1979, ce « T Bird » a terminé sa carrière dans l'armée de l'Air yougoslave.*
*(Coll. G. Paloque)*

# Belgique

General Dynamics (SABCA) F-16AM (Block 20 MLU, s/n 88-0047) de la 31e Escadrille, 10e Wing Tactique. Décoration spéciale réalisée à l'occasion du Tiger Meet 2002 qui s'est déroulé sur la base de Beja, au Portugal. Cet avion a été perdu lors d'une collision aérienne avec un autre F-16 le 9 décembre 2003.

General Dynamics (SABCA) F-16A Block 10 (s/n 80-3546) de la 2e Escadrille, 2e Wing. Florennes, 1997. Cet appareil a été retiré du service en 2003. Les lettres codes de dérive « à l'américaine » (ici « FS » pour la base de Florennes) n'ont été que brièvement portées par les F-16 belges

*DDB Alpha Jet 1B (n° B24/1104) du 1er Wing en 2010.*
*(Coll. G. Paloque)*

# BULGARIE

***MiG-29A « Fulcrum » (n° 2960526321) du 1/3* Iztrebitelna Avio Eskadrila *(escadron de chasse) de la* 3. Iztrebitelna Aviacionna Basa *(3. IAB, 3ᵉ Base aérienne d'aviation de chasse) de Graf Ignatievo. Ce chasseur est actuellement retiré du service, en attente d'une éventuelle remise à niveau.* (DR)**

Faisant partie du Bloc communiste puis membre du Pacte de Varsovie, l'armée de l'Air de la Bulgarie (*Bulgarski Voenno Vazdouchni Sily*, BVVS) fut entièrement équipée de matériel soviétique dès le milieu des années quarante. Elle reçut ses premiers chasseurs à réaction (Yak-23 et Yak-17UTi) en 1951, des appareils qui furent rapidement suivis par des MiG-15, 17 et 19, ainsi que par des bombardiers Il-28. La flotte bulgare fut modernisée au tournant des années soixante avec l'arrivée des premiers MiG-21, tandis qu'en 1978, les MiG-17 étaient progressivement remplacés par des MiG-23BN « Flogger-H ».

La BVVS reçut également quelques MiG-25 « Foxbat » de reconnaissance (RBT et RU) en 1982, ainsi que des Sukhoï Su-22 « Fitter », des Aero L-39ZA Albatros d'entraînement et des hélicoptères d'assaut Mil Mi-24 « Hind ». Les derniers MiG-17 furent retirés du service en 1988, et remplacés par des Sukhoï Su-25 « Frogfoot ».

À la suite de l'effondrement de l'Union Soviétique et de la disparition du Pacte de Varsovie, au tout début des années 1990, l'aviation militaire bulgare fut réformée en profondeur, des coupes profondes étant pratiquées dans ses effectifs et matériels.

La réforme la plus importante eut lieu en 1996, quand le système régimentaire hérité de l'ère soviétique fut abandonné au profit d'une numérotation des unités d'après celle des bases aériennes.

La Bulgarie ayant ratifié le traité sur les forces conventionnelles en Europe, elle fut contrainte à la même époque de retirer du service 152 de ses chasseurs, principalement les derniers MiG-17 encore en activité, ainsi que des MiG-21 de différentes versions et des MiG-23. En 1998, quatre bases aériennes furent fermées et plusieurs régiments dissous (6I. AB et 21. IBAB), leurs avions (MiG-21bis et MiG-21UM) étant retirés du service ou affectés à d'autres bases. Une nouvelle réduction drastique intervint en 1999, lorsqu'il fut décidé que seules cinq bases resteraient en activité, chacune dédiée à une mission. Cinq autres bases furent fermées, et tous les MiG-23, ainsi que les MiG-21MF et MFR et une partie des L-29 furent retirés du service.

La Bulgarie ayant rejoint l'OTAN en 2004, et les derniers MiG-21 ayant été retirés du service en 2015, l'ordre de bataille de la BVVS est actuellement organisé autour des cinq bases suivantes :

— Bezmer (*22. Shturmova Aviacionna Basa* — 22. ShtAB — 22ᵉ Base Aérienne d'aviation d'assaut) avec le *1/22 Shturmova Avio Eskadrila* (escadron d'aviation d'assaut) équipé de Su-25K et de Su-25UBK.

— Dolna Mitropolia (12ᵉ Base aérienne) avec deux *Utchebna Avio Eskadrila* (escadrons d'avions d'entraînement) dotés d'Aero L-39ZA et de Pilatus PC-9.

— Graf Ignatievo (*3. Iztrebitelna Aviacionna Basa* — 3.IAB — 3ᵉ Base arienne d'aviation de chasse) avec le *1/3 Iztrebitelna Avio Eskadrila* (escadron de chasse) équipé de MiG-29A et MiG-29UB.

— Plovdiv-Krumovo (*24. Vertoletna Aviacionna Basa* — 24. VAB — 24ᵉ Base d'hélicoptères) avec les *1/24 Vertoletna Avio Eskadrila* (Mi-24V) et *2/24 Vertoletna Avio Eskadrila* (Mi-17).

— Sofia-Vrajdebna (*16. Transportna Aviacionna Basa* — 16.TrAB — 16ᵉ Base d'aviation de transport) avec le *1/16 Transportna Avio Eskadrila* (C-27J Spartan, An-30 et PC-12M).

Afin de moderniser sa flotte, notamment de chasseurs, la Bulgarie envisagea dès 2002 d'acquérir des F-16 d'occasion, solution qui fut abandonnée au profit d'une modernisation de seize des MiG-29 qui s'acheva en 2006. En 2019, après avoir étudié diverses solutions (SAAB JAS-39 Gripen ou Eurofighter d'occasion), le gouvernement bulgare a annoncé sa décision de remplacer les derniers « Fulcrum » par huit F-16V Block 70.

*Ci-contre page de droite.*
***Sukhoï Su-25K « Frogfoot » (n° 25508110055) du 1/22* Shturmova Avio Eskadrila *(escadron d'aviation d'assaut) de la 22. ShtAB de Bezmer.*** *(Krasimir Grozev)*

Sukhoï Su-25K « Frogfoot » (n° 25508109097) du *1/22 Shturmova Avio Eskadrila* (escadron d'aviation d'assaut) de la *22. Shturmova Aviacionna Basa* (22.ShtAB, 22e Base Aérienne d'aviation d'assaut). Bezmer. Cet appareil porte une décoration spéciale célébrant les 30 ans de service du Su-25 dans la BVVS.

Sukhoï SU-25UBK « Frogfoot » (n° 38220113195) du 1/22 ShtAE. Bezmer, 2013.

**MiG-21Bis (SAU) « Fishbed N » (n° 75094254) de la 3. IAB de Graf Ignatievo, 2004.**

**MiG-21UM « Mongol B » (n° 516999375) de la 3. IAB de Graf Ignatievo, 2012. Ce biplace a été retiré du service en décembre 2015.**

**MiG-29A « Fulcrum A » (n° 2960526321) de la 3. IAB de Graf Ignatievo, 2014.**

***MiG-21bis (SAU) « Fishbed N » (n° 75094243) de la 3. IAB de Graf Ignatievo en 2004.*** *(Coll. G. Paloque)*

*Ci-contre.*
***Sur la Base de Bezmer, le Sukhoï Su-25K « Frogfoot » (n° 25508110053) du 1/22 ShtAE passe devant un C-130E du 22nd Airlift Wing de l'USAF pendant l'exercice « Thracian Spring », en 2008.*** *(USAF)*

*MiG-29A « Fulcrum A » (n° 2960532383) de la 3. IAB au décollage de Graf Ignatievo en 2010.* (DR)

**MiG-29UB « Fulcrum B » (n° N50903018908) de la 3. IAB de Graf Ignatievo, 2014.**

# CANADA

*Le CL-13B Sabre Mk.6 n°23757 lors de son vol de convoyage vers l'Europe en 1955.* **390 exemplaires de cette dernière version du célèbre Sabre construite sous licence par Canadair et motorisé par un Avro Orenda 14 furent produits. L'avion porte le camouflage spécialement conçu pour les avions de la RCAF basés en Europe et rattachés à l'OTAN.** *(RCAF/DND)*

Le Canada, l'un des douze membres fondateurs de l'OTAN, déploya à partir de 1951 quatre escadres (Wings) d'avions de combat de la *Royal Canadian Air Force* (RCAF, aujourd'hui CAF, *Canadian Armed Forces*/Forces armées canadiennes) en Europe regroupées au sein de l'Air Division 1. Ces unités, basées dans l'est de la France et en Allemagne fédérale, et équipées de Canadair CL-13 (version produite sous licence au Canada du célèbre F-86), devaient participer à la protection de l'Europe de l'Ouest dans le cadre de l'Alliance atlantique.

Le 1 Wing était composé des Nos 410, 439 et 441 Squadrons stationnés d'abord sur la base de la RAF de North Luffenham, en Grande Bretagne, puis à Marville, en France, à partir de 1955.

Le 2 Wing (Nos 416, 421 et 430 Sqns) était également basé en France, à Grostenquin, tandis que les 3 (Nos 413, 427 et 434 Sqns) et 4 Wings (Nos 414, 422 et 444 Sqns) de la RCAF étaient basés en République Fédérale d'Allemagne (RFA), respectivement à Zweibrücken et Baden-Söllingen.

En 1953, la Royal Canadian Air Force mit sur pied neuf squadrons de chasse tout-temps (AW, pour *All-Weather*) équipés de Canadair CF-100 Canuck, dont quatre furent envoyés en Europe de 1956 à 1962, date de leur dissolution. Il s'agissait du No 445 Squadron (rattaché au 1 Wing), basé à Marville à partir de 1956, du No 423 Squadron (2 Wing) à Grostenquin en 1957, du No 440 Sqn (3 Wing) à Zweibrücken en mai 1957 et du No 419 Sqn (4 Wing), qui arriva à Baden-Söllingen en août 1957.

La RCAF remplaça ses Canadair Sabre par des CF-104 Starfighter à partir de 1961, quasiment au moment où les unités canadiennes quittèrent la France, qui s'était retirée de l'OTAN, pour s'installer en RFA. Le nouvel ordre de bataille de la RCAF en Europe fut alors le suivant :

— À Baden Söllingen : No 441 Squadron (1 Wing), de septembre 1963 à février 1986 ; No 421 Squadron (2 Wing) de décembre 1963 à décembre 1985 ; No 422 Squadron (4 Wing) de juillet 1963 à juillet 1972 ; No 444 Squadron (4 Wing) de mai 1963 à mai 1967 ; No 439 Squadron (1 Wing) de mars 1964 à avril 1987.

— À Lahr : No 430 Squadron (2 Wing) de septembre 1963 à septembre 1972.

— À Zweibrucken : No 427 Squadron (3 Wing) d'octobre 1962 à octobre 1972 ; No 434 Sqn (3 Wing) d'avril 1963 à mars 1967.

Dans le cadre d'un vaste programme d'économies budgétaires, le Gouvernement canadien décida en mai 1969 de réduire sa contribution à l'OTAN en Europe. Le 3 Wing, alors basé à Zweibrucken, fut dissous et ses squadrons placés sous l'autorité des escadres restantes après avoir déménagé. À la fin de 1969, l'Air Division 1 de la RCAF en Europe était donc constituée du 1 Wing basé à Lahr (avec les Nos 430, 439 et 441 Squadrons) et des 3 et 4 Wings (Nos 421, 422 et 427 Sqns) basés à Baden Söllingen.

Cette situation fut de courte durée car l'année suivante, le Canada réduisit de moitié les effectifs de l'Air Division 1 en ne conservant que trois squadrons, les missions d'assaut nucléaire étant abandonnées au profit de la seule attaque au sol en 1972.

L'Air Division 1, renommée 1 Canadian Air Group (1 CAG), était basée à Baden-Sölligen qui, avec la fermeture de la base de Lahr et la dissolution du 1 Wing et de ses Nos 422, 427 et 430 Squadrons, devint l'unique base de CF-104 en Europe, rassemblant les Nos 439, 421 et 441 Sqns, ce dernier étant chargé des missions de reconnaissance tactique grâce à ses Starfighter équipés de nacelles Vinten VINCON emportées sous leur fuselage.

Les CF-104 du 1 CAG commenceront à être remplacés par des CF-188 Hornet en 1982, le dernier Starfighter étant retiré du service par le No 441 Squadron en mai 1986.

À la suite de la disparition de l'URSS, en 1991 et de l'évolution des menaces, le Canada mit fin à sa présence en Europe en 1993.

Toutefois, le No 439 Squadron de Baden-Soellingen eut l'occasion de participer à la guerre du Golfe (opération « Tempête du Désert ») en 1991 avant d'être rapatrié à Bagotville, où il fut dissous.

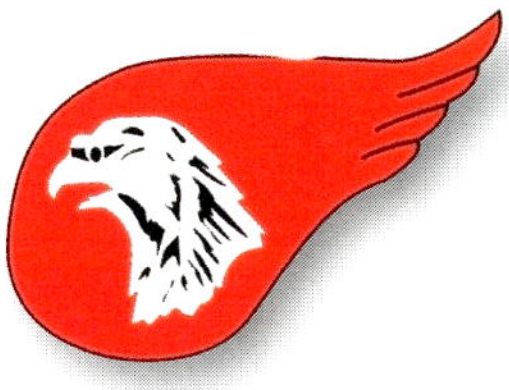

*Insigne du No 430 Sqn*

**Canadair CL-13 Sabre Mk.4 (n° 19479) du No 430 (Silver Falcon) Squadron. Grostenquin (France), 1955.**

*Insigne du No 427 Sqn*

**Canadair CL-13 Sabre Mk 2 (n° 19429) du No 434 (Bluenose) Sqn, 3 Wing. Zweibrücken CFB — Canadian Forces Base — (Allemagne), 1955.**

**Canadair CL-13 Sabre Mk 2 (n° 19244) du No 427 (Lion) Sqn, 3 Wing. Zweibrücken (Allemagne), 1955.**

*Les Sabre du 2 Wing à leur arrivée sur la base de Grostenquin, en France.*
*(RCAF/DND)*

*Le Canadair CL-13 Sabre Mk.2 (n° 19274) du No 441 Squadron en vol au-dessus de l'Angleterre. Basé dans un premier temps à North Luffenham, au Royaume Uni, ce squadron s'installa ensuite en France, à Marville.* (DR)

**Canadair CL-13 Sabre Mk.2 (n° 19338) du No 416 Sqn (Lynx), 2 Wing. Grostenquin (France), 1956**

*Insigne du No 416 Sqn*

**Canadair CL-13 Sabre Mk.4 (n° 19455) du No 414 Sqn, 4 Wing. Baden-Sollingen (RFA), 1953.**

*Insigne du No 414 Sqn*

*Insigne du No 413 Sqn*

**Canadair CL-13A Sabre Mk.5, (n° 23196) du No 413 Sqn, 3 Wing. Zweibrücken (RFA), 1955. La croix jaune liserée de rouge, peinte sur la dérive et sur l'aile gauche (extrados et intrados) fut portée lors de l'exercice de l'OTAN « Carte blanche », en juin 1955.**

*Formation de Canadair CL-13 Sabre au-dessus de la France. Dans un premier temps laissés en métal naturel, les Sabre de la RCAF reçurent un camouflage tactique au milieu des années 1950. Celui-ci était composé de taches gris foncé (*dark sea grey*) et vert foncé (*dark green*) avec un intrados* PRU blue, *toutes ces peintures ayant une finition brillante. (RCAF)*

**Canadair CL-13 Sabre Mk.2, (n° 19176) du No 410 (Cougars) Sqn, 1 Wing. RAF North Luffenham (Angleterre) puis Marville (France), 1953-1954.**

**Canadair CL-13 Sabre Mk.2, (n° 19152) du No 441 (Silver Fox) Sqn, 1 Wing. RAF North Luffenham (Angleterre), puis Marville (France), 1953-1954.**

*Insigne du No 421 Sqn*

**Canadair CL-13B Sabre Mk.6, (n° 23715) du No 421 (Red Indian) Sqn, 2 Wing. Grostenquin (France), 1955.**

**Canadair CL-13B Sabre Mk.6 (n° 23754) du No 439 (Sabre Toothed Tiger) Sqn, 1 Wing. Marville (France), 1955.**

*Marquage du No 444 Squadron*

*Marquage du No 422 Squadron*

**Canadair CL-13B Sabre Mk.6 (n° 23650) du No 441 (Silver Fox) Sqn, 2 Wing. Marville (France), 1955.**

*Insigne du No 430 Sqn*

**Canadair CL-13B Sabre Mk.6 (n° 23733) du No 430 (Silver Falcon) Sqn, 2 Wing. Grostenquin (France), 1955.**

**Canadair CL-13A Sabre Mk.5 (n° 23347) du No 439 Sqn, 1 Wing. Marville (France). La croix jaune est portée sur la dérive et l'aile gauche (intrados et extrados) lors de l'exercice « Carte blanche » de l'OTAN en juin 1955.**

*Avro CF-100 Canuck Mk.4A du No 423 (AW) Squadron (2 Fighter Wing) lors d'un entraînement au-dessus de la Sardaigne, en 1962. Au premier plan le n° 18330. (RCAF)*

*Insigne du No 445 (AW) Sqn*

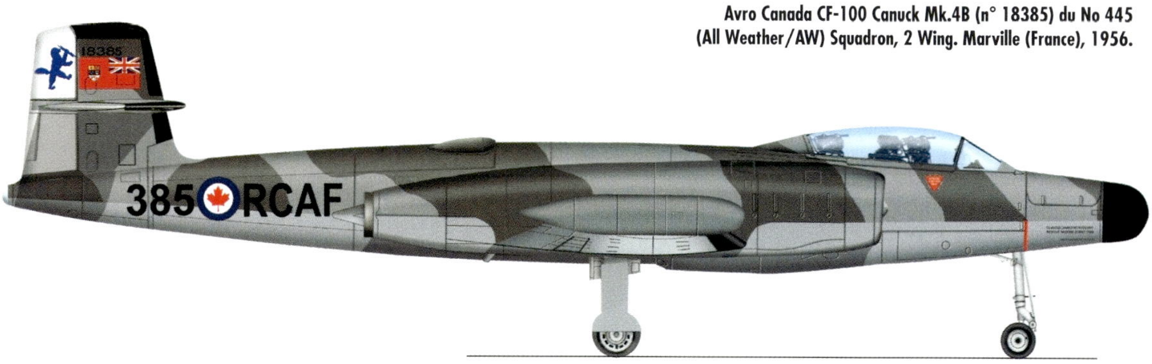


**Avro Canada CF-100 Canuck Mk.4B (n° 18385) du No 445 (All Weather/AW) Squadron, 2 Wing. Marville (France), 1956.**

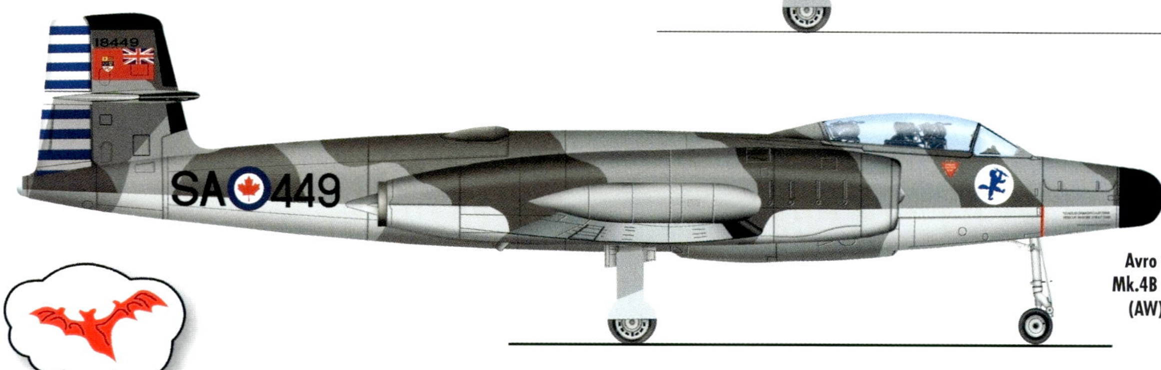


**Avro Canada CF-100 Canuck Mk.4B (n° 18449) du No 445 (AW) Sqn, 2 Wing. Marville (France), 1956.**

*Insigne du No 440 (AW) Sqn*

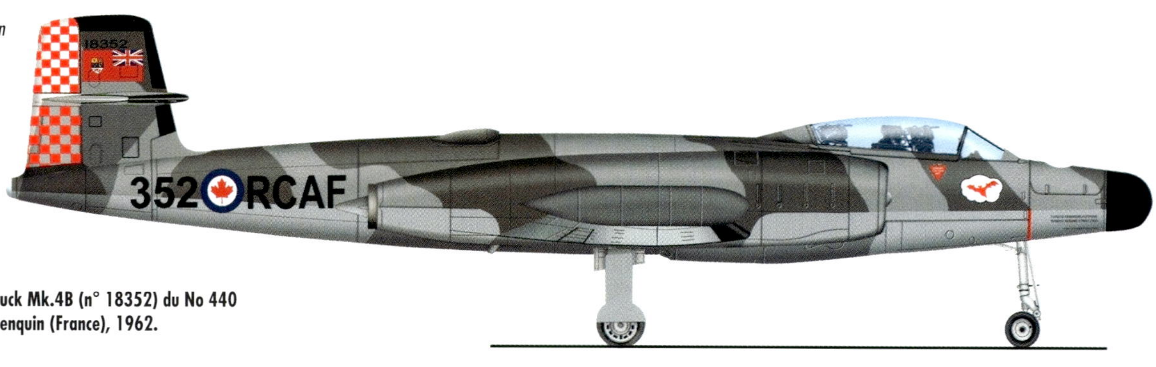


**Avro Canada CF-100 Canuck Mk.4B (n° 18352) du No 440 (AW) Sqn, 2 Wing. Grostenquin (France), 1962.**

Canadair CF-104 Starfighter (n° 12786, puis 104786 à partir de l'année 1970) du No 421 (Red Indian) Squadron. Baden-Söllingen (République Fédérale d'Allemagne), 1972. À partir de 1968, bilinguisme oblige, l'inscription « Canadian Armed Forces » est peinte sur le côté gauche du fuselage, et « Forces Armées Canadiennes » à droite, tandis que le drapeau sur la dérive est du modèle actuel. Cet avion a été livré à la Turquie en 1986.

Canadair CF-104 Starfighter (n° 12818) du No 427 Sqn. Zweibrucken CFB (Allemagne), fin 1962. Avion ensuite revendu à la Norvège et utilisé par ce pays jusqu'en 1982. On notera l'ancien modèle de drapeau national peint sur la dérive et l'absence d'insigne d'unité, les « Zippers » (surnom donné aux Starfighter) restant généralement discret en raison de leurs missions, notamment nucléaires.

Canadair CF-104 Starfighter (n° 104733) du 1 Canadian Air Group (CAG). Baden-Söllingen CFB (RFA), 1973. Le camouflage intégral vert foncé fut introduit sur les Starfighter canadiens à partir de 1972, l'inscription « Armed Forces/Forces Armées » étant portée de part et d'autre de la cocarde de fuselage et les trois derniers chiffres du numéro de série sous le pare-brise.

*Canadair CF-104 Starfighter (n° 104795) du No 421 Squadron sur la base anglaise de Greenham Common en 1973. (DR)*

*Vol de groupe de CF-104 du No 439 Sqn (1 Wing) de la RCAF. Les appareils emportent tous une nacelle de reconnaissance Vinten VICON sous le fuselage.* (RCAF)

**Canadair CF-104 Starfighter (n° 104845) du 4 Wing. Baden-Söllingen CFB (RFA), 1983. Au début des années camouflage, un deuxième type de camouflage fut introduit sur les CF-104 canadiens, composé de trois tons (vert foncé, gris moyen et gris clair) et avec des marques de nationalités réduites, dépourvues de blanc.**

**Lockheed CF-104D Mark 2 Starfighter (n° 104653) du No 439 (Sabre Toothed Tiger) Squadron. Baden-Söllingen CFB (RFA). L'insigne de dérive fut peint en grandes dimensions à l'occasion du Nato Tiger Meet de 1981.**

**Canadair CF-104 Starfighter (n° 104749) du No 439 Squadron. Baden Söllingen CFB (RFA), 1971. Appareil équipé sous le fuselage d'une nacelle de reconnaissance photographique Vinten VICON.**

Lockheed CF-104D Mark 1 Starfighter (n° 104634) du 1 Canadian Air Group. Baden Söllingen (Allemagne), 1972.

Canadair CF-104 Starfighter (n° 104838) du No 439 Sqn. Décoration spécialement réalisée pour le Nato Tiger Meet de 1981.

*Canadair CF-1 Starfighter (n° 104762) dans les année quatre-vingt, avec marquage « basse visibilité ».* *(Coll. G. Paloqu*

**Canadair (Lockheed) CT-133A Silver Star (n° 21653) du 3 Wing. Zweibrucken (RFA), 1968.**

**Canadair (Lockheed) CT-33A (n° 133649), de la 1 Air Division. Baden-Söllingen (RFA), 1982.**

*Arrivée du premier CF-104 Starfighter (n° 12813) à Decimomannu, en Sardaigne, base utilisée pour des campagnes de tir par les unités de la RCAF rattachées à l'OTAN jusqu'en juillet 1970.* (RCAF/DND)

**Canadair (Lockheed) CT-133 Silver Star (n° 133315) du GTTF (Group Transient and Training Flight). Baden-Söllingen (RFA), 1985.**

**Canadair (Lockheed) CT-133 Silver Star (n° 133542) du GTTF. Baden-Söllingen (RFA), 1985.**

***Deux CF-188 canadiens décollent de la base italienne d'Aviano pendant l'opération « Allied Force », en 1999.*** *(USAF)*

*Ci-contre, page de droite.* ***Un CF-188A du No 409 Squadron en vol au-dessus de la Bavière en 1987. On notera le « faux cockpit », peint sous le fuselage, l'une des caractéristiques des Hornet canadiens.*** *(RCAF/DND)*

***Canadair (Lockheed) CT-133 Silver Star (n° 133345) du GTTF de Baden-Söllingen (RFA), 1987.*** *(Coll. G. Paloque)*

**McDonnell Douglas CF-188A Hornet (BuNo 188742) du No 439 (Sabre Toothed Tiger) Squadron., 1 Canadian Air Group. Baden-Söllingen (Allemagne), 1992.**

**McDonnell-Douglas CF-188B Hornet (BuNo 188750) du No 409 (Nighthawks) Sqn, Baden-Söllingen (RFA), 1992.**

# CROATIE

La Croatie s'étant autoproclamée indépendante en juin 1991, elle entra immédiatement en conflit avec le reste des pays constituant la Yougoslavie qui entendaient conserver l'intégrité de la fédération, au besoin par la force. La Yougoslavie retira très rapidement de Croatie l'ensemble de ses forces, et notamment son aviation militaire, le matériel ne pouvant être rapatrié étant soit détruit, soit saboté. Dans un premier temps, la Croatie put cependant récupérer une poignée d'hélicoptères ayant précédemment appartenu à la police yougoslave, qui constituèrent les premiers aéronefs de la toute jeune armée de l'Air croate. Ils furent rejoints en septembre 1991 par quelques appareils civils militarisés, comme des An-2 « Colt » et même un hélicoptère Bell 47 qui faisait partie des collections du musée des Techniques de Zagreb !

Le premier chasseur à rejoindre les rangs croates, en janvier 1992, fut un MiG-21Bis yougoslave dont le pilote avait fait défection. Il fut suivi par d'autres avions de ce type, certains livrés par des filières non officielles, en provenance d'Ukraine notamment. À la suite des accords de paix de Dayton, en novembre 1995, l'embargo qui pesait jusqu'alors sur les ventes de matériel militaire fut levé, et la Croatie put recevoir une trentaine de Bell 206 et de Pilatus PC-9 destinés à l'entraînement, ainsi que des avions de lutte contre les incendies (CL-215, 415 et AT-802).

À la fin de 2002, la flotte des 24 MiG-21 que possédait alors la *Hrvatsko Ratno Zrakoplovstvo* (HRZ, armée de l'Air croate) arriva à bout de potentiel et son remplacement ou au mois sa modernisation devint indispensable. Après avoir envisagé diverses solutions, il fut décidé que tous les avions seraient envoyés chez Aerostar, en Roumanie, pour y subir une grande révision et être légèrement modernisés. Un premier lot de douze appareils (huit monoplaces MiG-21Bis et quatre biplaces MiG-24UM destinés à constituer un escadron), fut concerné, ce qui augmenta la durée de vie des cellules d'une dizaine d'années. En revanche, faute de crédits suffisants, la modernisation du second lot qui aurait dû constituer un deuxième escadron ne fut jamais entreprise.

Les douze MiG-21 révisés devant à l'origine rester en service jusqu'à la fin de 2011, la Croatie se mit à la recherche de leurs successeurs dès 2008, ceux-ci devant être opérationnels au moment du retrait définitif des « Fishbed ».

Bien qu'elle ait rejoint l'OTAN en 2009, la Croatie ne put mener ce plan à bien en raison de la grave crise économique qui l'affecta en 2010, et une solution intérimaire dut être trouvée en attendant l'acquisition de matériel moderne correspondant aux standards réclamés par l'Alliance Atlantique. En 2013, la société ukrainienne Ukrspetsexport fournit à la HRZ huit MiG-21 monoplaces en quatre biplaces, sept d'entre eux étant d'anciens chasseurs croates remis à niveau, tandis que les cinq autres étaient des appareils d'occasion.

Il est prévu que ces avions resteront en service jusqu'à la fin de 2022, le choix de leur remplaçant devant être fait à la fin de 2019. Plusieurs possibilités ont à ce sujet été envisagées : JAS-39 Gripen, F-16 d'occasion provenant de Grèce ou d'Israël, voire des F-16 Block 70/72 entièrement neufs, solution qui semble actuellement la plus vraisemblable.

*Ce MiG-21UM « Mongol B » (n° 516911036) de l'EBA (Eskadrila Borbenih Aviona / escadron d'avions de combat), peint aux couleurs du blason de la Croatie, représente la HRZ, l'armée de l'Air croate dans de nombreux meetings aériens.* (DR)

**Mikoyan Gourevitch MiG-21Bis « Fishbed » de l'Eskadrila Borbenih Aviona (EBA, escadron d'avions de combat). 91 Zrakoplovna Baza (91 ZB, 91e Base Aérienne). Zagreb-Pleso. Le heaume de chevalier empanaché et l'emblème de l'unique escadron de chasse dont dispose la HRZ.**

**Mikoyan Gourevitch MiG-21Bis de l'EBA. Zagreb-Pleso. Ce « Fishbed » a été spécialement décoré à l'occasion du 25e anniversaire de la création de la HRZ, en 2017.**

**Mikoyan Gourevitch MiG-21UM « Mongol B » (n° 516987091) de l'EBA. Zagreb-Pleso.**

*MiG-21bis (n° 75092923) « Fishbed » de l'EBA basé à Zagreb. À la suite de leur modernisation, les « Fishbed » croates ont reçu une livrée et un marquage « basse visibilité » composés uniquement de différents tons de gris, y compris pour la cocarde et l'écu à damier national.* (DR)

# DANEMARK

Les forces aériennes militaires du Danemark, qui étaient depuis la Grande Guerre réparties entre la Marine (*Marinens Flyvevæsen*) et l'armée de Terre (*Hærens Flyvertropper*), cessèrent d'exister lors de l'occupation du pays par l'Allemagne nazie, en mai 1940, les avions qui n'avaient pas été détruits lors des combats étant stockés ou saisis par les Allemands. Le Danemark ayant rejoint l'OTAN en 1949, la nécessité de mettre sur pied une force aérienne à la fois indépendante et correspondant aux besoins de l'Alliance Atlantique devint évidente. À cet effet, une loi du 27 mai 1950 créa officiellement la *Kongelige Danske Flyvevåben* (armée de l'Air royale danoise), où étaient amalgamés les moyens aériens de la Marine et de l'armée de Terre.

À sa naissance, cette nouvelle force aérienne disposait de 180 appareils de quatorze modèles différents, dont les plus modernes étaient les 40 Gloster Meteor Mk.4 et Mk.8 achetés par la Marine à la fin de 1949 et dont la quarantaine d'exemplaire constituait un unique escadron, les autres appareils « de combat » étant les dix-sept survivants des 38 Spitfire Mk. IX et XI achetés à bas prix en 1947-1948. Ces premiers appareils à réaction utilisés par le Danemark resteront en service jusqu'en 1962 au sein des *Eskadriller* (Esk., escadrons) 723 et 724 stationnées à Karup. Le renforcement de la *Flyvevåben* s'accéléra par la suite, une grande partie des pilotes étant envoyés aux États Unis et au Canada afin de se familiariser avec les procédures de l'OTAN.

Dans le cadre du programme d'assistance militaire (*Mutual Aid Program*, ou MAP) mis au point par les États Unis, l'*Eskadrille* 725 fut dotée à partir de 1951 de six Republic F-84E Thunderjet. Ces chasseurs, qui resteront en service

***Les Armstrong Withworth Meteor NF.11 de l'Eskadrille 723 de Karup en vol dans les années cinquante.*** *(Coll. Børge Nielsen)*

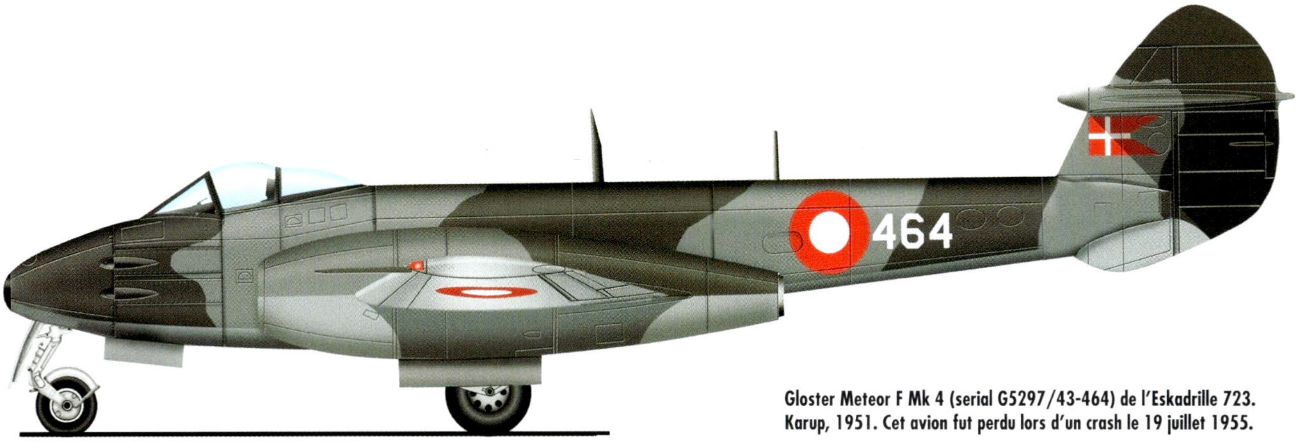


Gloster Meteor F Mk 4 (serial G5297/43-464) de l'Eskadrille 723. Karup, 1951. Cet avion fut perdu lors d'un crash le 19 juillet 1955.

Gloster Meteor F Mk. 8 (serial G5367/43-493) de l'Eskadrille 724. Ålborg, 1951. Cet appareil fut perdu dans une collision aérienne le 20 mai 1953.

jusqu'en 1955, seront suivis en 1952 par 238 Republic F-84G Thunderjet supplémentaires, mis en œuvre par six unités (Esk. 725 à 730).

En 1952, la chasse de nuit danoise fut modernisée à l'aide de vingt Gloster (Armstrong Whitworth) Meteor NF.11 qui seront affectés à l'Esk. 723. Ces biréacteurs seront remplacés à partir de 1958 par 59 North American F-86D, ces Sabre Dog, affectés aux *Eskadriller* 723, 726 et 728, restant en service jusqu'en 1966.

C'est en 1956 que les premiers Hawker Hunter firent leur son apparition au sein de la *Flyvevåben*. Trente F.51 (désignation du F Mark 4 à l'export) seront affectés à l'Esk. 724 basée à Aalborg jusqu'en 1974, et seront rejoints par quatre biplaces T Mk.53 en 1958.

Le remplacement des Thunderjet danois débuta en 1959 lorsque 48 North American F-100D furent livrés aux *Eskadriller* 725, 727 et 730 de la base de Karup, suivis par vingt-quatre biplaces F-100F. Les Super Sabre resteront en service jusqu'en 1982.

Pour les missions de reconnaissance aérienne, le Danemark put disposer à partir de 1957 de vingt-trois Republic RF-84F Thunderflash. Ces avions furent utilisés par la seule *Eskadrille* 729 de Karup, et resteront en service jusqu'en 1971, lorsqu'ils seront remplacés par vingt SAAB RF-35 Draken et trois biplaces TF-35 destinés à l'entraînement.

Deux unités de la *Flyvevåben*, les Esk. 723 et 726, voleront sur Starfighter, 25 Canadair F-104G monoplaces et quatre Lockheed TF-104G biplaces étant livrés en 1964 dans le cadre du MAP. Ces unités, stationnées à Aalborg, auront leurs effectifs renforcés en 1971 par quinze CF-104 et sept CF-104D précédemment utilisés par la RCAF. Les escadrons danois de Starfighter effectuèrent de nombreux échanges avec les autres forces aériennes de l'OTAN, les derniers appareils étant retirés du service en avril 1986. Sur les 51 F-104 reçus, la Force aérienne danoise en perdit douze en vingt-deux années d'utilisation. Afin de remplacer ses F-100D vieillissants, le Danemark choisit finalement d'acheter des SAAB Draken. En 1970, l'*Eskadrille* 725 de Karup, spécialisée dans l'attaque au sol, perçut ainsi vingt F-35 et sept TF-35 biplaces. Les Draken danois seront utilisés par les Esk. 725 et 729 jusqu'au début des années quatre-vingt-dix.

Dans le cadre d'un vaste programme de modernisation de l'ensemble de sa flotte et de remplacement de ses appareils les plus anciens, le Parlement danois autorisa l'achat, en 1975, de 58 General Dynamics F-16A/B Fighting Falcon devant être produits par la SABCA, en Belgique. Ce contrat était une première pour cet état scandinave, car il représentait l'achat de matériel militaire le plus important de toute son histoire, et il concernait également un avion qui n'existait à l'époque qu'à l'état de prototype ! L'*Eskadrille* 727 basée à Skrydstrup fut la première, en janvier 1980, à remplacer ses Super Sabre à bout de potentiel par le nouveau chasseur. Douze F-16 supplémentaires ayant été achetés en 1984, ainsi qu'un certain nombre d'exemplaires d'occasion destinés à remplacer les appareils perdus par accident, le Fighting Falcon est devenu, après le retrait des derniers F-104 Starfighter en 1984 et des F-35 Draken en 1993, l'unique avion de combat de la *Flyvevåben*. Ces chasseurs sont actuellement mis en œuvre par quatre escadrons (Esk. 723 et 726 à Aalborg, et Esk. 727 et 730 à Skrydstrup) et certains d'entre eux ont été engagés pour la première fois à l'extérieur en 2002 lors de l'opération « Enduring Freedom ».

Le remplacement des F-16 danois, dont la flotte a été modernisée entre 1995 et 2005 (nouvel ordinateur de bord, écrans couleur multifonctions et avionique améliorée) a été décidé dès 2002 lorsque le Danemark a rejoint le programme commun du Joint Strike Fighter.

48 F-35A Lightning II, modèle finalement préféré aux Super Hornet, Gripen et Eurofighter, ont été commandés, les premiers exemplaires devant être livrés à la *Flyvevåben* en 2022.

**Armstrong Withworth Meteor NF Mark 11 (serial WM398/51-515) de l'Eskadrille 723. Karup, 1953-1954.**

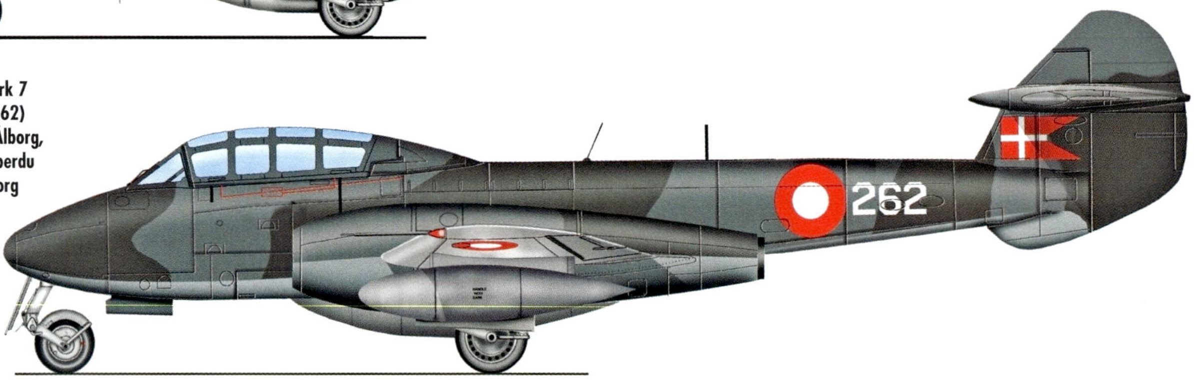


**Gloster Meteor T Mark 7 (serial G5 349/22-262) de l'Eskadrille 723. Ålborg, 1956. Cet avion fut perdu lors d'un crash à Ålborg le 20 janvier 1954.**

**Armstrong Withworth Meteor NF.11 (serial WM386/51-503) de l'Eskadrille 723. Karup, 1957.**

**Republic F-84G-11-RE Thunderjet (s/n 51-9974) de l'Eskadrille 727. Skrydstrup, 1955-1956. Avion précédemment utilisé par la Koninglijke Luchtmacht, l'armée de l'Air hollandaise.**

**Republic F-84G-11-RE Thunderjet (s/n 51-9982) Thunderjet de l'Eskadrille 726. Karup, 1956.**

**Republic F-84G-21-RE Thunderjet (s/n 51-10769) de l'Eskadrille 730. Karup, 1961.**

**Republic F-84G-6-RE Thunderjet (s/n 51-9821) de l'Eskadrille 729. Karup, 1956.**

**North American F-86D-31NA Sabre Dog (s/n 51-6028) de l'Eskadrille 726. Ålborg, 1958**

***Republic F-84E-31-RE Thunderjet (s/n 51-9587) Thunderjet de l'Eskadrille 725. Karup, 1953.***
*(Coll. Børge Nielsen)*

North American F-86D-31NA Sabre Dog (s/n 51-6958) de l'Eskadrille 723. Ålborg, 1961.

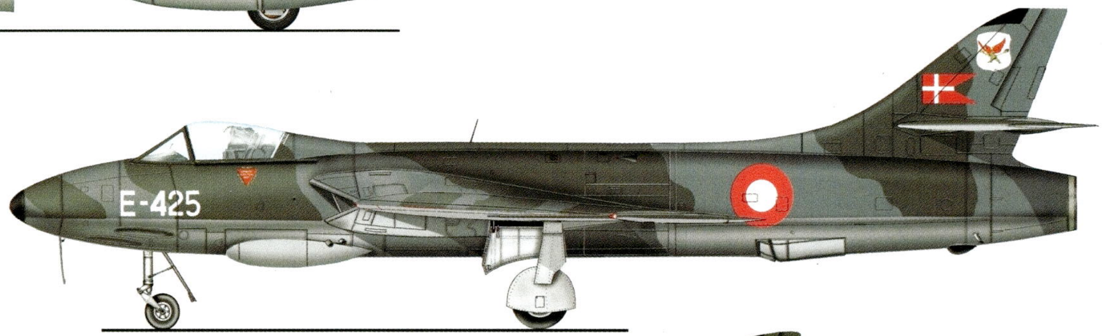


Hawker Hunter F Mark 51 (serial 680284) de l'Eskadrille 724. Ålborg, 1965. Le F.51 était la variante du Hunter spécialement destinée au Danemark et correspondait en fait au F.4 de la RAF.

Hawker Hunter F.51 (serial 680271) de l'Eskadrille 724. Ålborg, 1974.

Hawker Hunter T Mark 53 (serial 693833) de l'Eskadrille 724. Ålborg, 1967. Le T.53 était identique au biplace T.7.

*Les Hunter F.51 de l'Eskadrille 724 d'Ålborg en vol dans les années soixante.* (Flyvevåbnets Museum)

Hawker Hunter T.7 (serial 694510) de l'Eskadrille 724. Skrystrup, 1974.

North American F-100D-15NA Super Sabre (s/n 54-2266) de l'Eskadrille 727. Karup, 1968. Avion vendu à la Turquie en 1982.

North American F-100D-01NA Super Sabre (s/n 54-2177) de l'Eskadrille 730. Karup, 1965. Avion également vendu à la Turquie en 1981.

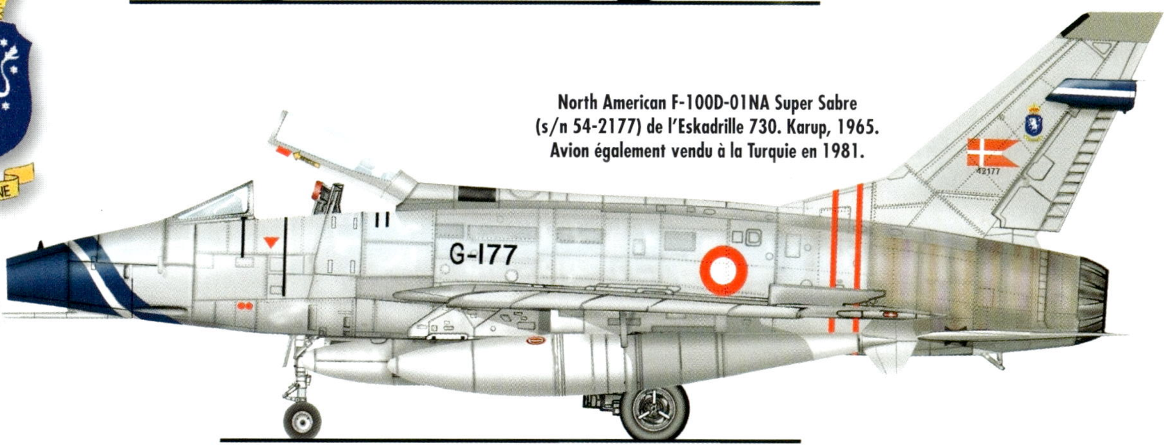

*F-100D-15NA Super Sabre (s/n 54-2261) de l'Eskadrille 727. Après son retrait du service par le Danemark, et avion a été revendu à la Turquie en 1981.*
*(Flyvevåbnets Museum)*

North American F-100D-10-NA Super Sabre (s/n 54-2262) de l'Eskadrille 727. Karup, 1970.

North American F-100F-15-NA Super Sabre (s/n 58-6982) de l'Eskadrille 727. Karup, 1965. Appareil perdu lors d'un crash le 3 février 1976.

North American F-100F-15-NA Super Sabre (s/n 58-6976) de l'Eskadrille 730. Karup, 1965. Appareil revendu à la Turquie en 1981

*North American F-100F-15-NA Super Sabre (s/n 58-6981) de l'Eskadrille 727. Cet appareil fut perdu dans un crash le 7 juillet 1964.*
*(Coll. Børge Nielsen)*

North American TF-100F-11-NA Super Sabre (s/n 56-3844) de l'Eskadrille 727. Karup, 1978.

Republic RF-84F-46-RE Thunderflash (s/n 53-7571) de l'Eskadrille 729. Kastrup, 1957. Appareil perdu lors d'un crash en Allemagne le 18 septembre 1958; pilote tué.

Republic RF-84F-46-RE Thunderflash (s/n 53-7649) de l'Eskadrille 729. Karup, 1960.

*Republic RF-84F-26-RE (51-17054) Thunderflash de l'Eskadrille 729. Ancien appareil de l'Armée de l'Air, revendu ensuite à la Turquie. (Coll. G. Paloque)*

**SAAB F-35 Draken (n° A-1014) de l'Eskadrille 725. Karup, années soixante-dix.**

**SAAB RF-35 Draken (n° A-1112) de l'Eskadrille 729. Karup, 1977.**

**SAAB TF-35 Draken (n°A-1155) de l'Eskadrille 729. Karup, 1977.**

**SAAB TF-35 Draken (n° A-1160) de l'Eskadrille 729. Karup, 1977.**

***SAAB TF-35 Draken (n° A-1157) de l'Esk. 729 en 1977. Cet avion a été racheté par une société civile californienne en 1993.*** *(Coll. G. Paloque)*

Canadair (Lockheed) F-104G Starfighter (s/n 62-12343) de l'Eskadrille 723. Ålborg, 1966. appareil perdu lors d'un crash le 8 août 1980.

Canadair (Lockheed) F-104G Starfighter (s/n 62-12345) de l'Eskadrille 723. Ålborg, 1982. Appareil revendu à Taïwan en 1986.

Lockheed TF-104G Starfighter (s/n 63-12681) de l'Eskadrille 723. Ålborg, 1966. Appareil perdu dans un crash le 13 juillet 1975.

Canadair CF-104D Starfighter (n° 12654) de l'Eskadrille 723. Ålborg, 1979.

*Canadair (Lockheed) F-104G (s/n 62-12340) Starfighter. Il s'agit du premier appareil de ce type livré à la Danske Flyvevåben, en novembre 1964.* (M. Freer)

Lockheed T-33A-1-LO (s/n 51-4450) de l'escadron d'entraînement de la base de Karup, 1976.

Lockheed T-33A-1-LO (s/n 51-9144) de l'escadron d'entraînement de la base d'Ålborg. 1954

General Dynamics (SABCA) F-16A Block 20 MLU (F-16AM) Fighting Falcon (s/n 78-0194) de l'Eskadrille 730. Décoration spéciale réalisée pour les 60 ans de la Danske Flyvevåben. 2010.

*General Dynamics (SABCA) F-16A Block 10 Fighting Falcon (s/n 78-0196) de l'Eskadrille 727 au début des années 2000.* *(Coll. G. Paloque)*

General Dynamics (SABCA) F-16B Block 20 MLU (F-16BM) Fighting Falcon (s/n 78-0210) de l'Eskadrille 730. Décoration spécialement réalisée en 2008 à l'occasion du programme d'essai en vol du F-35.

General Dynamics (SABCA) F-16A Block 10 Fighting Falcon (s/n 78-0199) de l'Eskadrille 727. Cette décoration humoristique fut portée par cet avion pendant plusieurs années à partir de la saison 1998.

# ESPAGNE

Deux Eurofighter (un monoplace désigné par l'Ejercito del Aire C.16, et un biplace CE.16) de l'Ala 11 de Séville-Moron survolent la campagne andalouse. L'Espagne est l'un des quatre pays partenaires du programme de l'Eurofighter et le dernier à avoir reçu ses exemplaires, baptisés Tifón. *(EdA)*

L'*Ejercito del Aire* (EdA), l'armée de l'Air espagnole, vit le jour en octobre 1939, au sortir de la guerre civile qui ravagea la péninsule ibérique pendant plusieurs années. Essentiellement composée d'appareils d'origine allemande ou italienne, nations qui avaient largement contribué à la victoire du camp nationaliste pendant le conflit, l'EdA modernisa sa flotte au début des années cinquante et entra dans l'Ère du jet lorsqu'elle reçut, à partir de juin 1955, ses premiers North American F-86F Sabre dont 270 exemplaires lui furent livrés sur cinq années dans le cadre du programme d'assistance militaire MDAP (*Mutual Defense Assistance Program*) mis au point par les États Unis.

Les chasseurs américains, d'anciens appareils de l'USAF dont la plupart furent portés au standard F-86F-40 par la société nationale CASA, vont équiper cinq escadres de chasse, ou *Alas de Caza*, basées respectivement à Manises (*Ala de Caza* 1 avec les *Escuadrónes* — escadrons — 11 et 12), Valenzuela (*Ala de Caza 2/ Escuadrón* 21), Mallorca-Son San Juan, aux Baléares (*Ala de Caza 4/ Esc.* 41), Morón (*Ala de Caza* 5/ *Esc.* 51) et Torrejón de Ardoz-Madrid (*Ala de Caza* 6 / *Esc.* 61). À cela s'ajoutaient l'état-major de la chasse (*Esc.* 98), également basé à Torrejón et l'*Escuela de Reactores* (école d'entraînement réacteur) de Talavera avec l'*Escuadrón* 2.

Toujours dans le cadre du programme MDAP, l'Espagne reçut en 1965 18 Lockheed F-104G (désignation locale C.8) et trois TF-104G (CE.8). Les premiers Starfighter arrivèrent à Torrejón en février 1965 où ils furent affectés à l'*Escuadrón* 61 de l'*Ala* 6 qui sera renommé *Escuadrón* 161 de l'*Ala* 16 d'avril 1965 à novembre 1967. Cette unité sera ensuite rebaptisée successivement *Escuadrón* 104 de l'*Ala* 12, puis *Escuadrón* 122 de l'*Ala* 12 de 1971 à 1972.

Au moment du retrait des F-104 Starfighter, en 1972, l'EDA n'avait perdu aucun de ses chasseurs en un peu plus de 10 000 heures de vol, ce qui constitue un record en la matière lorsqu'on connaît le taux d'attrition élevé de l'avion dans les autres pays utilisateurs. Les F-104 espagnols seront remplacés par les F-4C Phantom II.

L'*Ejercito Del Aire* ayant sélectionné le F-5 Freedom Fighter pour équiper sa flotte, la société nationale CASA

North American F-86F-40-NA Sabre (s/n 55-3972) de l'Ala de Caza 1 à la fin des années cinquante. Les Sabre étaient désignés C.5 par l'Ejercito del Aire, « C » pour Caza (chasse) et « 5 » car il s'agissait du cinquième appareil de ce type depuis la formation de l'EdA, en 1939. *(DR)*

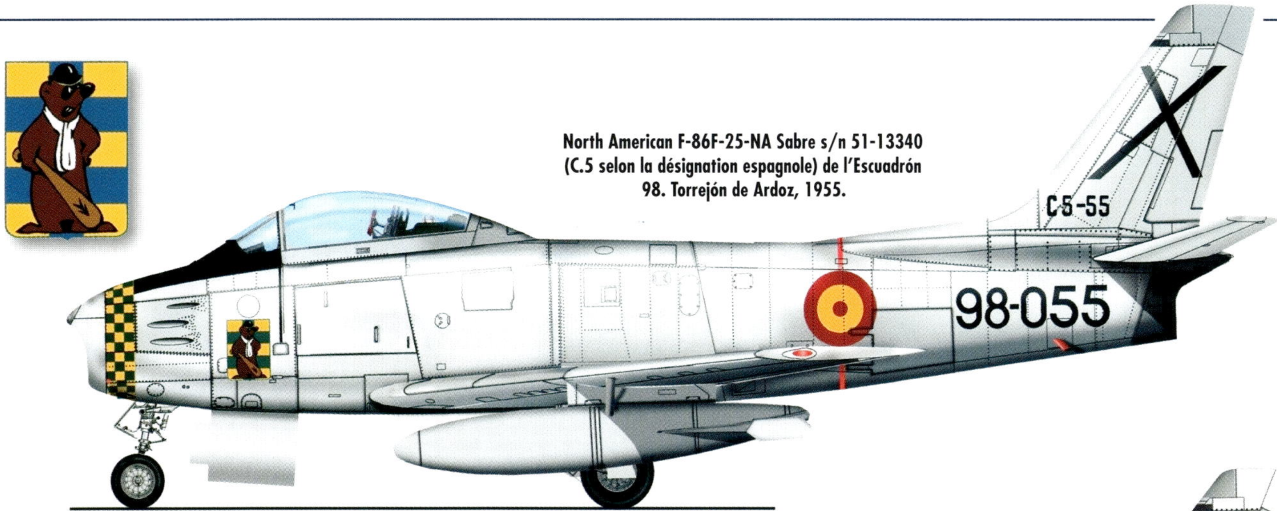


**North American F-86F-25-NA Sabre s/n 51-13340 (C.5 selon la désignation espagnole) de l'Escuadrón 98. Torrejón de Ardoz, 1955.**

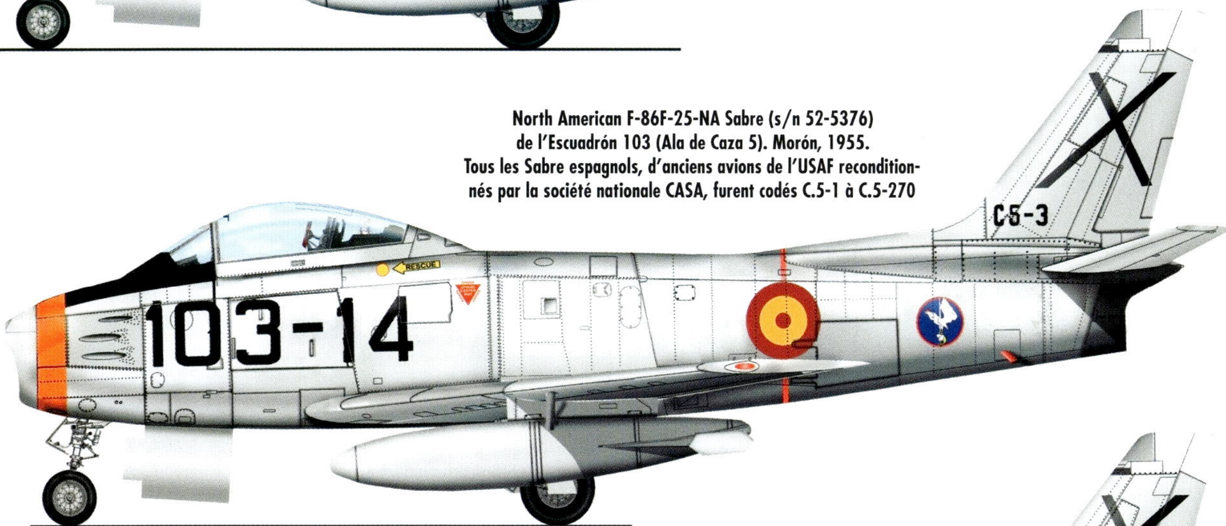


**North American F-86F-25-NA Sabre (s/n 52-5376) de l'Escuadrón 103 (Ala de Caza 5). Morón, 1955. Tous les Sabre espagnols, d'anciens avions de l'USAF reconditionnés par la société nationale CASA, furent codés C.5-1 à C.5-270**

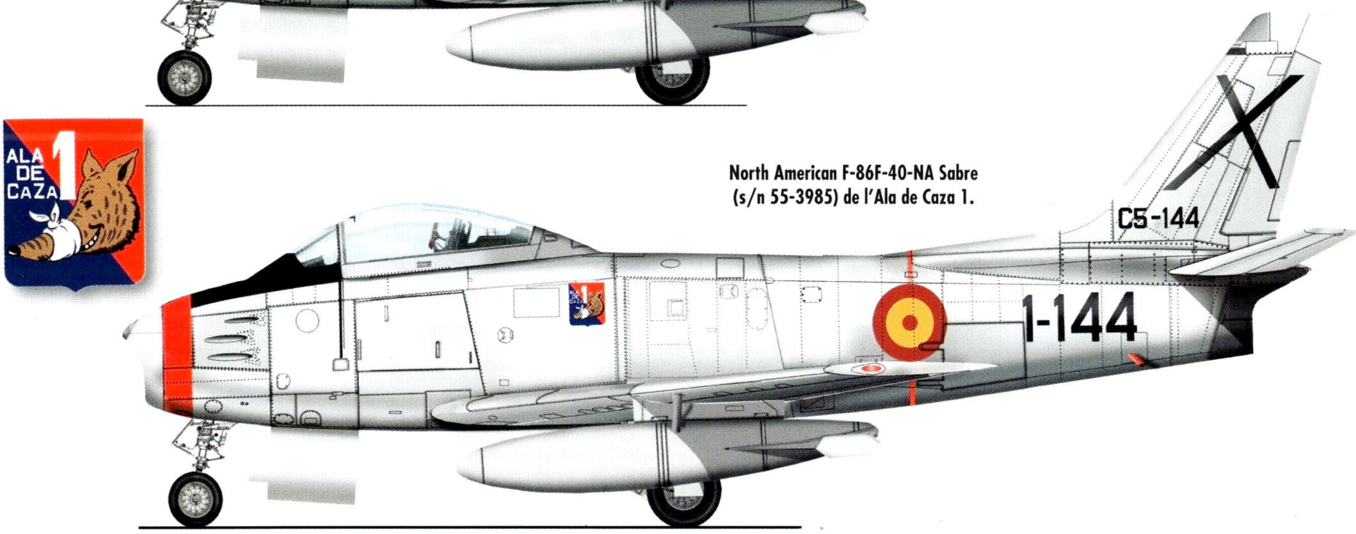


**North American F-86F-40-NA Sabre (s/n 55-3985) de l'Ala de Caza 1.**

(Construcciones Aeronautica SA) reçut l'autorisation de la part de Northrop de construire sous licence le petit biréacteur sous la désignation spécifique de SF-5 (« S » pour *Spain*, Espagne, en anglais). Au total, 70 appareils furent construits en Espagne, 34 biplaces SF-5B — désignés localement CE.9 — et 36 monoplaces SF-5A (C.9).

Le premier SF-5A construit en Espagne effectua son vol inaugural en mai 1968. Par la suite, la moitié des SF-5A fut transformée en SRF-5A (CR.9) de reconnaissance, une caméra étant installée dans le nez de l'avion. Puis, lorsque la mission principale de l'avion passa de l'interception à l'attaque au sol, les désignations furent à nouveau modifiées, les appareils devenant respectivement A.9, AE.9 et AR.9. Au cours de leur carrière, les F-5 espagnols firent l'objet de différentes modernisations et remises à niveau, notamment de leur avionique et surtout de leur voilure, à la suite de plusieurs accidents.

La dernière remise à niveau en date a été effectuée sur les 22 exemplaires encore en service par l'Israélien IAI (Israel Aircraft Industries). Les appareils, rebaptisés SF-5M, sont équipés d'un nouvel ordinateur de bord, d'écrans multifonctions et de nouveaux systèmes de navigation, notamment par GPS.

La première unité équipée de SF-5 fut l'Escuadrón 202. qui reçut quinze SF-5B sur la base de Séville-Morón au début du mois de janvier 1970. L'année suivante, après s'être installé à Talavera La Réal (Badajoz), près de la frontière portugaise, cet escadron fut chargé de l'entraînement avancé au sein de l'*Escuela de Reactores* et rebaptisé *Escuadrón* 731. Deuxième unité à avoir reçu des SF-5, l'*Escuadrón* 204 connut le même sort que le précédent et fut rebaptisé *Esc.* 732 lors de la restructuration de l'EdA, après s'être installé à Talavera La Réal en avril 1971

L'*Escuadrón* 211 « Gallo » (coq), basé à Moron sous le commandement de l'Ala 21, était un escadron spécialisé dans l'attaque au sol qui fut équipé de SF-5A et de SRF-5A. Quand l'Ala 21 fut dissoute, en 1992, la plupart de ces avions furent ferraillés. L'*Escuadrón* 212, unité de reconnaissance de l'Ala 21 de Morón, reçut dix-huit SRF-5A et deux SF-5B. En 1976, il fut rebaptisé *Escuadrón* 464 et envoyé aux Canaries. Quand cette unité fut à son tour dissoute, en janvier 1982, l'Esc. 212 fut recréé et à nouveau rattaché à l'Ala 21 sur la base de Morón. Lors de la dissolution de l'escadre, en 1992, six SF-5A et SRF-5A furent cédés à l'Ala 23, le reste des avions étant ferraillé. L'*Escuadrón* 214, lui aussi rattaché à l'Ala 21, ne posséda qu'un petit nombre de SF-5B. Il fut dissous en 1982, après avoir transféré ses biplaces à l'Ala 23.

Les *Escuadrónes* 731 et 732 « Patas Negras » (pattes noires), créés en 1971 à partir des Esc. 202 et 204, et basés à Talavera La Real, sont les dernières unités de l'EdA à avoir été transformées sur SF-5. Lorsque l'Ala 23 devint l'escadre d'entraînement avancé sur jet (*Ala de Instruccion y Ataque*) et l'unique utilisatrice du SF-5, ces escadrons furent redésigné Esc. 231 et 232.

Les Escuadrónes 231 et 232 de l'Ala 23, basés à Badajoz-Talavera, étaient en 2018 les dernières unités de l'EdA encore équipées de biplaces SF-5M (dix-neuf exemplaires en service) utilisés pour l'entraînement avancé des pilotes de chasse espagnols.

Soucieuse de moderniser et de diversifier sa flotte, l'Espagne fit l'acquisition, en 1970, de 24 AMD Mirage IIIE — désignés par Dassault Mirage IIIEE et localement C.11 —, et sept biplaces IIIDE (CE.11). Ces chasseurs seront utilisés par les *Escuadrónes* 101 et 103 de l'*Ala de Caza* 10 basée à Manises, des unités qui seront ensuite rebaptisées respectivement *Ala* 11 et *Escuadrónes* 111 et 112, en mai 1971. Les Mirage IIIEE/DE seront retirés du service par l'*Ejercito del Aire* à la fin de 1992.

L'Espagne remplaça ses Starfighter par un autre chasseur américain, le McDonnell F-4C Phantom II, qui eut une carrière conséquente dans la péninsule puisqu'il resta en service pendant une vingtaine d'années. Le premier des 36 F-4C (C.12 dans l'EdA) fournis par l'USAF dans le cadre du plan MDAP arriva à Torrejon en juin 1971.

Les Phantom II furent affectés d'abord à l'*Escuadrón* 122, puis à l'*Esc.* 121 de l'*Ala* 12, qui comprendra également un escadron de Boeing KC-97L spécialement mis sur pied pour le ravitaillement en vol de F-4C. Ces vénérables quadrimoteurs furent par la suite remplacés dans leur mission par des Lockheed KC-130H Hercules.

En 1978, quatre F-4C supplémentaires furent livrés à l'EDA afin de remplacer les appareils perdus. Les Phantom II espagnols participèrent à de nombreux exercices de l'OTAN ainsi qu'à de nombreux échanges d'escadrons entre les différentes forces aériennes de l'OTAN en Europe et commencèrent à être retirés du service en 1991. L'*Ejercito del Aire* reçut également 18 RF-4C (CR.12), précédemment utilisés par l'*Air National Guard*, qui servirent à former à partir de janvier 1989 l'*Escuadrón* 123, basé à Torrejón, et spécialisé dans la reconnaissance photographique. Les RF-4C resteront en service jusqu'en 2002, l'EdA ne perdant aucun appareil de ce type.

Le gouvernement espagnol commanda en 1972, quinze Dassault Mirage F1C (désignation locale C.14 et CE.14 pour les biplaces) qui furent affectés à l'*Escuadrón* 141 rattaché à l'Ala 14 nouvellement constituée. Au cours de l'année 1976, l'EDA reçut neuf F1C supplémentaires, suivis par 48 exemplaires supplémentaires en 1978, dont 24 monoplaces F1E et six biplaces à l'avionique améliorée et équipés d'une perche de ravitaillement en vol. Ces appareils furent affectés à l'*Escuadrón* 142 spécialement mis sur pied à cet effet. Afin d'assurer l'intérim avant la mise en service de l'Eurofighter, 53 de ces avions furent modernisés à partir de 1995 et rebaptisés à cette occasion Mirage F1M.

Les Mirage F1 de l'Ala 14 étaient basés à Albacete-Los Llanos, au sein des *Escuadrónes* 141 (juin 1975) et 142 (1980), un troisième escadron étant formé aux îles Canaries, sur la base de Gando, en 1994. Enfin, un détachement de Mirage F1 sera rattaché temporairement à l'Ala 11 de Manises.

L'Espagne rejoignit officiellement l'OTAN en mai 1982, devenant ainsi le seizième membre de l'Alliance.

L'Ejercito del Aire commanda entre 1985 et 1990 72 McDonnell Douglas EF-18 Hornet (suffixe « E » pour España, Espagne): 60 monoplaces EF-18A désignés C.15 et 12 biplaces EF-18B (CE.15) qui furent livrés entre novembre 1985 et juillet 1990. Ces avions furent par la suite modernisés et passés au standard F/A-18A+/B+, proche des versions F/A-18C et D (possibilité de tirer les munitions les plus modernes, avioniques et ordinateurs de bord modernisés, utilisation de nacelle FLIR). En complément, l'Espagne reçut en 1995 24 anciens F/A-18A de l'US Navy, et six autres en option, des appareils, eux aussi portés au standard EF-18A+ , qui furent fournis entre décembre 1995 et décembre 1998. Les Hornet espagnols ont été affectés, en remplacement des Phantom II, aux Escuadrones 121 et 122 de l'Ala 12 basée à Torrejon, 151 et 152 de l'Ala 15 de Saragosse et 462 (Ala 46) de Gando, ce dernier étant chargé de la défense aérienne des îles Canaries. Enfin, la formation des futurs pilotes est effectuée au sein de l'Esc. 153 de l'Ala 15.

Les C.15 ont effectué des missions de combat sous l'égide de l'OTAN en Bosnie et au Kosovo dans le cadre de l'opération « Allied Force », en 1999, depuis la base italienne d'Aviano. Les Hornet espagnols ont également été engagés au-dessus de la Libye en 2011.

En 2017, 74 EF-18A+ monoplaces et 12 biplaces EF-18B+ restaient en service dans l'EdA, au sein de leurs unités d'origine.

Le dernier avion de combat à avoir rejoint les rangs de l'Ejercito del Aire est l'Eurofighter. Officiellement baptisé Tifón et désigné en Espagne C.16 (monoplace EF 2000) et CE.16 (biplace EF 2000T), le premier de ces appareils a été livré à l'EdA en septembre 2003. Au total, 87 exemplaires ont été commandés par l'Espagne, l'un des quatre pays partenaires du programme de l'Eurofighter, et en 2018, les 65 Tifón en service équipaient l'Ala 14 d'Albacete-Los Llanos (Esc. 142) et l'Ala 11 de Séville-Morón (Esc. 111 et 113).

**North American F-86F-40-NA Sabre (s/n 55-4000) de l'Escuadrón 201. Torrejón, 1967.**

**AMD Mirage IIIEE (C.11) de l'Escuadrón 112 « Rublos » de l'Ala de Caza 11. Manises-Valence, 1983. L'Espagne utilisa 24 Mirage IIIEE, surnommés « planchetas » (fers à repasser…), de 1970 à 1992, leur modernisation, un temps envisagées, ayant finalement été abandonnée.**

**AMD Mirage IIIDE (CE.15) de l'Escuadrón 111 « Dolares » de l'Ala de Caza 11. Manises, 1984.**

**AMD Mirage F.1EE (C.14), de l'Escuadrón 462 de l'Ala de Combate 46. Gando-Las Palmas (Îles Canaries), 1985.**

*AMD Mirage IIIEE (C.11) de l'Ala de Caza 11 de Manises-Valence à la fin des années quatre-vingt. On notera le nouveau type de code porté à l'avant du fuselage, où le numéro de l'escadre (« 11 ») a remplacé celui de l'Escuadrón (111 ou 112). (DR)*

**AMD Mirage F1BE (CE.14) de l'Escuadrón 462 « Halcones » (faucons) de l'Ala de Combate 46. Gando, 1991.**

**Mirage F1EE de l'Ala 14 de Caza. Albacete-Los Llanos, 1989.**

**Mirage F1BE de l'Escuadrón 142 « Darda » de l'Ala de Caza 14. Albacete, 1988.**

# Espagne

*Les F-104G Starfighter de l'Escuadrón 161 de l'Ala 16 au milieu des années soixante. L'Espagne ne reçut qu'une vingtaine de ces chasseurs mais n'en perdit aucun en treize ans de service ! (EdA)*

**Mirage F1DD de l'Ala 11. Manises, 1997. Ce biplace est un ancien avion de l'armée de l'Air du Qatar dont il a conservé le camouflage.**

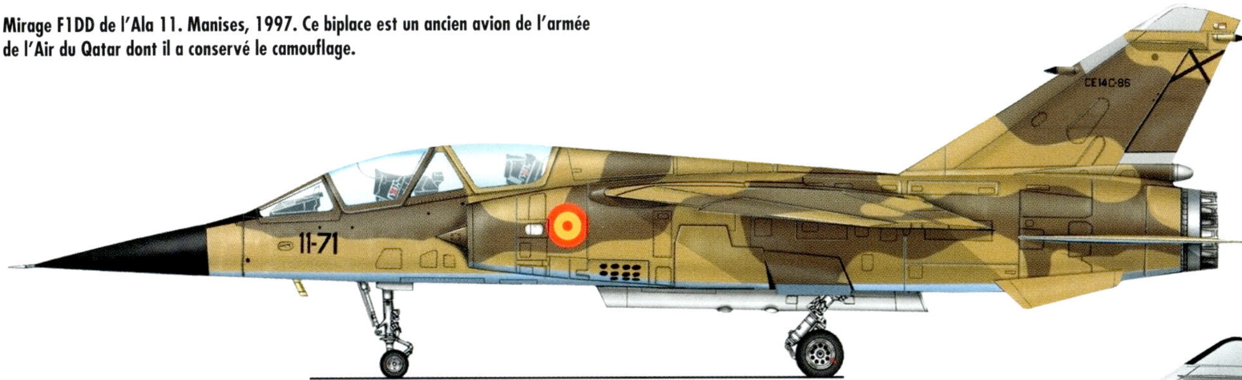


**Mirage F1BE de l'Ala de Caza 14. Albacete, 1994.**

**Mirage F1EE de l'Escuadrón 142 de l'Ala de Caza 14. Décoration de dérive spécialement portée pour le Nato Tiger Meet de 2006 qui s'est déroulé sur la base d'Albacete.**

**Lockheed (Canadair) F-104G (C.8) Starfighter (s/n 63-12715) de l'Escuadrón 104 de l'Ala 6/16. Torrejón, 1969. Cet avion a été vendu à la Grèce en 1972.**

Lockheed TF-104G (CE.8) Starfighter (s/n 65-9415) de l'Escuadrón 104 de l'Ala 16. Torrejón, 1978. Appareil vendu à la Turquie en 1972 et perdu par accident le 17 juillet 1978.

McDonnell F-4C-24-MC (C.12) Phantom II (s/n 64-0856) de l'Escuadrón 122 de l'Ala 12. Torrejón, 1980.

McDonnell RF-4C-26-MC (CR.12) Phantom II (s/n 65-0897) de l'Escuadrón 123 de l'Ala 12. Torrejón, 1989.

*McDonnell RF-4C-24-MC Phantom II (s/n 65-0823) de l'Ala 12. Cet avion est actuellement préservé sur la base de Torrejon. (EdA)*

*Un SF-5A de l'Escuadron 211 « Gallo » en compagnie de HA-220 Supersaetta de l'Esc. 214. Ces deux unités étaient basées à Morón de la Frontera (Séville). Le Saetta/Supersaetta fut conçu par Willy Messerschmitt en personne et servit essentiellement à l'entraînement, mais aussi à l'attaque au sol, notamment au Sahara espagnol.* (EDA)

**McDonnell RF-4C-24-MC Phantom II (s/n 64-1083) de l'Escuadrón 123 de l'Ala 12. Torrejón, 2002.**

**Northrop (CASA) SF-5A (A.9) de l'Escuadrón 211 « Gallo » (coq) de l'Ala 21. Séville-Morón, 1976.**

**Northrop (CASA) SF-5A (n° 042) de l'Escuadrón 212 « Gallo » de l'Ala 21. Séville-Morón, 1982. Les deux escuadrónes de l'Ala 21 (211 et 212) se distinguaient par la couleur de fond de leur insigne.**

Northrop (CASA) SF-5B (AE.9) de l'Escuadrón 732 de l'Ala 23. Séville-Morón, 1984.

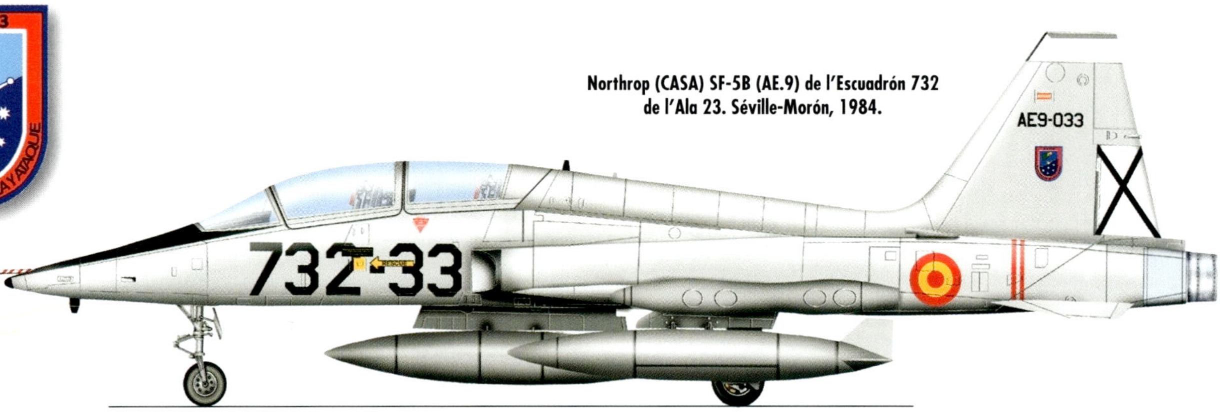


Northrop (CASA) SF-5B de l'Ala 23. Talavera la Real (Badajoz), 2003. Ce biplace a été modernisé en SF-5B+ (parfois désigné SF-5M) en 1994.

Northrop (CASA) SF-5B AE9-033/212-03, Escuadrón 212 de l'Ala 21. Séville-Moron, 1984. Ce biplace a été modernisé en SF-5B+ ( SF-5M) par CASA en 1994.

Northrop (CASA) SRF-5A (AR.9) de l'Escuadrón 212 de l'Ala 21. Séville-Morón, 1982.

McDonnell Douglas EF-18A (C.15) Hornet (c/n 597/A504) de l'Ala 15. Saragosse 2007. Cette décoration spéciale a été portée par ce Hornet à l'occasion du Nato Tiger Meet qui s'est déroulé en 2007 sur la base d'Ørland, en Norvège.

McDonnell Douglas EF-18M Hornet (c/n 638/A530) de l'Ala 12. Saragosse, 2016. Décoration réalisée pour célébrer le 50e anniversaire de l'Ala 12.

**McDonnell Douglas EF-18BM (CE.15) Hornet de l'Ala 12. Torrejon, 2014. Décoration spéciale pour les 25 ans de l'Ala 12 sur Hornet.**

**Lockheed T-33A-5-LO (E.15 — s/n 57-647) de l'Escuadron 11 de l'Ala 11. Manises, 1958**

**Lockheed T-33A-1-LO (s/n 53-5150) de l'Escuadron 101. Manises, 1984.**

Eurofighter EF 2000 Tifón de l'Ala 11.
Séville-Morón, 2006.

Eurofighter EF 2000T (CE.16)
Tifón de l'Ala 11. Séville-Moron, 2006.

# USAF EUROPE 1949-1965

*North American F-100D-25-NA Super Sabre (s/n 55-53644) du 20th Tactical Fighter Wing en vol.* (USAF)

À la fin de la Seconde Guerre Mondiale, la tension entre les pays de l'Ouest et l'URSS s'intensifie. En 1948, l'URSS établit un blocus sur Berlin, empêchant tout ravitaillement de la ville. Les alliés organisent un pont aérien et trois couloirs aériens seront utilisés, reliant la zone ouest allemande avec Berlin. L'US Air Force et la RAF participent très activement aux opérations de ravitaillement de la ville, tandis que la France y est moins présente car elle est alors impliquée dans la guerre d'Indochine qui accapare la plus grande partie de ses unités de transport aérien.

Le 4 avril 1949, les pays de l'Europe de l'Ouest établissent le Conseil de l'Atlantique Nord (CAN), qui doit organiser une défense militaire face à l'Union Soviétique. Le déclenchement de la Guerre de Corée, le 25 juin 1950, conduit le CAN à créer une organisation permanente, l'OTAN. Dans le cadre de cette structure, les États-Unis vont positionner en Europe de l'Ouest, dès le début des années cinquante, une force aérienne baptisée USAF Europe (USAFE) composée de quatre Wings basés en Angleterre, trois Wings en Allemagne de l'Ouest et sept Wings en France.

## *20th Fighter Bomber Wing/20th Tactical Fighter Wing*

En 1952, le 20th FBW est équipé de F-84G. Le Wing est composé de trois squadrons stationnés à RAF Wethersfield, au Royaume Uni, dont le 55th FBS (couleur distinctive : bleu) qui est déployé à Sculthorpe et le 77th FBS (rouge) à Shepherd's Grove, tandis que le 79th FBS (jaune) reste basé à Wethersfield. C'est en 1955 que le 20th FBW échange ses F-84G contre des F-84F.

Alors qu'il est toujours stationné à Wethersfield, le 20th Wing effectue sa transformation sur F-100D et F-100F en 1957 et est renommé 20th Tactical Fighter Wing en juillet 1958. Seul le 79th FBS devenu Tactical Fighter Squadron, (TFS), sera stationné à Woodbridge de 1954 à 1970. En 1970, le Wing se déplace à Upper Heyford pour se transformer sur GD F-111.

**Republic F-84G-1-RE Thunderjet (s/n 51-896) du 77th Fighter Bomber Squadron, 20th Fighter Bomber Wing. RAF Wethersfield (Grande Bretagne), 1954. Appareil du commandant (CO/Commanding Officer) du 77th FBS.**

**Insigne du 77th FBS**

**Republic F-84G-1-RE Thunderjet (s/n 51-923) du 79th Fighter Bomber Squadron, 20th FBW. Wetherfield (Grande Bretagne), 1954. Cet appareil sera perdu dans un crash au Maroc lors d'un entraînement au bombardement, le 2 novembre 1954.**

**Insigne du 55th FBS**

**Republic F-84F-45-RE Thunderstreak (s/n 52-6667) du 55th Fighter Bomber Squadron, 20th Fighter Bomber Wing. RAF Wethersfield (Grande Bretagne), 1956.**

**Republic F-84F-45-RE Thunderstreak (s/n 52-7102) du 77th Fighter Bomber Squadron, 20th Fighter Bomber Wing. RAF Wethersfield (Grande Bretagne), 1957. Avion cédé à la Luftwaffe en 1959.**

*Republic F-84G Thunderjet du 55th Fighter Bomber Squadron au-dessus de l'océan Atlantique lors de leur transfert en Grande Bretagne, en 1952. (USAF)*

Insigne du 79th FBS

Republic F-84F-45-RE Thunserstreak (s/n 52-6710) du 79th Fighter Bomber Squadron, 20th Fighter Bomber Wing. RAF Wethersfield (Grande Bretagne), 1957. Appareil ensuite utilisé par l'Allemagne à partir de 1959.

North American F-100D-25-NA Super Sabre (s/n 55-3676) du commandant du 20th Tactical Fighter Wing. RAF Woodbridge (Grande Bretagne), 1958.

Insigne du 20th TFW

North American F-100D-65-NA Super Sabre (s/n 56-3000) du 77th Tactical Fighter Squadron. Avion affecté au Wing Commander du 20th TFW. RAF Wethersfield (Grande Bretagne), 1958.

*F-100F-15-NA Super Sabre (s/n 56-3992) du 20th TFW sur la base de la RAF de Wethersfield en 1966.* (USAF)

North American F-100D-25-NA Super Sabre (s/n 55-3668) du 55th Tactical Fighter Squadron, 20th Tactical Fighter Wing. RAF Wethersfield (Grande Bretagne), 1958.

North American F-100F-15-NA Super Sabre du 55th Tactical Fighter Squadron, 20th Tactical Fighter Wing. RAF Wethersfield (Grande Bretagne), 1962. Ce biplace a été perdu dans un crash en Angleterre le 15 janvier 1963.

North American F-100F-10-NA Super Sabre du 79th Tactical Fighter Squadron, 20th Tactical Fighter Wing. RAF Wethersfield (Grande Bretagne), 1958.

*North American F-100D-65-NA Super Sabre (s/n 56-3004) du 79th Tactical Fighter Squadron (20th Tactical Fighter Wing) sur la base de la RAF de Woodbridge (Angleterre) en 1958.* *(USAF)*

***North American F-86F-35-NA Sabre (s/n 52-5233) du 72nd Fighter Bomber Squadron (21st FBW) en vol au milieu des années cinquante. Les marques distinctives (étoiles blanches sur un fond de couleur) sont peintes à l'avant et sur la totalité de l'empennage, stabilos inclus.*** *(USAF)*

## *21st Fighter Bomber Wing*

Le 21st Fighter Bomber Wing s'établit à Chambley-Bussières AB, en France, en décembre 1954. Ses trois squadrons, le 72nd FBS (couleur distinctive rouge), le 416th FBS (bleu) et le 531st FBS (jaune) sont équipés de F-86F Sabre.

Chambley ne pouvant pas recevoir la totalité des appareils du 21st Wing et les travaux d'aménagement de la nouvelle base n'étant pas terminés, les squadrons seront dans un premier temps déployés sur d'autres bases françaises : le 72nd FBS à Châteauroux AB, le 416th FBS et le 531st FBS à Toul-Rosières.

Dès l'ouverture de Chambley, les trois squadrons du 21st Wing s'y installent, en avril 1955. Le Wing restera sur cette base jusqu'en février 1958.

***Le personnel du 21st Fighter Bomber Wing devant le F-86F Sabre du commandant de l'unité en 1954.*** *(USAF)*

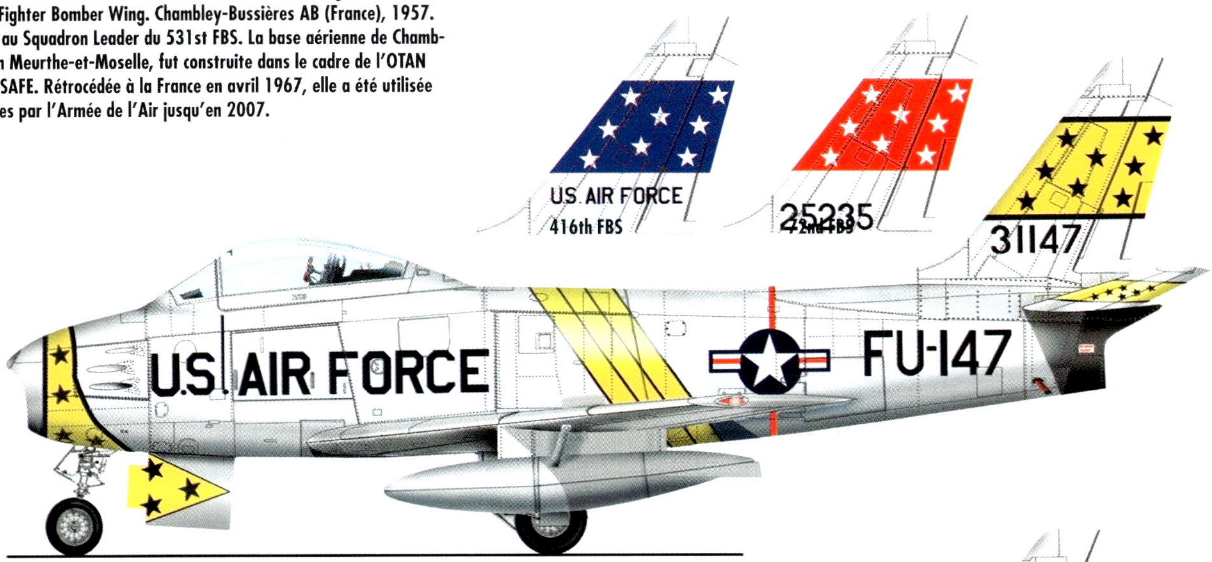


North American F-86F-35-NA Sabre (s/n 53-1147) du 531st Fighter Bomber Squadron, 21st Fighter Bomber Wing. Chambley-Bussières AB (France), 1957. Appareil affecté au Squadron Leader du 531st FBS. La base aérienne de Chambley-Bussières, en Meurthe-et-Moselle, fut construite dans le cadre de l'OTAN et affectée à l'USAFE. Rétrocédée à la France en avril 1967, elle a été utilisée pour des exercices par l'Armée de l'Air jusqu'en 2007.

North American F-86F-35-NA Sabre (s/n 52-5222). Chambley AB (France), 1957. Cet appareil, qui porte les couleurs distinctives des trois squadrons composant le 21st FBW, était affecté au « patron » de l'unité (Wing Commander). Il fut livré en 1958 à l'armée de l'Air irakienne où il termina sa carrière.

*North American F-86F-35-NA Sabre (s/n 52-5193) du 531st Fighter Bomber Squadron en vol en 1955.* (USAF)

# 36th Fighter Bomber Wing/36th Fighter Day Wing 36th Tactical Fighter Wing

*Republic F-84G-5-RE Thunderjet (s/n 51-1065) des « Skyblazers », patrouille acrobatique de l'USAF à l'époque constituée au sein du 22nd Fighter Bomber Squadron (36th Fighter Bomber Wing) basé à Fürstenfeldbruck Air Base (Allemagne).* (USAF)

Les premiers jets de l'USAFE, des Lockheed F-80 Shooting Star, arrivent en juillet 1948 à Fürstenfeldbruck, en République Fédérale d'Allemagne (RFA). Ils appartiennent au 36th Fighter Bomber Group, qui est constitué de trois squadrons: le 22nd Fighter Squadron (couleur distinctive: rouge), le 23rd FS (bleu) et le 53rd FS (vert).

En janvier 1950, le Group est renommé 36th Fighter Bomber Wing (FBW) et en septembre de la même année, les F-80B sont remplacés par 89 Republic F-84E/F-84G Thunderjet. Le Wing restera à Fürstenfeldbruck jusqu'en 1953, puis fera mouvement vers Bitburg, également en RFA.

En août 1953, des F-86F Sabre remplacent les F-84G et en août 1954, l'unité est redésignée 36th Fighter Day Wing (FDW). Les F-86F Sabre seront à leur tour remplacés par des F-100 Super Sabre en 1956. Le 36th FDW prendra la nouvelle désignation de Tactical Fighter Wing (TFW) en mai 1958 et recevra à partir de mai 1961 ses premiers Republic F-105D Thunderchief qui seront remplacés en 1966 par des McDonnell F-4C Phantom II.

PREPARED TO PREVAIL

Le 36th FDW va compter dans ses rangs, à partir de la fin de 1955, un squadron de l'USAFE spécialement dédié à la défense aérienne des Pays Bas, le 32nd Fighter Day Squadron. Basé à Soesterberg Air Base (surnommée par les Américains « Camp New Amsterdam »), et constitué à partir du personnel et du matériel du 512th FBS (406th FBW), il sera d'abord équipé de F-86F Sabre, puis de F-100 Super Sabre. Rebaptisé 32nd Tactical Fighter Squadron en juillet 1958, puis 32nd Fighter Interceptor Squadron deux années plus tard, cette unité fut rattachée en 1960 à la 86th Air Division basée en Allemagne, et rééquipée de Convair F-102 Delta Dagger.

**Lockheed P-80B-1-LO Shooting Star (s/n 45-8598). Appareil affecté au commandant du 36th Fighter Bomber Group. Fürstenfeldbruck (Allemagne), 1949.**

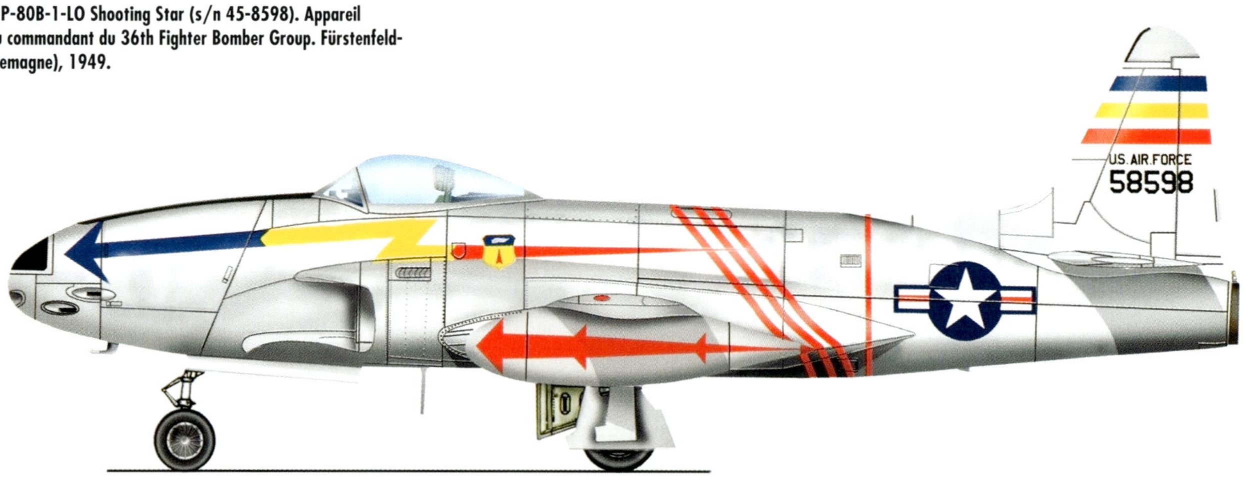

Lockheed P-80B-1-LO Shooting Star (s/n 45-8598) du 22nd Fighter Bomber Squadron, 36th Fighter Group. Fürstenfeldbruck (Allemagne), 1949.

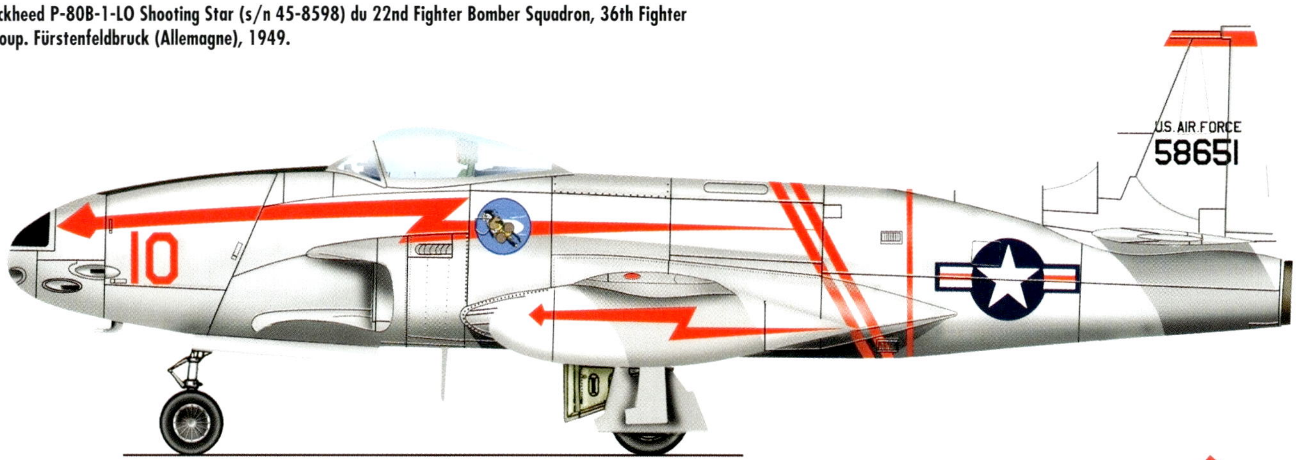


Republic F-84E-10-RE Thunderjet (s/n 49-2234) du 22nd Fighter Bomber Squadron, 36th Fighter Bomber Wing. Fürstenfeldbruck (Allemagne), 1950.

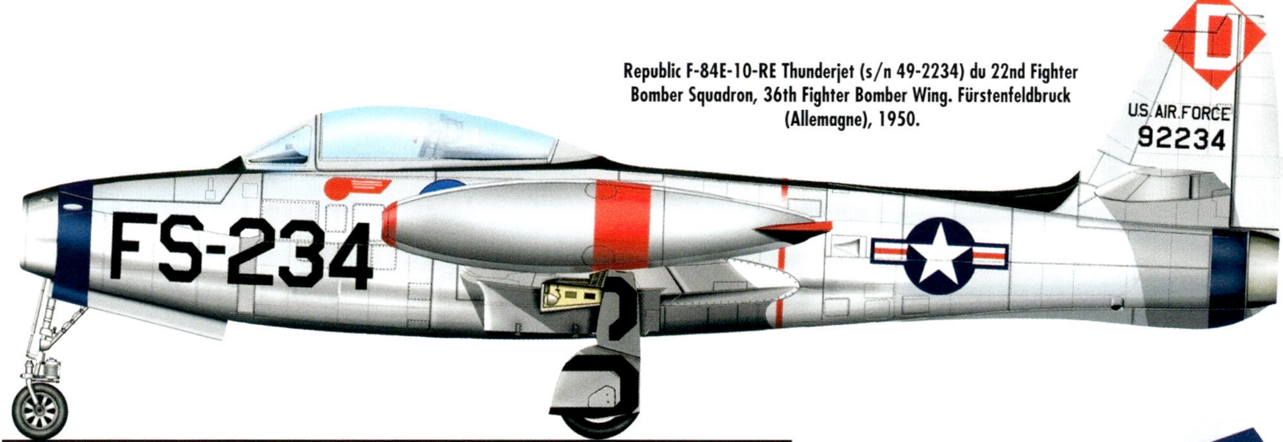


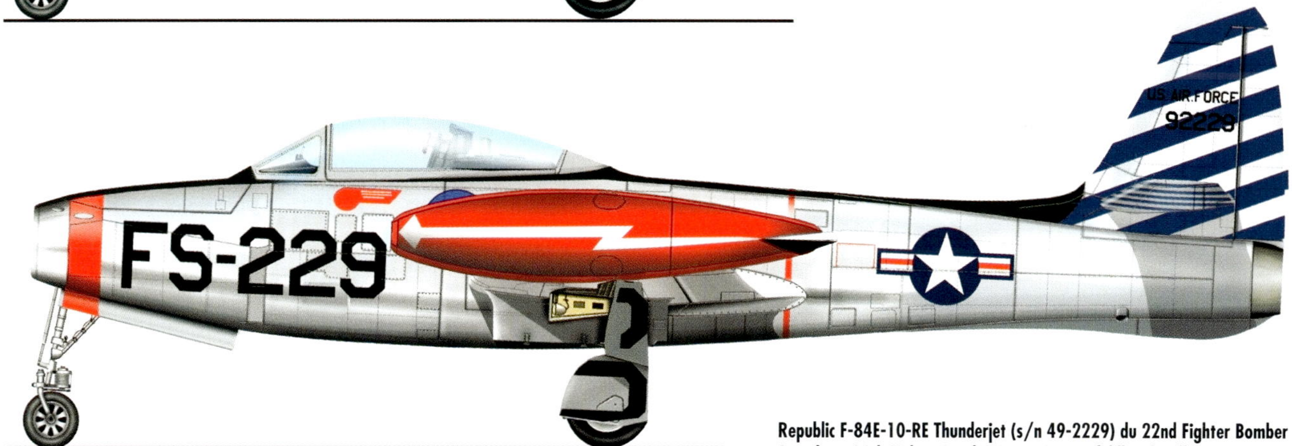


Republic F-84E-10-RE Thunderjet (s/n 49-2229) du 22nd Fighter Bomber Squadron, 36th Fighter Bomber Wing. Fürstenfeldbruck (Allemagne), 1951.

Insigne du 22nd FBS

*Lockheed P-80B-1-LO Shooting Star (s/n 45-8634) du 22nd FS à Fürstenfeldbruck AB.* *(USAF)*

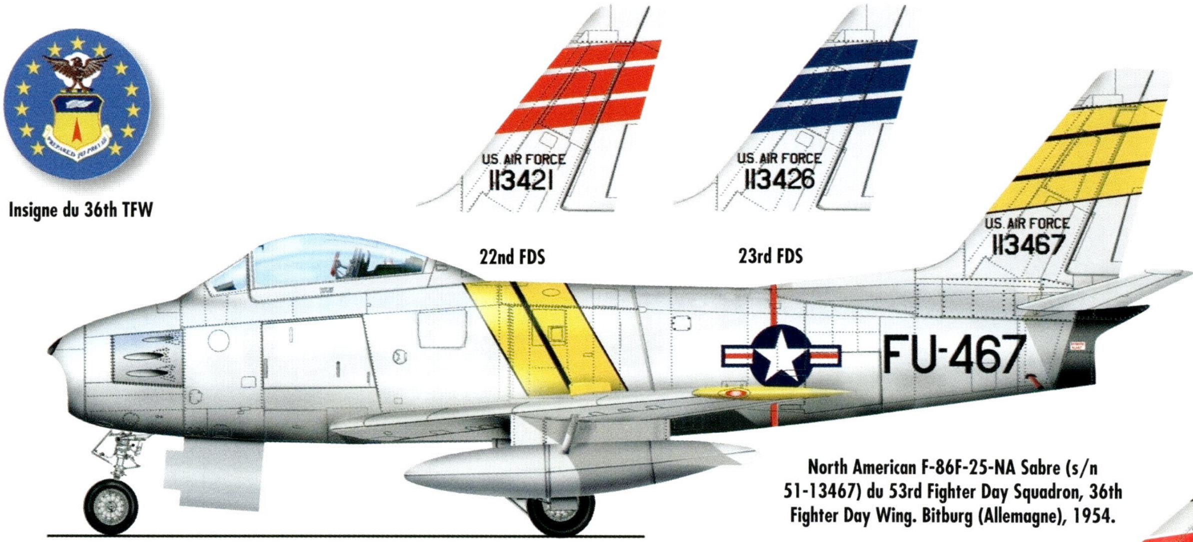


Insigne du 36th TFW

North American F-86F-25-NA Sabre (s/n 51-13467) du 53rd Fighter Day Squadron, 36th Fighter Day Wing. Bitburg (Allemagne), 1954.

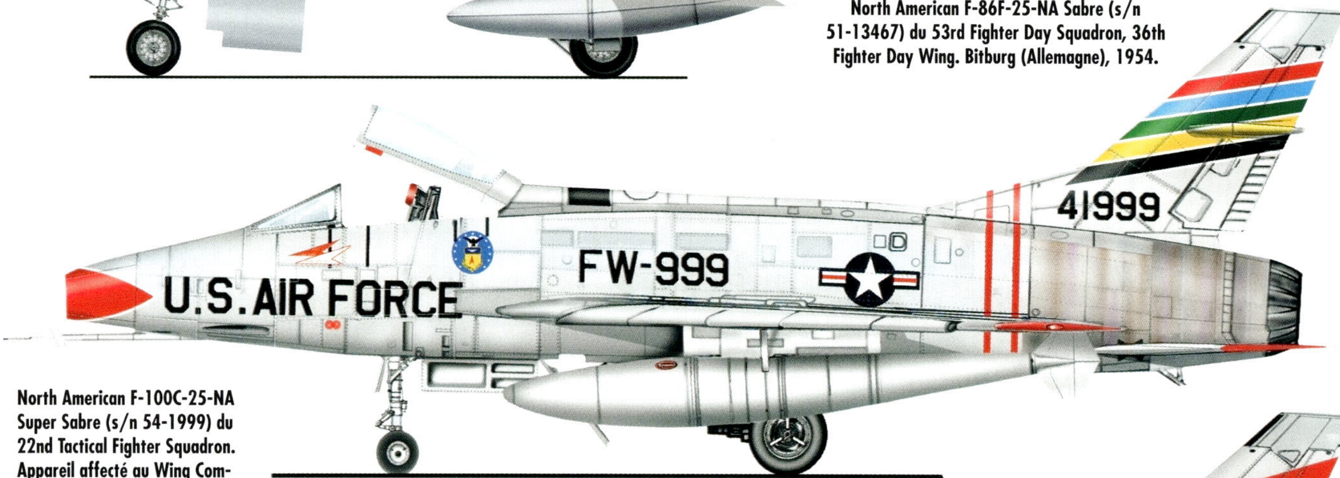


North American F-100C-25-NA Super Sabre (s/n 54-1999) du 22nd Tactical Fighter Squadron. Appareil affecté au Wing Commander du 36th TFW. Bitburg AB (Allemagne), 1957.

North American F-100C-20-NA Super Sabre (s/n 54-1904) du 32nd Tactical Fighter Squadron. Soesterberg AB (Pays-Bas), 1960.

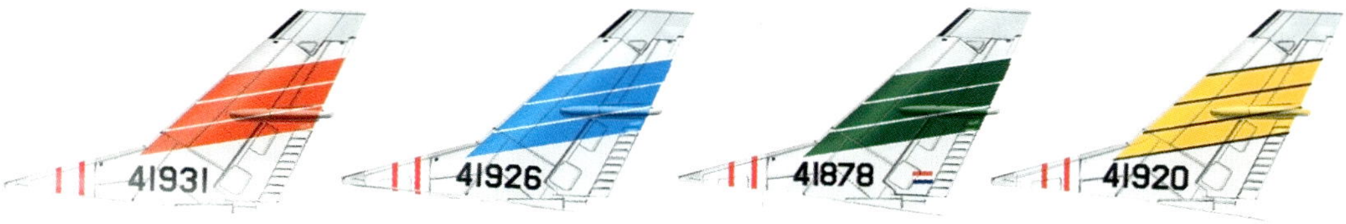


22nd FDS

23rd FDS

32nd FDS
(basé aux Pays Bas, d'où la présence du drapeau de ce pays)

53rd FDS

North American F-100C-20-NA Super Sabre (s/n 54-1912) du 461st TFS, 36th TFW. Hahn AB (Allemagne), 1958.

Insigne du 461st TFS

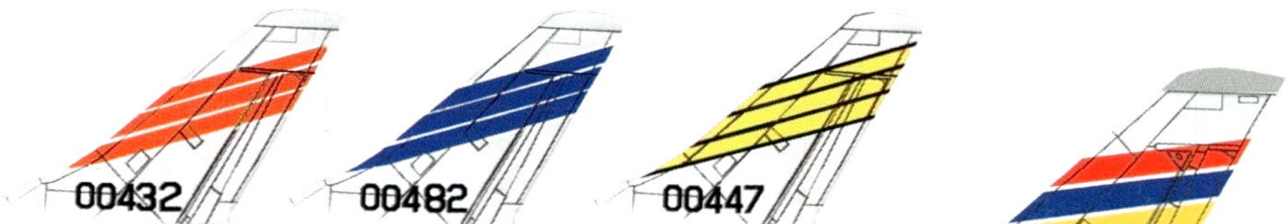

Republic F-105D-10-RE Thunderchief (s/n 60-0436) du 23rd Tactical Fighter Squadron, 36th Tactical Fighter Wing. Bitburg AB (Allemagne), 1965.
À partir de la fin de 1964, les Thunderchief du 36th TFW portent les trois couleurs des squadrons composant le wing sur leur dérive.

*F-100C-20-NA Super Sabre (s/n 54-1949) du 53rd TFS. (USAF)*

Page précédente.
***Republic F-84E-5-RE Thunderjet (s/n 49-2150) du 36th Fighter Bomber Wing à Fürstenfeldbruck AB (Allemagne) en 1950.*** *(USAF)*

*Deux Super Mystère B.2 de l'EC 1/12 « Cambrésis » en formation avec une paire de Republic F-105D Thunderchief du 22nd Tactical Fighter Squadron.* (USAF)

**Republic F-105F-1-RE Thunderchief (s/n 63-8304) du 22nd TFS, 36th TFW. Bitburg AB (Allemagne), 1965.**

**Republic F-105D-10-RE Thunderchief (s/n 60-0527) du 53rd TFS, 36th TFW. Bitburg AB (Allemagne), 1961.**

**Republic F-105D-10-RE Thunderchief (s/n 60-0483) du 36th TFW. Bitburg AB (Allemagne). En 1965, les premiers F-105D revêtus d'un camouflage type SEA (South-East Asia) font leur apparition en Europe. Cet avion sera d'ailleurs abattu au-dessus du Nord Vietnam en octobre 1966.**

*F-86F-35-NA Sabre (s/n 53-1222) du 494th Fighter Bomber Squadron 48th Fighter Bomber Wing en 1955. (USAF)*

## *48th Fighter Bomber Wing/ 48th Tactical Fighter Wing*

Le 48th FBW, basé à Chaumont AB, en France, à partir de 1952, est équipé de F-84G Thunderjet. Il est composé de trois squadrons, les 492nd (couleur distinctive: bleu), 493rd (jaune) et 494th (rouge) Fighter Bomber Squadrons. Le 48th FBW gardera ses F-84G de juin 1952 à avril 1954 et commencera à les échanger contre des North American F-86F Sabre en novembre 1953. Après avoir été transformé, en novembre 1956, sur North American F-100D et F-100F Super Sabre, le 48th FBW est renommé 48th Tactical Fighter Wing (TFW) en juillet 1958. Il restera à Chaumont jusqu'à son départ, en 1960, pour la base de Lakenheath, en Angleterre.

**Insigne du 493rd FBS**

**Republic F-84G-1-RE Thunderjet (s/n 51-830) du 493rd Fighter Bomber Squadron, 48th Fighter Bomber Group. Chaumont Air Base (France), 1952. Cet ancien avion de la Georgia ANG fut cédé à la Belgique en 1954.**

**Republic F-84E-30-RE Thunderjet (s/n 51-643) du 492nd FBS, 48th FBG. Chaumont Air Base (France), 1952.**

**North American F-86F-35-NA Sabre (s/n 53-1180) Appareil affecté au Squadron Leader du 494th FBS. Chaumont AB (France), 1956. Cet avion, livré en 1967 au Pakistan, sera abattu lors de la guerre avec l'Inde en septembre 1965.**

Insigne du 492nd FBS

North American F-86F-25-NA Sabre (s/n 52-5370) du 492nd Fighter Bomber Squadron, 48th Fighter Bomber Wing. Chaumont AB (France), 1956.

493rd FBS

Insigne du 48th TFW

North American F-100D-90-NA Super Sabre (s/n 56-3262) du 494th Tactical Fighter Squadron. Appareil affecté au Wing Commander du 48th TFW. Chaumont AB (France), 1959.

Insigne du 494th FBS

North American F-100D Super Sabre FW-321, 494th Tactical Fighter Squadron 48th Tactical Fighter Wing, Chaumont AB, France, 1959.

Insigne du 48th TFW porté sur la dérive des avions camouflés, à droite.

North American F-100D-75-NA Super Sabre (s/n 56-3176) du 492nd Tactical Fighter Squadron, 48th Tactical Fighter Wing. RAF Lakenheath (Grande Bretagne), 1969.

*North American F-100D-90-NA Super Sabre (s/n 56-3206) du 8th Tactical Fighter Squadron à Étain-Rouvres AB (France), en 1958. Ce jet s'est écrasé le 20 décembre 1962 dans les environs de Ramstein, en Allemagne.* (USAF)

## 49th Fighter Bomber Wing/ 49th Tactical Fighter Wing

Le 388th Fighter Bomber Wing, équipé de F-86F Sabre, fut reconstitué sur la base d'Etain-Rouvres en 1953. Les travaux de modernisation de la base française n'étant pas encore achevés à cette date, les trois escadrons de l'escadre furent dispersés pendant l'hiver 1954-1955 sur différentes bases allemandes, le 561st Fighter Bomber Squadron à Hahn, le 562nd FBS à Spangdahlem et le 563rd FBS à Bitburg. Étain étant finalement disponible à l'automne 1955, le 388th FBW s'y installa, mais conserva des détachements permanents en Allemagne fédérale.

Après avoir été transformé sur F-100D et F Super Sabre (au Maroc en raison de conditions climatiques plus favorables à la formation des pilotes !), le 388th FBW rencontra des difficultés budgétaires et de disponibilité de son personnel, si bien qu'il fut dissous en décembre 1957 et intégré au 49th Fighter Bomber Wing qui avait été créé quelques mois plus tôt, en avril 1957.

Cette escadre comprenait trois squadrons, les 7th, 8th et 9th FBS, et était elle aussi basée à Étain. Ses trois squadrons seront rapidement transformés sur F-100D/F Super Sabre, et en juillet 1958, le Wing est rebaptisé 49th Tactical Fighter Wing (TFW).

À la suite du refus de la France, en 1958, de voir déployées des armes nucléaires sur son territoire, le 49th TFW déménagera à Spangdahlem, en Allemagne.

L'escadre vole sur F-100 jusqu'en 1961, ces jets étant remplacés par des F-105 Thunderchief en 1962, tandis que les premiers F-4C Phantom II arriveront à partir de mars 1967.

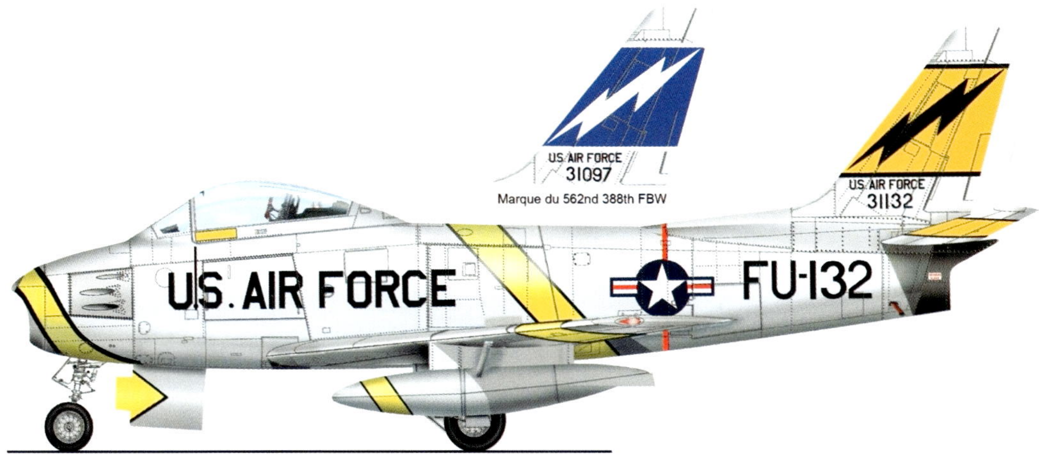


**North American F-86F-35-NA Sabre (s/n 53-1132) du 561st Fighter Bomber Squadron, 388th Fighter Bomber Wing. Étain-Rouvres AB (France), 1956.**

**North American F-86F-35-NA Sabre (s/n 53-1111). Appareil affecté au Wing Commander du 388th FBW. Étain (France), 1954.**

North American F-100D Super Sabre FW-691, Appareil affecté au Wing Commander du 49th Tactical Fighter Wing, Spangdahlem, Allemagne, 1960.

North American F-100D Super Sabre FW-300, 7th Tactical Fighter Squadron, 49th Tactical Fighter Wing, Étain-Rouvres, France, 1957.

Republic F-105F-1-RE Thunderchief (s/n 63-8311) du 8th Tactical Fighter Squadron, 49th Tactical Fighter Wing. Spangdahlem AB (Allemagne), 1965.

Republic F-105D-15-RE Thunderchief (s/n 61-0100) du 49th Tactical Fighter Wing. Spangdahlem AB (Allemagne), 1966.

*F-86F-30-NA Sabre (s/n 52-4661) du 81st FBS en vol le 10 août 1953, lors de l'opération « Operation Fox Able 20 », transfert par les airs du 50th FBW des États Unis à Hahn Air Base, en Allemagne. (USAF)*

## 50th Fighter Bomber Wing/ 50th Tactical Fighter Wing

Le 50th Fighter Bomber Wing est stationné à partir de 1953 à Hahn, en Allemagne. Il est composé de trois squadrons, le 10th, 81st et 417th Fighter Bomber Squadrons, équipés de F-86F Sabre, avions remplacés à partir d'octobre 1955, par des F-86H Sabre « Hog ».

En 1956, l'escadre, rebaptisée 50th Tactical Fighter Wing, reçoit des North American F-100D Super Sabre et se déplace en France, à Toul. Cependant, en raison de la demande du gouvernement français qui ne souhaitait pas que des escadres de l'USAFE dotées de l'arme atomique soient présentes sur son sol, le 50th TFW retourne à Hahn en 1959.

Le 50th TFW remplacera ses F-100D par des F-4C Phantom II en 1966.

**North American F-86F-30-NA Sabre (s/n 52-4698) du 50th Fighter Bomber Squadron. Hahn (Allemagne), 1955. Ce chasseur participa à l'exercice « Nato Meet Gunnery » qui se déroula à Nellis AFB, dans le Nevada, en 1955.**

**Insigne du 50th FBW**

**Insigne du 417th FBS**

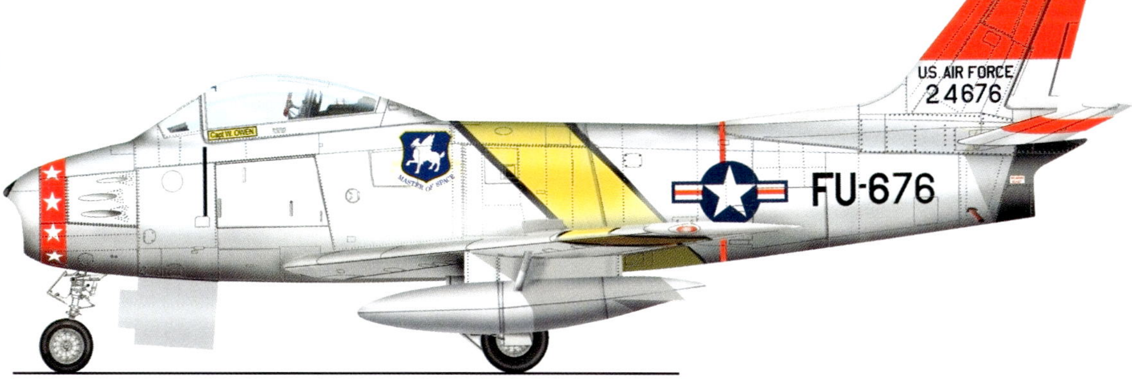


**North American F-86F-30-NA Sabre (s/n 52-4676) du 417th FBS, 50th FBW. Hahn (Allemagne), 1954.**

North American F-86H-10-NA Sabre « Hog » (s/n 53-1444). Appareil affecté au Wing Commander du 50th Fighter Bomber Wing. Toul-Rosières AB (France), 1956.

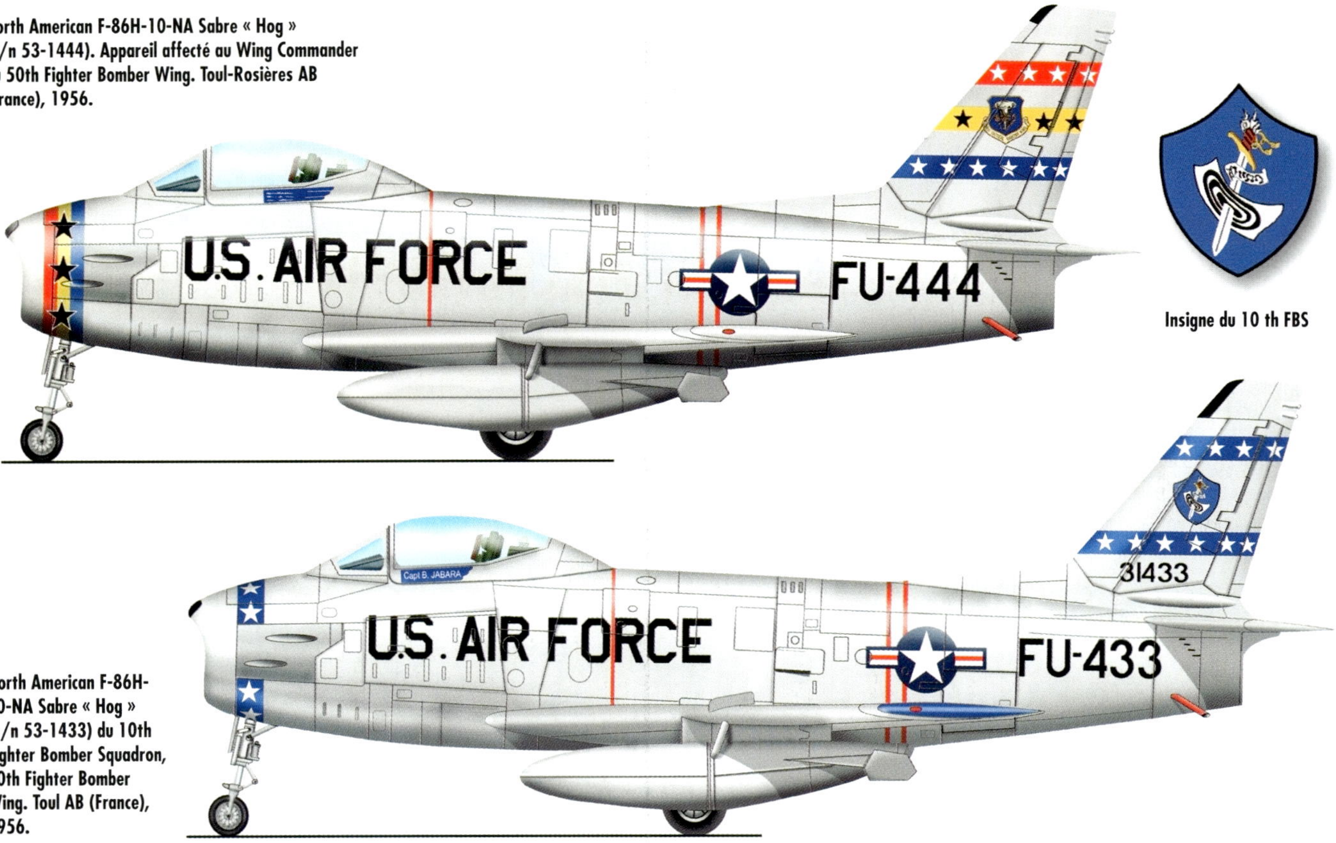


Insigne du 10 th FBS

North American F-86H-10-NA Sabre « Hog » (s/n 53-1433) du 10th Fighter Bomber Squadron, 50th Fighter Bomber Wing. Toul AB (France), 1956.

*North American F-86H-10-NA Sabre (s/n 53-1418) du 81st FBS (50th FBW). Le 50th Fighter Bomber Wing fut la seule unité de l'USAFE à mettre en œuvre le « Hog » (F-86H), la plus puissante version du célèbre Sabre immédiatement reconnaissable à son fuselage « épaissi » et sa dérive agrandie.* (USAF)

North American F-100F-10-NA Super Sabre (s/n 56-3830). Ce biplace était attribué au Squadron Commander du 81st TFS (50th TFW). Toul AB (France), 1960.

North American F-100D-45-NH Super Sabre (s/n 55-2950). Avion du Wing Commander du 50th TFW. Toul AB (France), 1960.
On notera le marquage particulier du « Buzz Number », sur le fuselage. Avion perdu par accident au décollage de la base de Hahn (Allemagne) le 30 novembre 1960.

North American F-100F-10-NA Super Sabre (s/n 56-3847) du 10th Tactical Fighter Squadron, 50th Tactical Fighter Wing. Toul AB (France), 1957.
Ce biplace sera abattu au Laos en janvier 1970…

*North American F-100D-60-NA Super Sabre (s/n 56-2928) du 81st Tactical Fighter Squadron à Wheelus AB, en Libye, lors d'une campagne de tir en 1958.*
*(USAF)*

*Republic F-84F-50-RE Thunderstreak (s/n 52-6852) du 91st Fighter Bomber Squadron (81st FBW) à l'époque où cette unité était encore basée en Grande Bretagne, sur la base de la RAF de Bentwaters.* (USAF)

# 81st Fighter Bomber Wing/ 81st Tactical Fighter Wing

Le 81st Fighter Bomber Wing, basé à Bentwaters, en Grande Bretagne, réceptionne en octobre 1954 ses premiers F-84F Thunderstreak afin d'équiper ses trois squadrons, les 78th (couleur distinctive: rouge), 91st FBS (bleu) et 92nd FBS (jaune).

Le 81st FBW est rebaptisé 81st Tactical Fighter Wing en juillet 1958, lors du remplacement des F-84F Thunderstreak par des McDonnell F-101A et C Voodoo. Le 81st TFW sera le seul Wing de l'USAFE à voler sur ce type d'appareil. En 1965, les Voodoo retournent aux États Unis et sont remplacés par des McDonnell F-4C Phantom II.

**Republic F-84F-50-RE Thunderstreak (s/n 52-6821) du 78th Fighter Bomber Squadron. Appareil affecté au Commanding Officer (CO) du 81st Fighter Bomber Wing. RAF Shepherds Grove, (Grande Bretagne), 1958. L'insigne peint sur la dérive est celui du 78th FBS « Bushmasters ».**

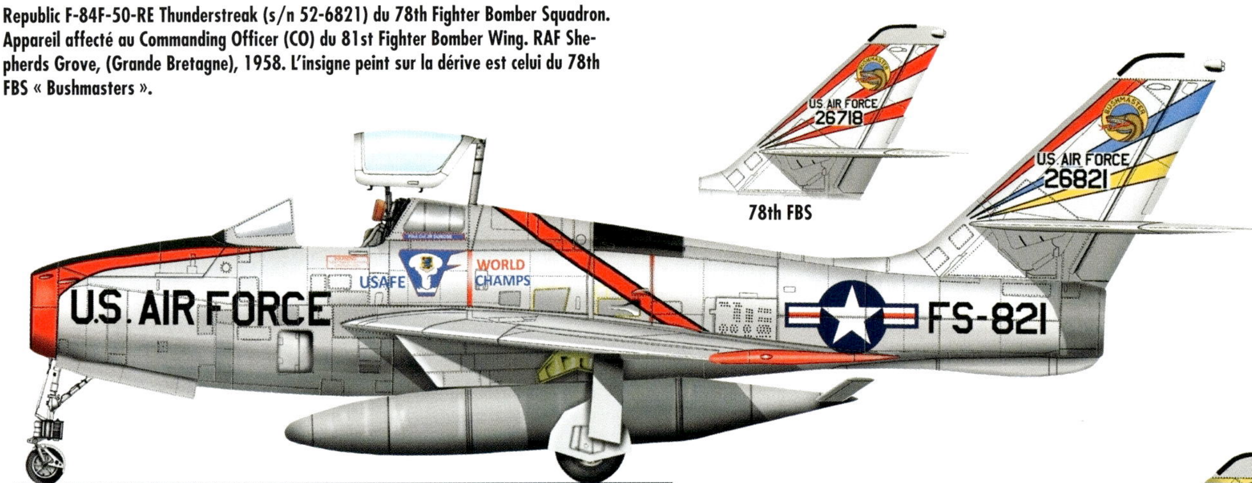


**Republic F-84F-50-RE Thunderstreak (s/n 52-6836) du 91st Fighter Bomber Squadron 81st FBW. RAF Shepherds Grove (Grande Bretagne), 1958. Avion fourni à la Luftwaffe en 1960.**

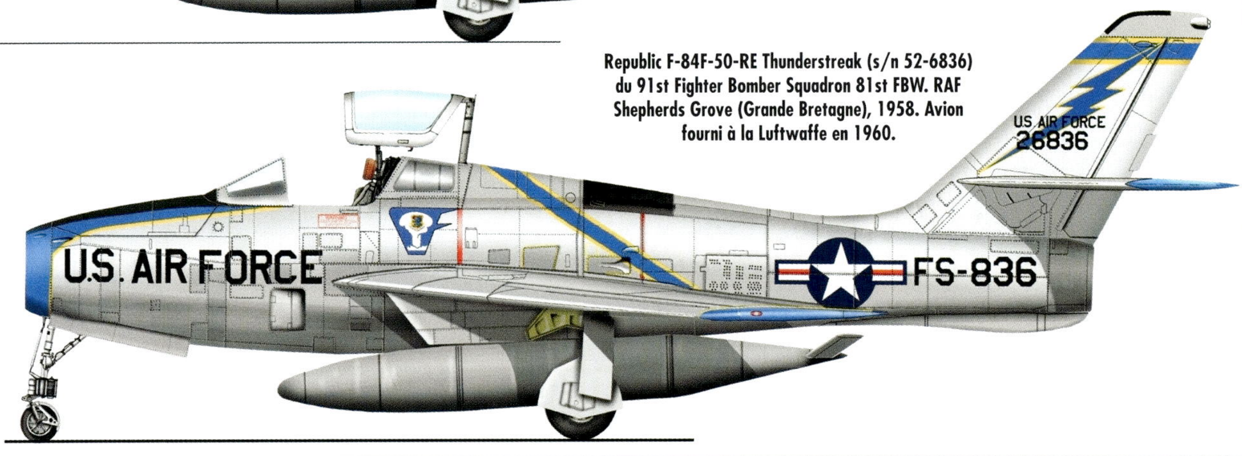

Republic F-84F-45-RE Thunderstreak (s/n 52-7102) du 91st Fighter Bomber Squadron, 81st Fighter Bomber Wing. RAF Shepherds Grove (Grande Bretagne), 1958.

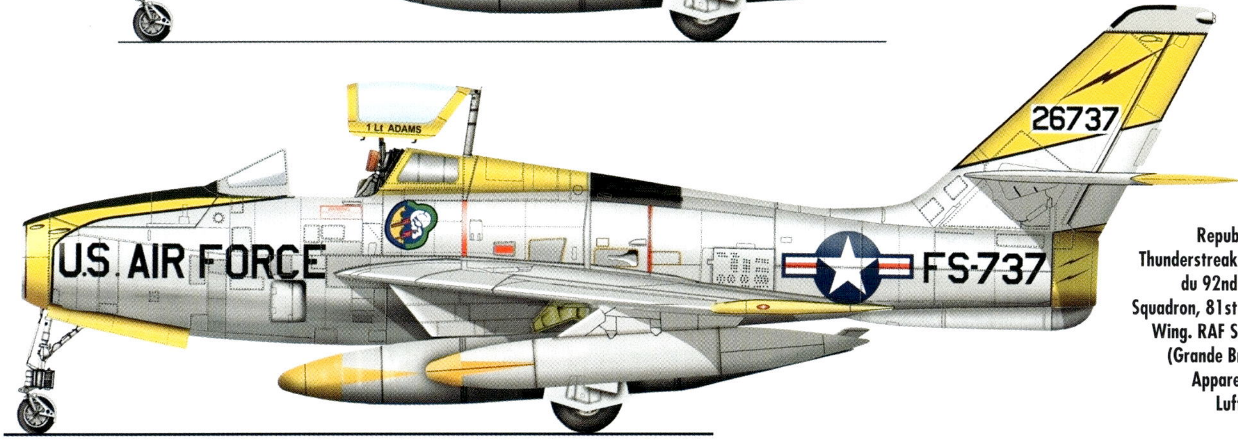


Republic F-84F-45-RE Thunderstreak (s/n 52-6737) du 92nd Fighter Bomber Squadron, 81st Fighter Bomber Wing. RAF Shepherds Grove (Grande Bretagne), 1958. Appareil transféré à la Luftwaffe en 1958

North American F-86A-5-NA Sabre (s/n 48-276) du 116th Fighter Interceptor Squadron, 81st Fighter Bomber Wing. RAF Bentwaters (Grande Bretagne), 1951

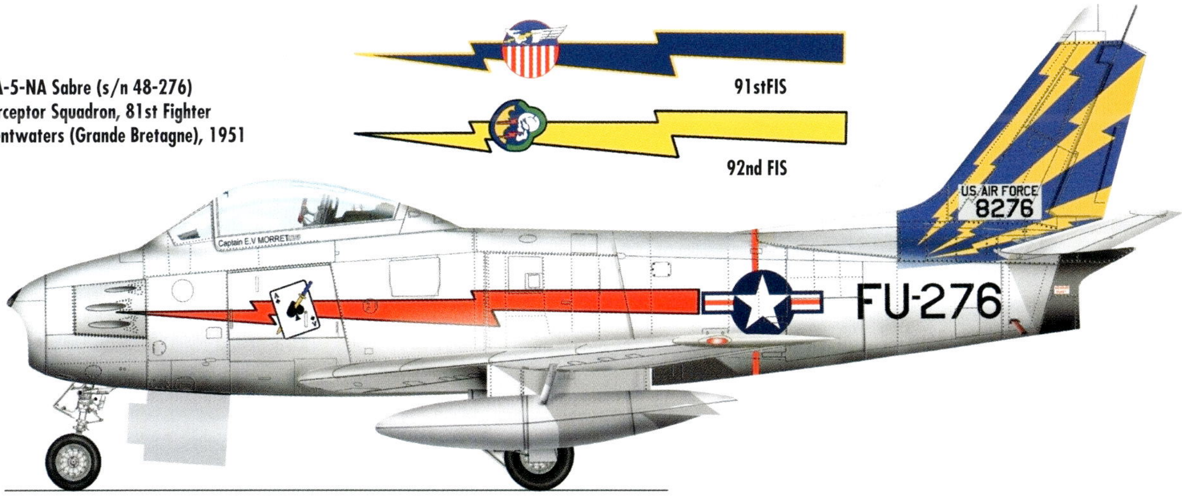

*F-84F-45-RE Thunderstreak (s/n 52-7114) du 92nd Fighter Bomber Squadron.* (USAF)

**McDonnell F-101C-40-MC Voodoo (s/n 54-1491). Appareil affecté au Wing Commander du 81st Tactical Fighter Wing. RAF Bentwaters (Grande Bretagne), 1960. Comme beaucoup de ses congénères, cet avion sera ensuite transformé en RF-101H de reconnaissance.**

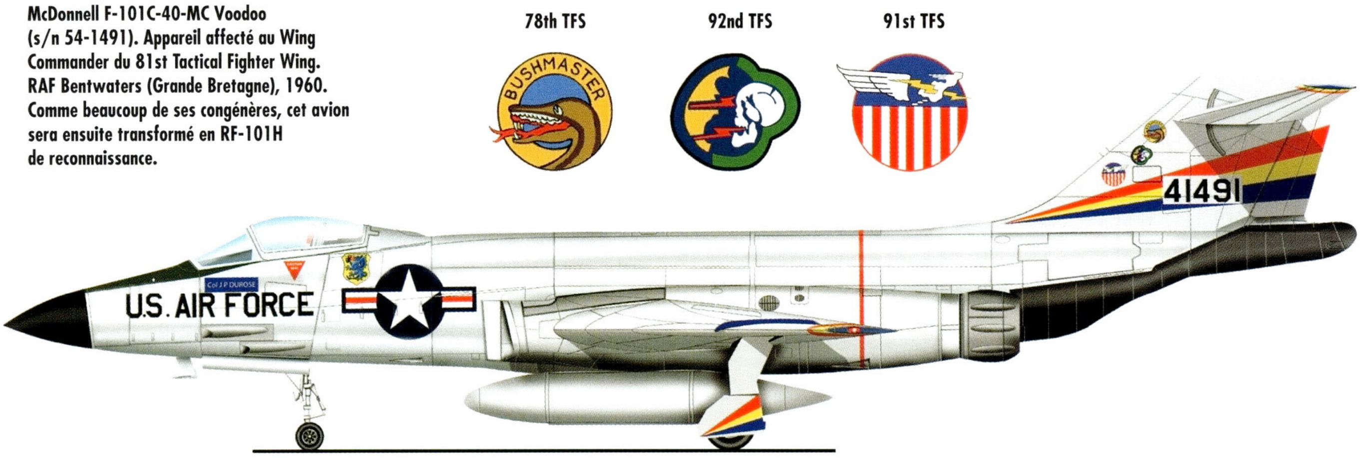


**Mc Donnell F-101A-35-MC Voodoo (s/n 54-1482) du 91st Tactical Fighter Squadron, 81st Tactical Fighter Wing. RAF Bentwaters (Grande Bretagne), 1960. Appareil transformé en RF-101G**

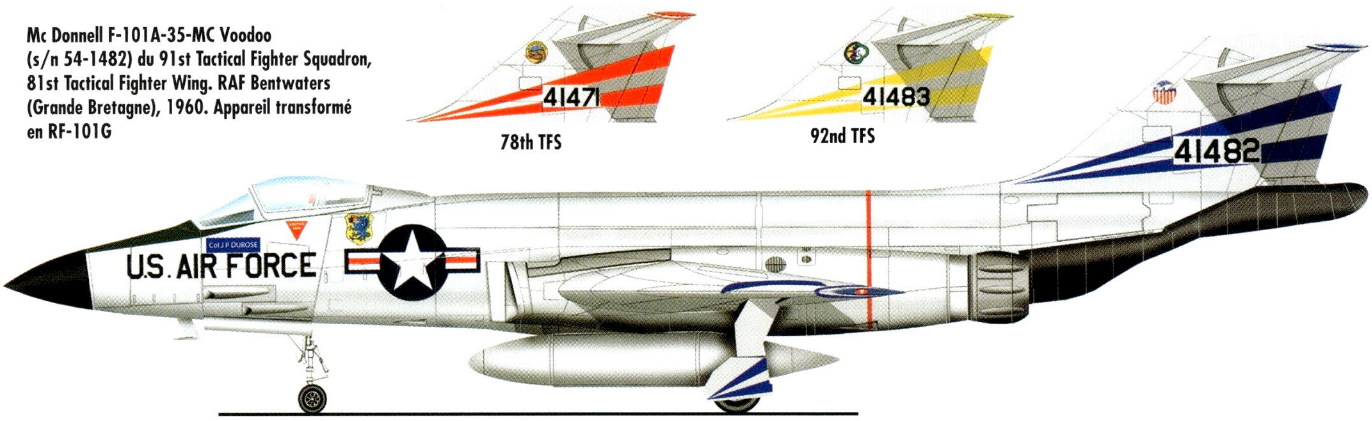

*McDonnell F-101C Voodoo du 81st TFW basés à RAF Bentwaters dans les années soixante.* (DR)

*McDonnell F-101C-55-MC Voodoo (s/n 56-0035) du 92nd TFS, 81st TFW. Cette escadre basée en Angleterre sera commandée par le célèbre colonel Robin Olds, qui s'illustrera par la suite au Vietnam.* (USAF)

**McDonnell F-101C-40-MC Voodoo (s/n 54-1491) du 91st Tactical Fighter Squadron. RAF Bentwaters (Grande Bretagne), 1965. À partir de la fin de 1964, les Voodoo du 81st TFW portent les trois couleurs des trois squadrons composant le wing sur leur dérive.**

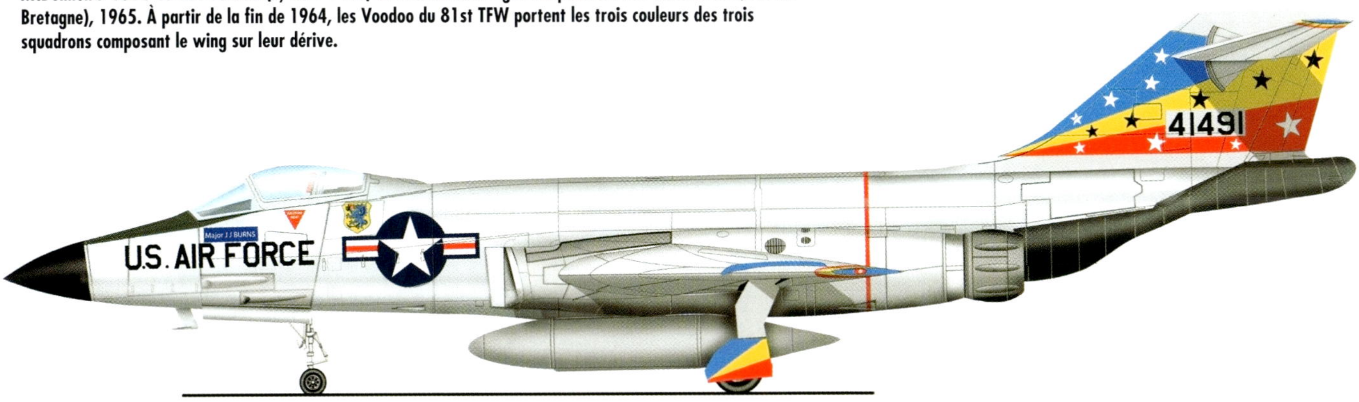

**91st TFS**

**92nd TFS**

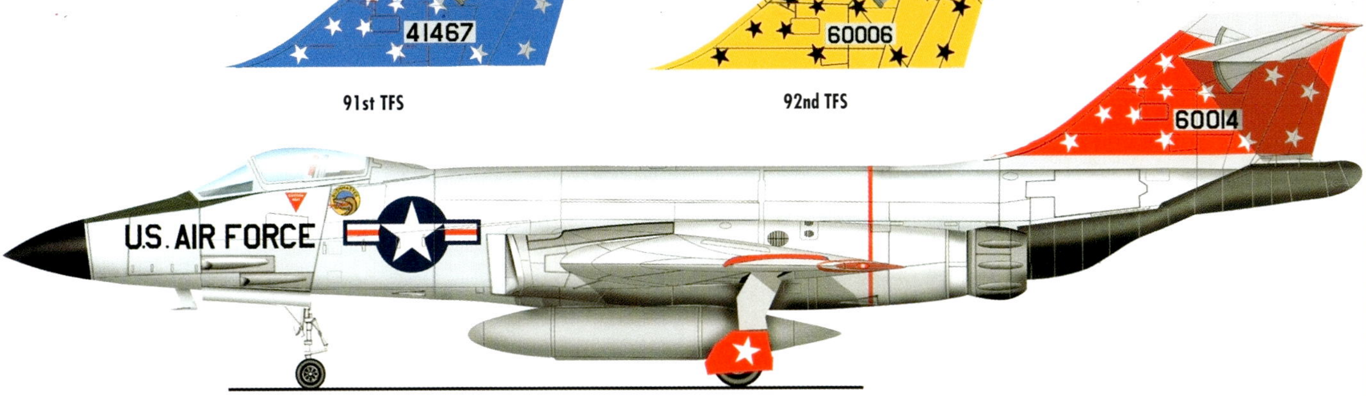


**Mc Donnell F-101C-45-MC Voodoo (s/n 56-0014) du 78th Tactical Fighter Squadron, 81st Tactical Fighter Wing. RAF Bentwaters (Grande Bretagne), 1961.**

Vol de groupe de quatre Sabre « Dog » (F-86D) du 86th FIW et du 406th FIW (avion à dérive rouge et noir). *(USAF)*

## 86th Fighter Bomber Wing
## 86th Fighter Interceptor Wing/86th Air Division

En 1950, équipé de Republic F-84E Thunderjet, le 86th Fighter Bomber Group est composé des 525th (marque distinctive: damier bleu et blanc), 526th (damier rouge et blanc) et 527th (damier jaune et noir) Fighter Bomber Squadrons. Le 86th FBG sera stationné à Neubiberg, en Allemagne, de 1948 à 1952.

En 1953, les F-84E Thunderjet sont remplacés par des North American F-86F Sabre dans les trois squadrons dont les marques distinctives sont légèrement modifiées: couleur bleue pour le 525th (« Bulldogs »), rouge pour le 526th FBS et jaune pour le 527th FBS. Le 86th FBG ayant déménagé à Ramstein, toujours en Allemagne, pendant l'hiver 1954-1955, les F-86F Sabre commencent à être remplacés par des F-86D Sabre « Dog » et deux nouveaux squadrons sont créés, les 440th et 496th Fighter Interceptor Squadrons (FIS).

VIRTUS PERDURAT

En 1954, le 86th FBG est renommé 86th Fighter Interceptor Wing (FIW) et réunit quatre squadrons, les 440th, 496th, 525th et 526th FIS. Le 440th FIS sera déployé à Erding, le 496th FIS à Hahn et le 525th FIS à Bitburg, seul le 526th FIS restant stationné à Ramstein où il restera, ainsi que l'état-major du 86th FIW, jusqu'en 1958.

En 1959, des Convair F-102A entrent en service au 86th FIW, renommé 86th Air Division, et remplacent les F-100 Super Sabre. Quatre squadrons seront équipés de Delta Dagger, les 496th et 525th FIS basés à Bitburg, le 526th FIS à Ramstein, et le 32nd FIS « Wolfhounds », précédemment basé à Wheelus AB, en Libye avec des F-86D, qui s'installera à Soesterberg, aux Pays-Bas, en novembre 1960. La 86th Air Division abandonnera ses derniers « Deuces » (surnom du F-102) en 1970.

**Republic F-84E-30-RE Thunderjet (s/n 51-624). Appareil affecté au Wing Commander du 86th Fighter Bomber Wing. Neubiberg (Allemagne), 1950.**

Insigne 526th FBS

Republic F-84E-10-RE Thunderjet (s/n 49-2240) du 56th Fighter Bomber Squadron, 86th Fighter Bomber Wing. Neubiberg (Allemagne), 1950.

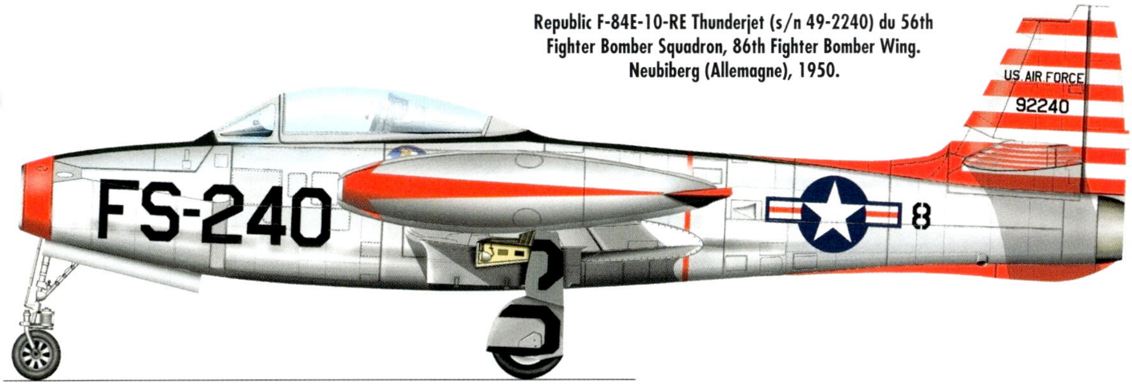

Insigne du 527th FBS

Republic F-84E-5-RE Thunderjet (s/n 49-2133) du 527th Fighter Bomber Squadron, 86th Fighter Bomber Group. Neubiberg (Allemagne), 1950.

Insigne du 86th FBW

525th FBS

525th FBS

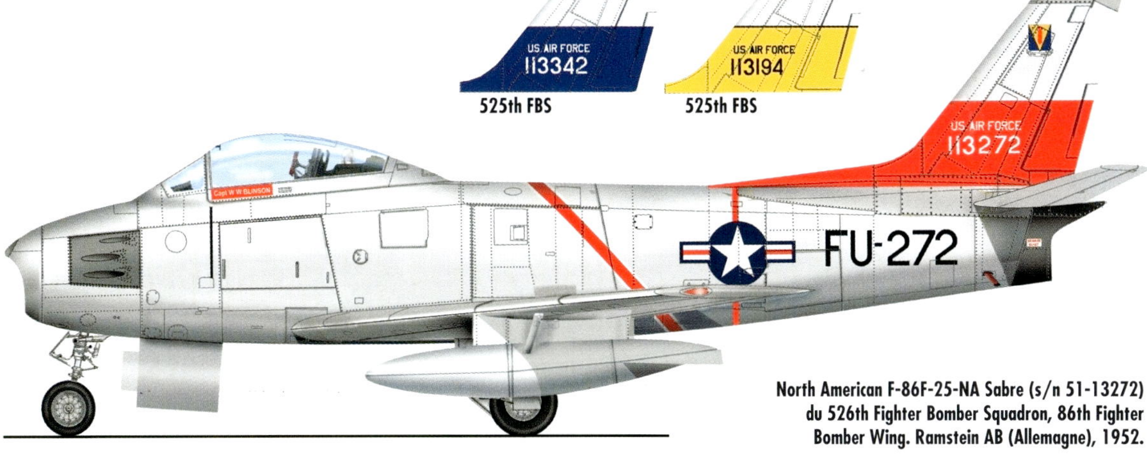


North American F-86F-25-NA Sabre (s/n 51-13272) du 526th Fighter Bomber Squadron, 86th Fighter Bomber Wing. Ramstein AB (Allemagne), 1952.

North American F-86D-40-NA Sabre « Dog » (s/n 52-3827). Appareil affecté au Squadron Commander du 496th Fighter Interceptor Squadron, 86th Fighter Interceptor Wing. Hahn AB (Allemagne), 1958.

Insigne 496th FIS

North American F-86D-45-NA Sabre « Dog » (s/n 52-3944) du 496th Fighter Interceptor Squadron, 86th FIW. Hahn AB (Allemagne), 1958.

North American F-86D-45-NA Sabre « Dog » (s/n 52-3938) du 496th Fighter Interceptor Squadron « Bulldogs », 86th Fighter Interceptor Wing. Landstuhl AB (Allemagne), 1956.

North American F-86D-35-NA Sabre « Dog » (s/n 51-6262). Avion du Squadron Commander du 525th FIS (86th FIW). Bitburg (Allemagne), 1958.

*North American F-86D-35-NA Sabre Dog (s/n 51-8377) du 525th Fighter Interceptor Squadron en 1954. (USAF)*

Insigne 526th FIS

North American F-86D-35-NA Sabre « Dog » (s/n 51-6243). Cet avion était la monture du Squadron Commander du 526th Fighter Interceptor Squadron, 86th Fighter Interceptor Wing. RAF Wethersfield (Grande Bretagne), 1960.

North American F-86D-45-NA Sabre « Dog » (s/n 52-4102) du 526th FIS. Appareil du Wing Commander du 86th Fighter Interceptor Wing. Ramsteim AB (Allemagne), 1958-1959. L'insigne du 86th FIW était porté sur le côté droit de la dérive.

Insigne du 32nd FIS

Marquage d'août 1965 à décembre 1966

Convair F-102A-55-CO Delta Dagger (s/n 56-0977) du 32nd Fighter Interceptor Squadron (« Wolfhounds »), 86th Fighter Interceptor Wing. Soesterberg AB (Pays-Bas), 1961.
Ce marquage de dérive sera en vigueur d'août 1960 à juin 1963.

Convair F-102A-55-CO Delta Dagger (s/n 56-1006) du 431st Fighter Interceptor Squadron (« The Red Devils »), 86th Air Division. Zaragoza AB (Saragosse, Espagne), 1963.

Convair TF-102A-15-CO Delta Dagger (s/n 54-1363) du 32nd Fighter Interceptor Squadron. Soesterberg (Pays-Bas), 1960.

Convair F-102A-25-CO Delta Dagger (s/n 53-1818) du 496th Fighter Interceptor Squadron. Hahn AB (Allemagne), 1961.

Insigne du 496th FIS (juillet 1964 à novembre 1966)

Convair F-102A-60-CO Delta Dagger (s/n 56-1080). Appareil affecté au Squadron Commander du 496th Fighter Interceptor Squadron. Hahn AB (Allemagne), 1965.

Insigne du 526th FIS

Marquage de dérive du 526h FIS (octobre 1964 à août 1966)

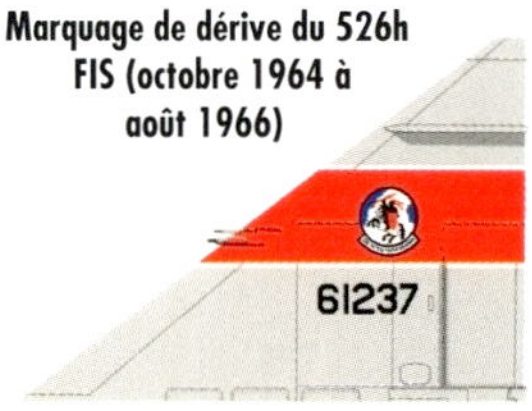

Convair F-102A-65-CO (s/n 56-1210) du 526th Fighter Interceptor Squadron, 86th Air Division. Ramstein (Allemagne), 1961.

Convair F-102A-70-CO Delta Dagger (s/n 56-1264) du 525th Fighter Interceptor Squadron. Appareil affecté au commandant de la 86th Air Division Bitburg AB (Allemagne), 1961.

Convair F-102A-65-CO Delta Dagger (s/n 56-1210) du 526th FIS, 86th AD. Bitburg (Allemagne), 1967. Les Delta Dagger commencèrent à recevoir un camouflage type SEA (South-East Asia, communément appelé « Vietnam ») à partir de 1964, ce qui entraîna la disparition quasi systématique de toutes les marques de couleur et une réduction de la taille des cocardes.

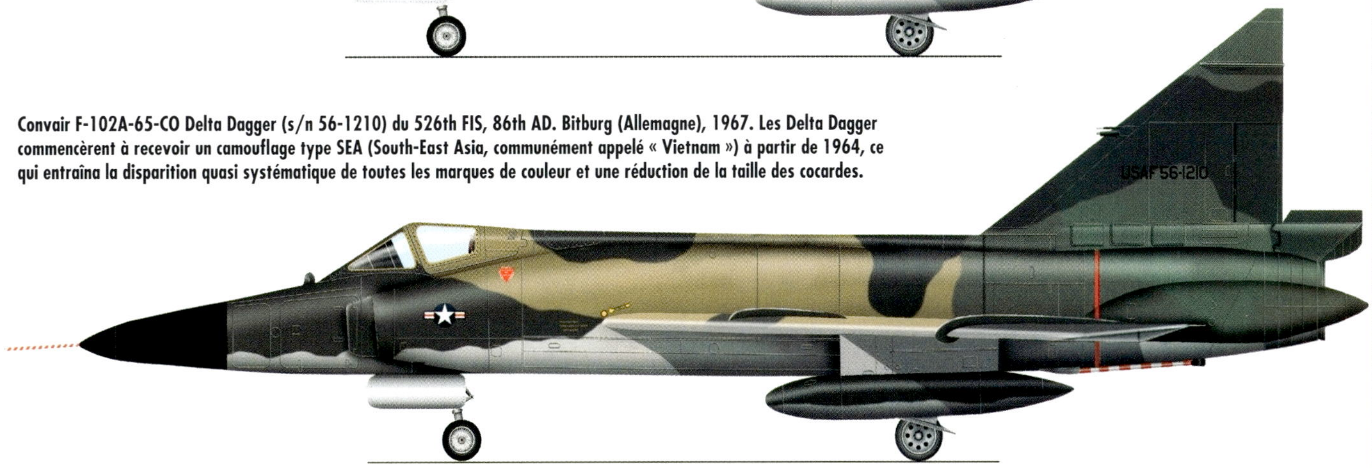


*Convair TF-102A-40-CO Delta Dagger (s/n 56-2331) du 525th Fighter Interceptor Squadron en 1968. La lettre « 0 » peinte devant le serial signifie « Over-ten », et donc que ce biplace est en service depuis plus de dix ans.* (USAF)

*Convair F-102A-60-CO Delta Dagger (s/n 56-1105) du 525th Fighter Interceptor Squadron en 1966. La marque peinte sous le serial représente une citation reçue par l'unité.* (USAF)

*North American F-86D-50-NA Sabre Dog (s/n 52-10030) du 512th Fighter Interceptor Squadron (406th FIW). (USAF)*

## 406th Fighter Bomber Wing/ 406th Fighter Interceptor Wing

Le 406th Fighter Bomber Wing, constitué en 1952 sur la base de la RAF de Manston, en Angleterre, est composé des 512th, 513th et 514th Fighter Bomber Squadrons, équipés de F-84E Thunderjet. En avril 1954, le 406th FBW est rebaptisé 406th Fighter Interceptor Wing mais continuera d'être basé à RAF Maston jusqu'en 1958.

En 1953, les F-84E Thunderjet sont remplacés par des F-86F Sabre et en novembre de l'année suivante, le 512th FBS s'installe à Soesterberg AB, aux Pays-Bas, où il sera renommé 32nd Fighter Day Squadron en septembre 1955.

Le 406th FIW est désactivé en 1958 et ses trois squadrons reversés au 86th FIW avant d'être dissous en 1959-1960.

**Republic F-84E-30-RE Thunderjet (s/n 51-616). Appareil affecté au Squadron Commander du 512nd FBS, 406th FBW. RAF Manston (Grande Bretagne), 1952.**

North American F-86F-25-NA Sabre (s/n 52-5350) du 512th Fighter Interceptor Squadron, 406th Fighter Interceptor Wing. RAF Bentwaters (Grande Bretagne), 1955. Appareil cédé à l'Espagne en 1959 et utilisé par elle jusqu'en 1971.

North American F-86D-50-NA Sabre « Dog » (s/n 52-4225) du 512nd Fighter Interceptor Squadron, 406th Fighter Interceptor Wing. RAF Manston (Grande Bretagne), 1957. Appareil perdu par accident le 30 octobre 1957, pilote tué.

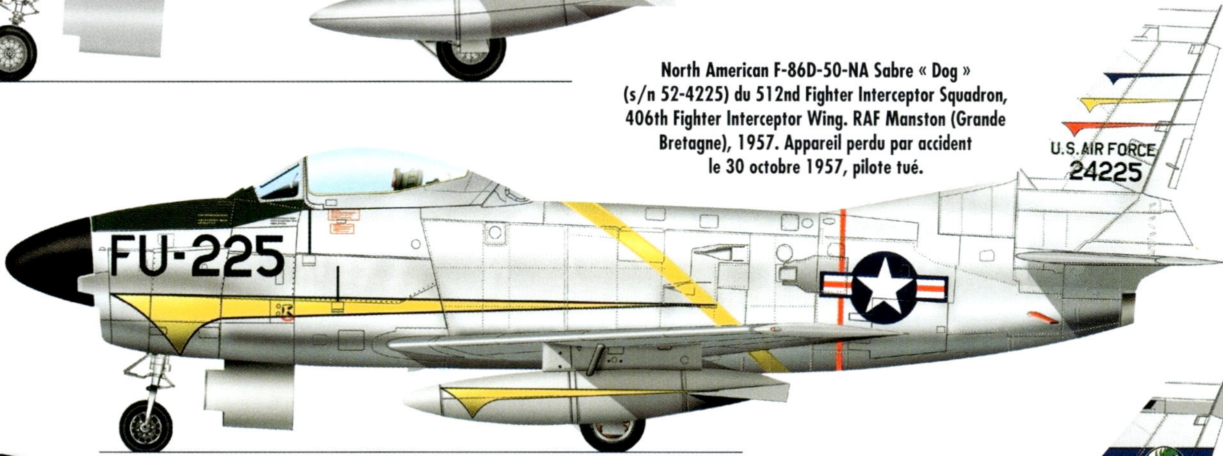

Insigne 512th

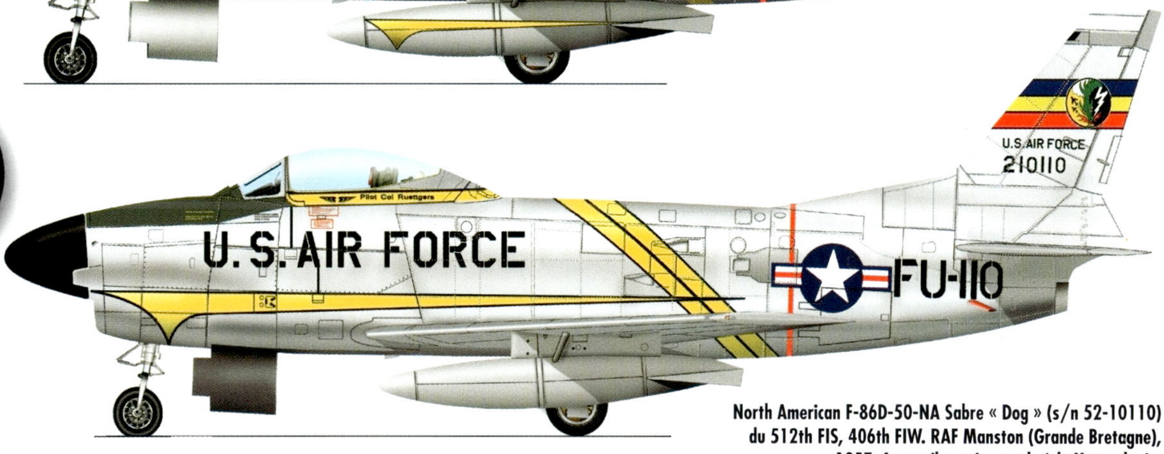


North American F-86D-50-NA Sabre « Dog » (s/n 52-10110) du 512th FIS, 406th FIW. RAF Manston (Grande Bretagne), 1957. Appareil ensuite vendu à la Yougoslavie.

*Republic F-84E-15-RE Thunderjet (s/n 49-2371) du 406th Fighter Bomber Wing de Manston (Royaume Uni).* *(USAF)*

***North American F-86D-45-NA Sabre (s/n 52-4063) du 513th Fighter Interceptor Squadron basé à Phalsbourg-Bourscheid Air Base, en France, en 1958.*** *(USAF)*

***Paire de F-86D Sabre « Dog » du 514th Fighter Interceptor Wing.*** *(DR)*

**North American F-86D-45-NA Sabre « Dog » (s/n 52-4185) du 512nd Fighter Interceptor Squadron, 406th Fighter Interceptor Wing. RAF Manston (Grande Bretagne), 1957. Appareil cédé à la Yougoslavie en 1959.**

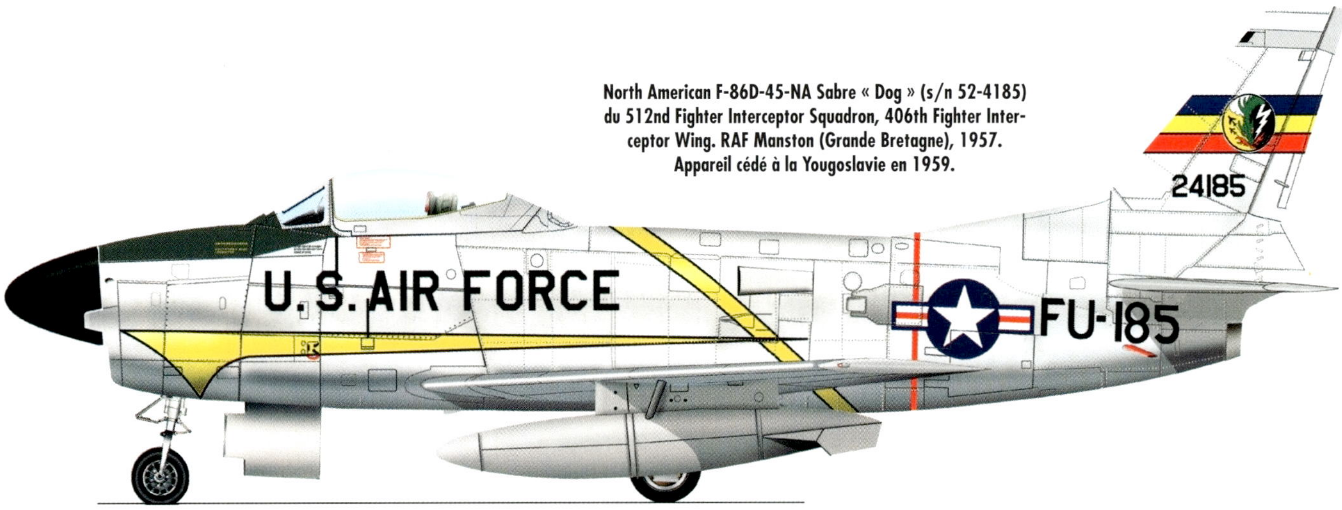

**Insigne 513rd FIS**

**North American F-86D-50-NA Sabre (s/n 52-4219) du 513rd Fighter Interceptor Squadron, 406th Fighter Interceptor Wing. RAF Manston (Grande Bretagne), 1957.**

**North American F-86D-45-NA Sabre (s/n 52-4130) du 513rd Fighter Interceptor Squadron, 406th Fighter Interceptor Wing. RAF Manston (Grande Bretagne), 1957.**

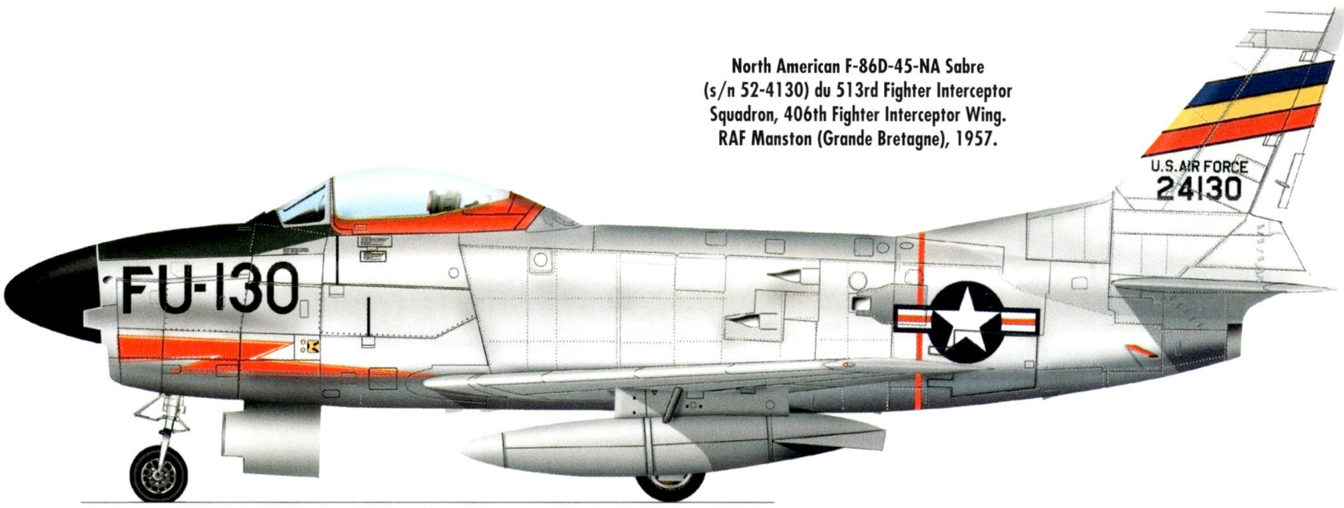


**North American F-86D-50-NA Sabre (s/n 52-10150) du 513rd Fighter Interceptor Squadron, 406th Fighter Interceptor Wing. RAF Manston (Grande Bretagne), 1958.**

North American F-86D-50-NA Sabre (s/n 52-10019) du 514th Fighter Interceptor Squadron, 406th Fighter Interceptor Wing. Appareil affecté au Wing Operation Commander (chef des opérations) du 406th FIW. RAF Manston (Grande Bretagne), 1958.

North American F-86D-45-NA Sabre (s/n 52-4124) du 514th Fighter Interceptor Squadron, 406th Fighter Interceptor Wing. RAF Manston (Grande Bretagne), 1958.

514th FIS

North American F-86D-45-NA Sabre « Dog » (s/n 52-4133) du 514th Fighter Interceptor Squadron, 406th Fighter interceptor Wing. RAF Manston (Grande Bretagne), 1958.

# UNITÉS DE RECONNAISSANCE DE L'USAF EUROPE

## 10th Tactical Reconnaissance Wing

Deux escadres de reconnaissance tactique, les 10th et 66th *Tactical Reconnaissance Wings* (TRW) furent affectées à l'USAFE, respectivement en juillet 1952 et en janvier 1958.

Le 10th TRW fut formé en juillet 1952 et devait, à l'origine, être basé en France, à Toul-Rosières, avec ses deux squadrons de Lockheed RF-80A, les 32nd et 38th *Tactical Reconnaissance Squadrons* (TRS). La piste de la base française étant inadaptée, et la reconstruction de ses infrastructures étant retardée, les avions furent envoyés en Allemagne fédérale, le 32nd TRS à Neubiberg AB et le 38th TRS à Fürstenfeldbruck AB, seul l'état-major de l'escadre s'installant à Toul, en novembre 1952. En mai de l'année suivante, la totalité du *wing* fut rassemblée sur la base allemande de Spangdahlem.

Les RF-80A, de moins en moins adaptés aux missions car trop vulnérables face aux nouveaux chasseurs soviétiques, ayant été renvoyés aux États-Unis en 1955 afin d'être affectés à des unités de la Garde nationale (*Air National Guard* ou ANG), ils furent remplacés par des Republic RF-84F Thunderflash. En mars 1958, les 32nd et 38th TRS furent rattachés au 66th *Tactical Reconnaissance Wing* basé à Phalsbourg. Issu du 19th *Reconnaissance Squadron (Photographic)* dissous en juin 1949, le 19th *Tactical Reconnaissance Squadron (Night Photographic)* fut formé en juillet 1953 et s'installa en Grande-Bretagne, sur la base de la RAF de Sculthorpe, en mai 1954. Rattaché au 10th TRW en janvier 1958, il fut brièvement transféré au 26th TRW en juillet 1965. Renommé 19th *Tactical Electronic Warfare Squadron* en 1967 et opérant à l'époque dans le Pacifique, il fut finalement dissous en octobre 1970. Principale unité spécialisée dans les missions de reconnaissance nocturne de l'USAFE, le 19th TRS fut d'abord équipé de Douglas RB-26C Invader, puis de Martin RB-57A et enfin de Douglas RB-66 et WB-66 Destroyer de 1957 à 1970, date de sa dissolution.

En 1958, le 30th TRS, alors équipé de RB-57A Canberra, fut transféré du 66th TRW au 10th TRW. Rééquipé de RB-66C Destroyer, il s'installa en Grande-Bretagne, à Alconbury, en 1959, avec des détachements fréquents à Toul-Rosières jusqu'en 1965. Transformé sur RF-4C Phantom II en 1966, le 30th TRS fut finalement dissous en 1976.

***Douglas RB-66B-DL Destroyer s/n 54-506 du 19th TRS à Burtonwood (Grande Bretagne), en 1957.*** *(USAF)*

**Lockheed RF-80A-15-LO Shooting Star (s/n 44-85397) du 32nd TRS, 10th TRW. Spangdalhem AB (RFA), 1953.**

**Lockheed RF-80A-15-LO Shooting Star (s/n 44-85330) du 38th TRS, 10th TRW. Spangdalhem AB (RFA), 1953. Cet avion est équipé de réservoirs d'aile de type « Misawa ».**

**Republic RF-84F-25-RE Thunderflash (s/n 51-17013) du 32nd TRS, 10th TRW. Spangdalhem AB (RFA), 1955-1957.**

**Republic RF-84F-25-RE Thunderflash (s/n 51-17003) du 38th TRS, 10th TRW. Spangdalhem AB (RFA), 1955. Appareil cédé ensuite à la Luftwaffe.**

***Republic RF-84F-25-RE Thunderflash s/n 52-7292 du 32nd Tactical Reconnaissance Squadron en 1956.*** *(USAF)*

**Martin B-57B-MA Canberra (s/n 52-1495) du 1st TRS, 10th TRW. Spangdalhem AB (RFA), 1955.**

*Insigne du 30th TRS*

*Marquage du 30th TRS en 1955-1956*

**Martin RB-57A-MA Canberra (s/n 52-1456) du 30th TRS (66th TRW). Sembach AB (RFA), 1956-1957.**

**Douglas RB-66C-DT Destroyer (s/n 54-468) du 42nd TRS (10th TRW). Spangdalhem AB (RFA), mai 1960.**

***Douglas RB-66B-DL Destroyer (s/n 54-426) du 19th TRS (10th TRW), à RAF Sculthorpe (Angleterre).*** *(DR)*

*McDonnell RF-101C-65-MC Voodoo (s/n 56-070) du 32d Tactical Reconnaissance Squadron en 1960.* (DR)

**McDonnell RF-4C-20-MC Phantom II (s/n 64-1014) du 10th TRW. RAF Alconbury (GB), 1960.**
**Les premiers RF-4C qui arrivèrent en Europe portaient un camouflage « type US Navy », gris mouette et blanc.**

*Insigne du 1st TRS*

**McDonnell RF-4C-31-MC Phantom II (s/n 66-430) du 1st TRS, 10th TRW. RAF Alconbury (GB), 1970.**

*Douglas RB-66B-DL Destroyer (s/n 54-0521) du 10th TRW à Alconbury. (DR)*

**McDonnell RF-4C-38-MC Phantom II (s/n 68-567). Appareil du Wing Commander du 10th TRW. RAF Alconbury (GB), 1987. Camouflage type « European One ».**

**Lockheed T-33A-1-LO (s/n 52-9624) du 10th TRW. RAF Alconbury (GB), 1962.**

# 66th Tactical Reconnaissance Wing

*Les RF-101C Voodoo du 66th TRW à Laon. (DR)*

Le 66th Tactical Reconnaissance Wing fut formé en janvier 1953 sur la base de Shaw, en Caroline du Sud. Rattachée à l'USAFE, l'escadre s'installa sur la base de Laon-Couvron, en France, en juillet 1958. À l'époque, le Wing était équipé de Republic RF-84F Thunderflash répartis dans quatre escadrons, les 302nd et 303rd Tactical Reconnaissance Squadrons, ainsi que les 32nd et 38th TRS provenant du 10th TRW.

Le **302nd et le 303rd TRS** furent rattachés au 66th TRW à la fin de 1957 et s'installèrent à Laon l'année suivante. La piste de cette base étant en travaux, les squadrons opérèrent en fait depuis Phalsbourg jusqu'en septembre 1958. Au début de 1959, il fut décidé de remplacer les deux squadrons de RF-84F du 66th TRW par des unités volant sur Voodoo. Le 302nd et le 303rd TRS furent donc dissous en juin 1959 et remplacés par les 17th et 18th TRS venus des États-Unis et qui s'installèrent à Laon avec leurs RF-101C.

Le **17th TRS** s'étant installé en Angleterre à la suite du retrait de la France de l'OTAN, il y demeura jusqu'en 1970, date où il partit pour l'Allemagne où il fut transformé sur RF-4C Phantom II. Le squadron resta à Zweibrücken AB jusqu'en 1979, lorsqu'il fut dissous.

Le **18th TRS** resta à Laon jusqu'en 1966, quand il déménagea sur la base anglaise de Upper Heyford. Il resta en Grande-Bretagne jusqu'en 1970, puis revint aux États-Unis où il fut affecté au 363d Tactical Reconnaissance Wing. Rééquipé par la suite de RF-4C Phantom II, le squadron fut finalement dissous en 1979.

En mars 1958, les **32nd et 38th TRS** furent rattachés au 66th TRW désormais basé à Sembach et furent rééquipés de RF-101C Voodoo en mai de la même année. Ces appareils restèrent en service jusqu'en 1979, date de leur transfert à l'ANG. Après avoir été basés à Ramstein en 1962, puis à Zweibrücken, en Allemagne, les 32nd et 38th TRS furent rattachés au 26th Tactical Reconnaissance Wing en 1965. Basés à Toul, les deux squadrons retournèrent en Allemagne, à Ramstein AB, après le retrait de la France de l'OTAN. Là, ils furent rééquipés de RF-4C Phantom II. Ayant à nouveau fait mouvement sur Zweibrücken en 1973, les 32nd et 38th TRS y restèrent jusqu'à leur dissolution, en 1991.

Le **30th TRS**, équipé de RB-26B, fut affecté à l'USAFE en juillet 1953. Rattaché au 66th TRW et basé à Sembach AB, en Allemagne, il reçut des RB-57A Canberra en 1955, puis des Douglas RB-66B Destroyer en février 1957.

La piste de la base de Sembach ne pouvant accueillir ces appareils, trop lourds, les Destroyer furent en fait déployés depuis Ramstein.

Dans le cadre de la réorganisation des unités de l'USAFE, le 30th TRS fut rattaché au 10th TRW de Spangdahlem AB en 1958.

Le **19th TRS**, auparavant rattaché au 10th TRW, fut brièvement rattaché avec ses RB-66 au 66th TRW en juillet 1965, avant d'être renvoyé aux États-Unis et finalement redéployé au Japon à la fin de 1968.

Le 66th TRW quitta Laon-Couvron en 1966 pour s'installer sur la base de la RAF d'Upper Heyford, en Grande-Bretagne. Le Wing fut transformé sur Phantom II, le 17th TRS étant converti sur RF-4C, tandis que le 18th TRS conservait quelque temps ses RF-101C avant de retourner aux États-Unis.

Le 66th TRW fut dissous le 1er avril 1970.

**Lockheed P-80A-5-LO Shooting Star (s/n 45-8346) du 303rd TRS, 66th TRW. Sembach AB (RFA), 1953.**

Lockheed P-80A-5-LO Shooting Star (s/n 45-8427) du 302nd TRS, 66th TFW. Sembach AB (RFA), 1953.

Republic RF-84F-10-RE Thunderflash (s/n 51-1894). Appareil affecté au Wing Commander du 66th TFW. Laon-Couvron (F), 1957.

*Republic RF-84F-25-RE Thunderflash (s/n 52-7343) du 303rd TRW, 66th TRW. (DR)*

Republic RF-84F-30-RE Thunderflash (s/n 52-7381) du 302nd TRS, 66th TRW. Laon-Couvron AB (F), 1958.

Martin RB-57A-MA Canberra (s/n 52-1430). Appareil du Squadron Leader du 66th TRW. Spangdalhem AB (RFA), 1955-1957.

*Insigne du 19th TRS*

Douglas RB-66B-DL Destroyer (s/n 54-506) du 19th TRS, 66th TRW. Spangdahlhem (RFA), 1959.

*McDonnell RF-101C-70-MC Voodoo (s/n 56-0110) du 66th TRW. Photo prise lors de l'exercice « Royal Flush » de 1960.* (DR)

*Douglas RB-66B Destroyer (s/n 54-0421) du 19th TRS, 10th TRW à RAF Sculthorpe. Ce biréacteur s'écrasa le 14 décembre 1959, tuant ses trois membres d'équipage. (DR)*

*Insigne du 66th TRW*

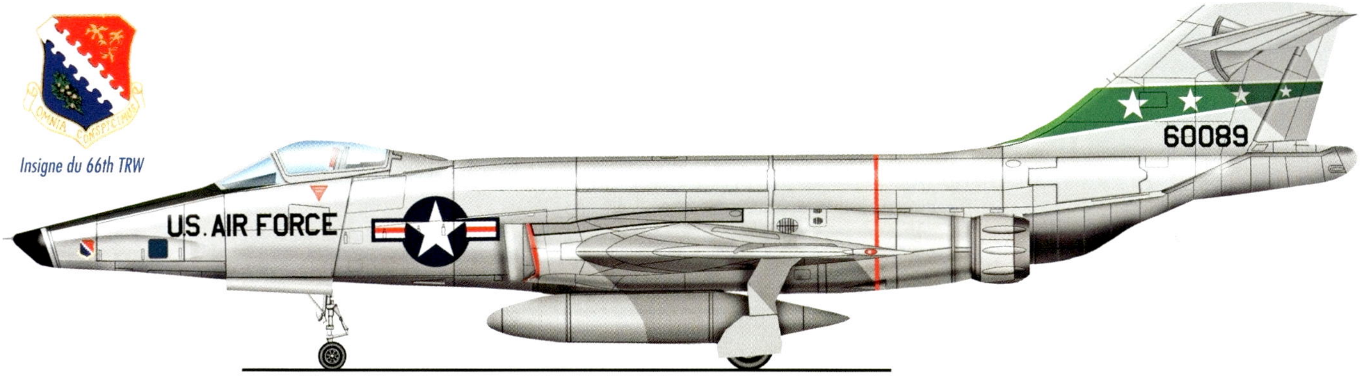


**McDonnell RF-101C-70-MC Voodoo (s/n 56-0089) du 38th TRS, 66th TRW. Phalsbourg AB (F), 1959-1960. Sur les Voodoo, le « Buzz number » est porté sous les fuseaux moteurs.**

*Marquage du 66th TRW en 1961*

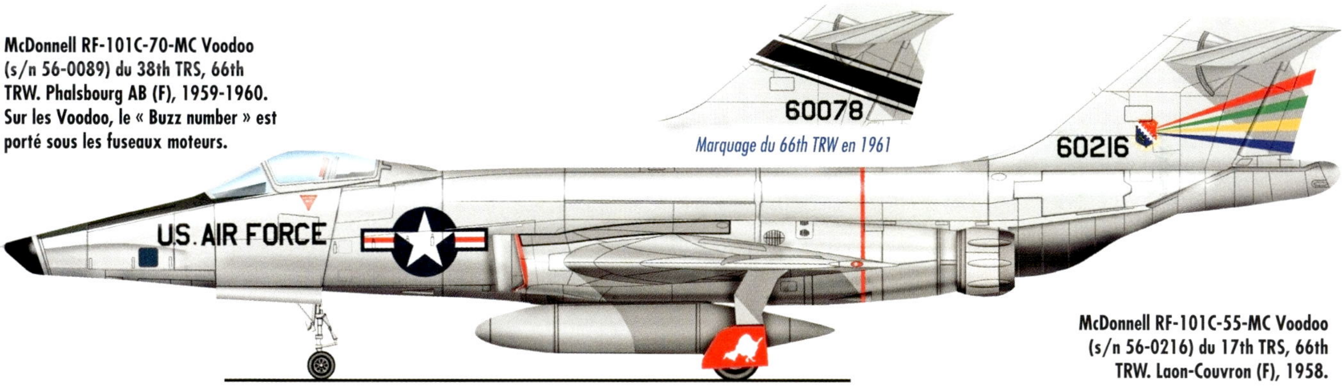


**McDonnell RF-101C-55-MC Voodoo (s/n 56-0216) du 17th TRS, 66th TRW. Laon-Couvron (F), 1958.**

*McDonnell RF-101C-60-MC Voodoo (s/n 56-0229) du 18th TRS (66th TRW). (DR)*

*McDonnell RF-101C Voodoo du 17th TRS en vol.* (DR)

**Lockheed T-33A-1-LO (s/n 51-17411) du 66th TRW. Laon-Couvron AB (F), 1961**

**Lockheed T-33A-1-LO (s/n 51-17411) du 66th TRW. Alconbury (GB), 1962.**

*Lockheed T-33A-1-LO (s/n 51-4343) du 10th TRW à Alconbury au début des années soixante.* (DR)

## 26th Tactical Reconnaissance Wing

En juillet 1965, le 26th Tactical Reconnaissance Wing s'installe sur la base de Toul-Rosières, où il est rapidement équipé de RF-4C Phantom II. À la suite du retrait de la France de l'OTAN, le 26th TRW déménage à Ramstein AB, en Allemagne, en octobre 1966, puis à Zweibrücken AB en 1973. L'escadre est composée de deux squadrons auparavant rattachés au 66th TRW (cf. plus haut), le 17th TRS (code de dérive « ZR ») et le 38th TRS (codes « RR », « RS » et « ZR »).

Le 26th TRW participa à la guerre du Golfe, en 1990-1991, en étant détaché sur la base d'Incirlik, en Turquie, et ses RF-4C effectuent une centaine de missions sur l'Irak avant de revenir à Zweibrücken en mars 1991.

Le 26th TRW fut dissous le mois suivant et ses RF-4C, devenus trop coûteux à maintenir en état de vol, retournèrent aux États-Unis pour y être stockés, l'USAFE abandonnant définitivement la base de Zweibrücken quelques mois plus tard, en août 1991.

***Le 12 avril 1991, deux RF-4C Phantom II du 38th Tactical Reconnaissance Squadron quittent leur base allemande de Zweibrücken pour retourner aux États-Unis après la dissolution du 26th TRW.***
*(US Defense Imagery)*

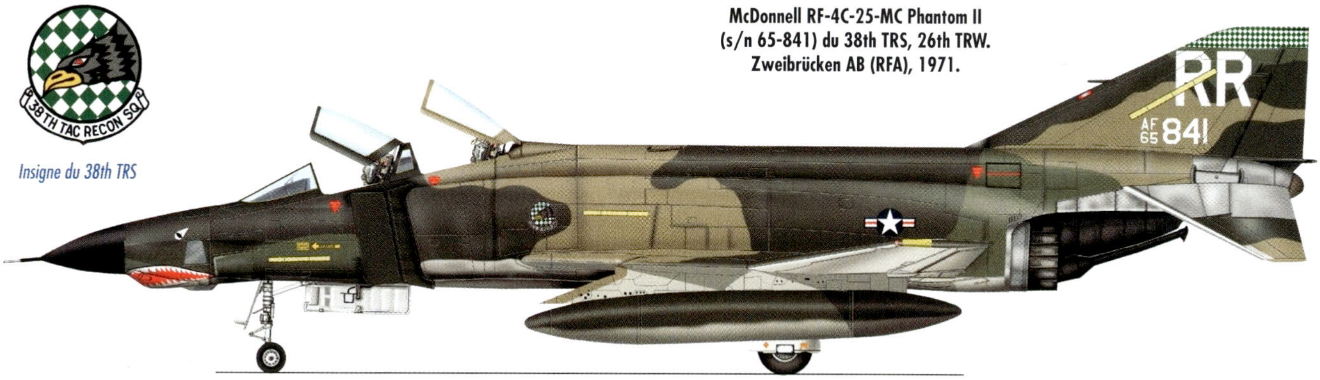


*Insigne du 38th TRS*

**McDonnell RF-4C-25-MC Phantom II (s/n 65-841) du 38th TRS, 26th TRW. Zweibrücken AB (RFA), 1971.**

*Insigne du 26th TRW*

**McDonnell RF-4C du 17th TRS, 26th TRW. Zweibrücken AB (RFA), juin 1972. Décoration spéciale portée lors de l'exercice « Royal Flush ».**

McDonnell RF-4C-38-MC Phantom II (s/n 68-0568) du 17th TRS, 26th TRW. Zweibrücken AB (RFA), 1978.

McDonnell RF-4C-43-MC Phantom II (s/n 69-0369) du 26th TRW. Appareil affecté au Wing Commander du 26th TRW. Zweibrücken AB (RFA), 1981.

McDonnell RF-4C-43-MC Phantom II (s/n 69-370). Appareil affecté au Wing Commander du 26th TRW. Incirlik (Turquie), opération « Desert Storm », janvier 1991. Camouflage type « Hill Gray ».

*Mc Donnell RF-4C-43-MC Phantom II (s/n 69-0374) du 26th TRS portant le camouflage type South East Asia.* (DR)

# TACTICAL FIGHTER WINGS DE L'USAFE DEPUIS 1965

## *20th Tactical Fighter Wing*

Basé à RAF Woodbridge (Grande-Bretagne) et équipé de F-100 Super Sabre, le 20th Tactical Fighter Wing (cf. p 80 pour son historique avant 1965) se déplaça en avril 1970 à Upper Heyford où il remplaça le 66th TRW. Abandonnant ses Super Sabre (le dernier fut renvoyé aux États-Unis en février 1971), il commença à être rééquipé de General Dynamics F-111 Aardvark à partir de septembre 1970.

Le 20th TFW était composé des 55th, 77th et 79th Tactical Fighter Squadrons, qui furent rejoints, en juin 1985, par le 42nd Electronic Combat Squadron (ECS) équipé d'EF-111A Raven. La présence de l'USAFE à Upper Heyford ayant pris fin en décembre 1993, le 20th TFW fut renvoyé aux États-Unis et s'installa sur la base de Shaw, en Caroline du Sud, où il fut transformé sur F-16C Fighting Falcon à partir de 1994.

*General Dynamics F-111E (s/n 68-0020) du 20th TFW au début des années 1990. Comme l'indique le marquage de dérive, il s'agit de l'avion du commandant du Wing. (DR)*

**General Dynamics F-111E (s/n 68-0028) du 77th TFS, 20th TFW. RAF Upper Heyford (GB), 1993. L'insigne peint sur la dérive est celui de la 77th AMU (Aircraft Maintenance Unit).**

**General Dynamics F-111E (s/n 68-0020), « Spirit of 76 » du 20th TFW. RAF Upper Heyford (GB), 1976. Décoration spéciale réalisée pour bicentenaire des États-Unis.**

*General Dynamics F-111E (s/n 68-0064) du 20th TFW. (DR)*

**General Dynamics F-111E (s/n 68-0049) du 79th, 20th TFW. RAF Upper Heyford (GB), 1991. Décoration « tigre » réalisée à l'occasion du NATO Tiger Meet de 1991.**

*General Dynamics F-111E (s/n 68-0053) du 20th TFW. (DR)*

*General Dynamics F-111E (s/n 68-0068) du 77th TFS du 20th TFW. On notera le code de dérive particulier, remplacé ensuite par les initiales « UH », pour Upper Heyford.* *(DR)*

**General Dynamics EF-111A Raven (s/n 66-0031) du 42nd ECS (Electronic Combat Squadron), rattaché au 20th TFW. RAF Upper Heyford (GB), 1989.**

*General Dynamics EF-111A Raven (s/n 67-0034) du 42nd ECS en 1988. L'inscription* « Let 'em eat Crow », *peinte à l'avant du fuselage, fait référence au surnom* « crow » *(corbeau), des officiers de guerre électronique* (Electronic Warfare Officers, EWO). *(DR)*

# 36th Tactical Fighter Wing/ 36th Fighter Wing

***MDD F-15C-26-MC Eagle (s/n 79-067) du 36th TFW en 1991.***
*(Coll. G. Paloque)*

Le 36th Tactical Fighter Wing, basé à Bitburg AB, en Allemagne (cf. p. 86), et composé de trois squadrons (22nd, 53rd et 525th Tactical Fighter Squadrons) abandonna ses Republic F-105D Thunderchief à partir de 1966 pour des Phantom II.

Le **22nd TFS** sera équipé de F-4D de 1966 à 1973, puis de F-4E de 1973 à 1977. Les Phantom II seront à leur tour remplacés par des F-15A et B Eagle en 1977, puis par des F-15C et D en 1980. En 1994, le 22nd FS (nouvelle désignation à partir de 1991) déménagea à Spangdalhem, en Allemagne, où il fut rééquipé, en 1998, de F-16C Block 50 chargés principalement de missions « Wild Weasel » (suppression des défenses antiaériennes ennemies, ou SEAD).

Les « Viper » (surnom donné par les pilotes au F-16) du 22nd FS participèrent aux opérations dans les Balkans, puis en Irak dans le cadre de l'opération « Iraqi Freedom » de 2003. Dissous en 2010, le 22nd FS fut amalgamé avec le 53rd FS afin de former le 480th FS, basé à Spangdalhem et rattaché au 52nd FW (cf. p. 134).

Le **53rd TFS** fut lui aussi équipé de F-4D Phantom II de 1966 à 1973, de F-4E de 1973 à 1977, de F-15A et B de 1977 à 1994, et de F-15C et D de 1994 à 1999. Le 53rd TFS participa lui aussi à la guerre du Golfe en 1990-1991, revenant à Bitburg en juin 1991. En juillet 1994, le squadron fut transféré au 52nd FW basé à Spangdahlem.

Comme les autres squadrons de l'escadre, le **525th TFS** vola sur F-4D Phantom II de 1966 à 1973, puis sur F-4E de 1973 à 1977 et enfin sur F-15A de 1977 jusqu'à sa dissolution, en 1992. Le 36th Fighter Wing a été dissous à Bitburg en juillet 1993.

**McDonnell F-4D-31-MC Phantom II (s/n 66-7705) du 53rd TFS, 36th TFW. Bitburg AB (RFA), 1972. Après 1972, seul le code de dérive « BT » sera utilisé par le 36th TFW.**

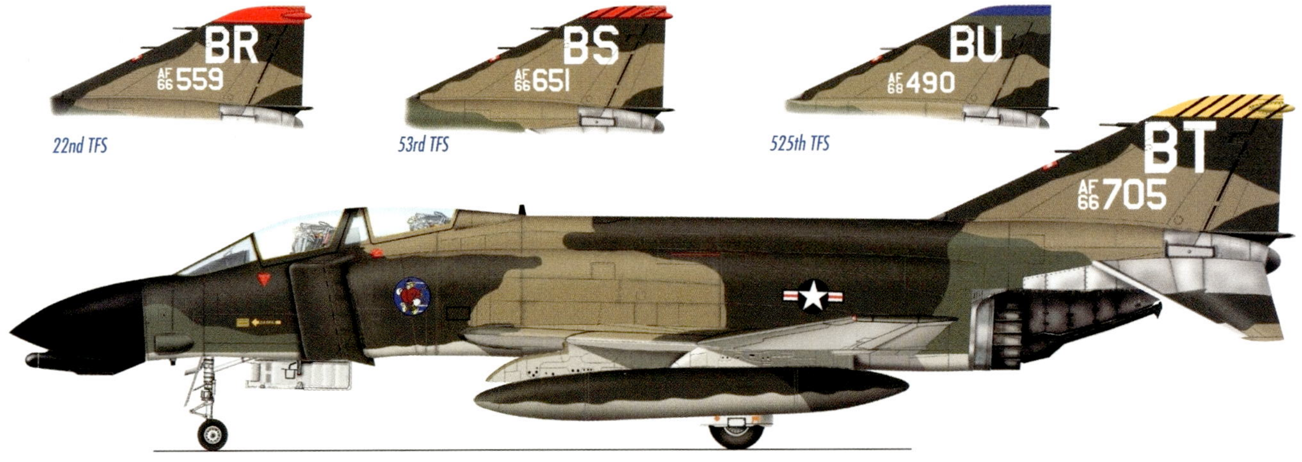

*F-4D-31-MC Phantom II (s/n 66-7712) du 53rd TFS/36th TFW au début des années 1970.* (DR)

**McDonnell F-4E-41-MC Phantom II (s/n 68-0517) du 22nd TFS, 36th TFW. Bitburg AB (RFA), 1976. Décoration spéciale réalisée à l'occasion du bicentenaire des États-Unis.**

**McDonnell F-15C-25-MC Eagle (s/n 79-053) du 53rd TFS, 36th TFW. Bitburg AB (RFA). Décoration spéciale réalisée à l'occasion du NATO Tiger Meet de 1981.**

*McDonnell F-4D-30-MC Phantom II (s/n 66-7507) du 53rd TFS de Bitburg AB.* (DR)

McDonnell Douglas F-15A-15-MC (s/n 76-0009) du 53rd TFS, 36th TFW. Bitburg AB (RFA), 1976.

*McDonnell F-4D-30-MC Phantom II (s/n 66-7559) du 22nd TFS. (DR)*

## *48th Tactical Fighter Wing/ 48th Fighter Wing*

Les trois squadrons du 48th TFW, basés à Lakenheath (Grande-Bretagne) depuis 1960 (cf. p. 91) remplacèrent leur F-100 Super Sabre par divers types d'appareils au début des années 1970.

Le **492nd TFS** fut rééquipé de F-4D Phantom II de 1972 à 1977, puis de F-111F de 1977 à 1992. C'est avec ces biréacteurs que le squadron participa à l'opération « El Dorado Canyon » (raid aérien sur Tripoli, en Libye), les 14 et 15 avril 1986.

Les Aardvark furent remplacés par des McDonnell Douglas F-15E Strike Eagle en 1992, des avions qui sont encore utilisés de nos jours.

Le **493rd TFS** vola lui aussi sur F-4D, puis sur F-111F, et participa à « El Dorado Canyon », puis à la guerre du Golfe, en 1991. En 1994, il troqua ses F-111 contre des F-15C et D Eagle. Le 493rd FS participa aux opérations « Enduring Freedom » (2001) et « Iraqi Freedom » (2003), ainsi qu'aux opérations « Odyssey Dawn » en Libye, en mars 2011, et effectua de nombreux déploiements au Moyen-Orient.

Le **494th TFS** fut équipé de F-4D Phantom II de 1972 à 1977, de F-111F de 1977 à 1992, et de F-15E Strike Eagle à partir de 1992. Il a participé à toutes les opérations du 48th (T)FW.

En 2019, le 48th Fighter Wing (nouvelle dénomination adoptée en 1991) était toujours basé à RAF Lakenheath avec ses trois squadrons (492nd FS « Bowlers » avec des F-15E, 493rd FS « Reapers » sur F-15C et D et 494th FS « Panthers » doté de F-15E) et devrait recevoir une cinquantaine de F-35A à partir de 2021.

***Le F-15E-53-MC Strike Eagle (s/n 91-604) du 494th Fighter Squadron au roulage à Lakenheath pendant l'exercice « Point Blank », en 2019.*** *(USAF)*

**McDonnell F-4D-27-MC Phantom II (s/n 65-0635) du 494th TFS. Appareil affecté au Wing Commander du 48th TFW. RAF Lakenheath (GB), 1976. Le sommet de dérive est bleu au 492nd TFS, jaune au 493rd TFS et rouge au 494th TFS.**

General Dynamics F-111F (s/n 70-2390) du 495th TFS, 48th TFW. RAF Lakenheath (GB), 1991. « Miss Liberty II » était à cette époque la monture du Wing Commander.

McDonnell F-15E-61-MC Strike Eagle (s/n 97-221) du 492nd Fighter Squadron « Bowlers », 48th Fighter Wing. RAF Lakenheath (GB), 2011.

*Le F-15E-61-MC Strike Eagle (s/n 97-221) du 492nd FS « Bowlers », sur l'aéroport de Bagram, en Afghanistan, lors d'un déploiement du squadron. (USAF)*

## 50th Tactical Fighter Wing

Basé comme les autres squadrons du 50th TFW à Hahn (Allemagne) depuis 1953 (cf. p. 95), le **10th TFS** fut équipé de F-4D Phantom II de 1966 à 1976, puis de F-4E Phantom II de 1976 à 1982.
Transformé sur F-16A, il participa aux opérations dans le golfe Persique (« Desert shield » et « Desert Storm ») de décembre 1990 à mai 1991, depuis la base d'Al Dhafra, aux Émirats Arabes Unis. Le 10th TFS a été dissous en septembre 1991.

Le **313th TFS** fut équipé de F-4E Phantom II de 1976 à 1981. À la fin de 1980, des F-16A Block 10 commencèrent à remplacer progressivement les Phantom II. Lui aussi fut dissous en septembre 1991.

Le **496th TFS** vola sur F-4E Phantom II de 1970 à 1982, puis sur F-16C Block 15 à partir de l'été 1982, et enfin, en 1986, sur F-16C et D Block 25.

Comme les autres squadrons du 50th TFW, le 496th TFS a été dissous en septembre 1991.

***Deux F-16A Block 15B du 313th TFS de Hahn AB en vol au début des années 1980.*** *(USAF)*

Insigne du 10th TFS

**McDonnell F-4D-28-MC Phantom II (s/n 65-0754) du 10th TFS, 50th TFW. Hahn AB (RFA), 1973.**

***McDonnell F-4E-38-MC Phantom II (s/n 68-0406) du 10th TFS à l'atterrissage à Hahn AB.*** *(USAF)*

*Ravitaillement en vol de F-16C du 50th TFW en 1988. Le Fighting Falcon au premier plan est l'avion du Wing Commander. (USAF)*

*Insigne du 50th TFW*

*496th TFS*

*313th TFS*

**McDonnell F-4E-43-MC Phantom II (69-7245) du 50th TFW. Hahn AB (RFA), 1978. La lettre « A » a été ajoutée sur la dérive lors du Tactical Air Meet (TAM) de 1978.**

**General Dynamics F-16A Block 15 (s/n 81-672) du 10th TFS, 50th TFW. Hahn AB (RFA), 1985.**

## 52nd Tactical Fighter Wing/ 52nd Fighter Wing

Auparavant assigné à l'*Air Defense Command* et chargé de la protection de la zone sud-est des États-Unis avec ses F-86 Sabre, le 52nd Fighter Interceptor Wing s'installa à Spangdahlem AB, en Allemagne, en décembre 1971. Renommé 52nd Tactical Fighter Wing, il se vit affecter plusieurs squadrons du 36th TFW de Bitburg AB.

Le **23rd TFS** remplaça ses F-105D Thunderchief par des F-4C Phantom II en 1971, puis reçut des F-4E et F-4G Phantom II en 1982, devenant alors un squadron « Wild Weasel » chargé de la suppression des défenses adverses. Lorsque le squadron fut transformé sur F-16C, en juillet 1987, le 52nd TFW devint la première escadre à intégrer ces avions avec des F-4G afin de former des binômes *hunter/killer* (chasseur/tueur).

Déployé en 1991 sur la base d'Incirlik, en Turquie, lors de la guerre du Golfe, le squadron effectua 1000 missions en Irak sans connaître aucune perte. En 1995, alors équipé de F-16CJ Block 50, le 23rd FS participa à l'opération « Deliberate Force » en ex Yougoslavie. Basé à Aviano (Italie), en 1999, il réalisa lors de l'opération « Allied Force » plus de 1000 sorties de combat au profit de l'OTAN contre la Serbie. Après avoir renvoyé ses F-16 aux États-Unis en avril 2010, le 23rd FS fut dissous en août suivant. Auparavant basé à Hahn AB, le **81st TFS** déménagea à Spangdahlem en 1973 où il fut rattaché au 52nd TFW. Équipé tout d'abord de F-4E, il reçut également des F-4G en 1979, et devint alors le premier squadron « Wild Weasel » mettant en œuvre des binômes composés de ces deux modèles de Phantom II.

Les F-4E furent ensuite remplacés par des F-16C, utilisés jusqu'en 1993, date où le squadron ne fut plus équipé que de F-4G qui seront retirés du service l'année suivante. C'est en effet en 1994 que le 81st FS reçut des Fairchild A-10A Thunderbolt II avec lesquels il participera à de nombreuses opérations, dans le Balkans, au Moyen Orient ou en Afghanistan. Le « Warthog » sera la monture du 81st FS jusqu'à sa dissolution, en juin 2013.

Le **480th TFS** fut rattaché au 52nd TFW en novembre 1976. Équipé d'abord de F-4D, il reçut ensuite des F-4G « Advanced Wild Weasel » qui furent remplacés en 1987 par des F-16C. Le 480th FS (nouvelle désignation à partir de 1991) a été dissous en octobre 1994 à la suite de réductions budgétaires avant d'être finalement reformé, en août 2010, lors de la suppression des 22nd et 23rd FS dont il reprit une partie du personnel et des avions.

Le 480th FS « Warhawks » est aujourd'hui la seule unité de l'USAFE basée à Spangdahlem et est toujours équipé de F-16CM et DM, une version modernisée du « Viper ».

***General Dynamics F-16C Block 50C Fighting Falcon (s/n 91-0352) du 52nd FW en vol.*** *(USAF)*

**McDonnell F-4D-32-MC Phantom II (s/n 66-8727) du 23rd TFS, 52nd TFW Spangdahlem (RFA), 1976.**

Insigne du 480th TFS

McDonnell F-4E-60-MC Phantom II (s/n 74-0659) du 480th TFS, 52nd TFW. Spangdahlem AB (RFA), 1982.

McDonnell F-4E-62-MC Phantom II (s/n 74-1639) du 81st TFS, 52nd TFW. Spangdahlem AB (RFA), 1983.

*McDonnell F-4D-31-MC Phantom II (s/n 66-7712) du 23rd TFS à Spangdahlem AB. (DR)*

Insigne du 52nd TFW

**McDonnell F-4E-42-MC Phantom II (s/n 69-0273) du 81st TFS, 52nd TFW. Spangdahlem AB (RFA), 1983.**

**McDonnell F-4E-45-MC Phantom II (s/n 69-7582). Appareil affecté au Wing Commander du 52nd TFW. Spangdahlem AB (RFA), 1988. Appareil transformé en F-4G (« Advanced Wild Weasel »)**

*F-4E-44-MC (s/n 69-7566) du 81st TFS à Spangdahlem AB en 1982. Ce Phantom II est l'un des 116 F-4E transformés en F-4G « Advanced Wild Weasel » entre 1975 et 1981.* (DR)

Un F-4G Phantom II « Wild Weasel » (s/n 69-0248) du 480th Tactical Fighter Squadron accompagné par le F-16C du Wing Commander du 52nd TFW en vol au-dessus de la campagne allemande en juin 1989. Les deux avions sont armés de missiles AGM-88 HARM. (USAF)

McDonnell F-4E-44-MC Phantom II (s/n 69-7291) du 27th TFS, 52nd TFW, Spangdahlem AB (RFA), 1987.
La gueule de requin fit son apparition sur les Phantom II du 52nd TFW vers la mi-1983.
Appareil transformé ensuite en F-4G (« Advanced Wild Weasel »).

F-4E-60-MC (s/n 74-0659) du 480th TFS, 52nd TFW en 1987. (DR)

*A-10A Thunderbolt II (s/n 80-0281) du 81st FS à l'atterrissage à Spangdahlem. Les derniers « Warthog » ont définitivement quitté « Spang » en mai 2013.* (USAF)

**General Dynamics F-16C Block 30. Appareil affecté au Wing Commander du 52nd TFW, Spangdahlem AB (RFA), 1991.**

**Fairchild A-10A Thunderbolt II (s/n 81-992) de Spangdahlem détaché au 52nd OG (52nd Operation Group) à Aviano (Italie), lors de l'opération « Allied Force », en 1999.**

*Les F-16C du 52nd FW à Aviano en avril 1999 lors de l'opération « Allied Force » contre la Serbie.* (USAF),

## 81st Tactical Fighter Wing/ 81st Fighter Wing

***Étroitement protégé par des gardes armés et des barbelés, ce F-4D (s/n 66-7694) du 81st Tactical Fighter Wing est équipé de nacelles de brouillage AN/ALQ-119 et de missiles AGM-65 Maverick.*** *(USAF)*

Seul wing de l'USAFE équipé de F-101 Voodoo jusqu'en 1965, le 81st TFW (cf. p. 98), basé à RAF Bentwaters/ Woodbridge, était constitué de trois squadrons.

Stationné sur la base de la RAF de Woodbridge, le **78th TFS** vola sur F-4C Phantom II de 1965 à 1972, puis sur F-4D de 1972 à 1979, quand ces appareils furent remplacés par des Fairchild A-10A Thunderbolt. Utilisés jusqu'en 1992, les Warthog seront basés à Incirlik, en Turquie, lors de l'opération « Provide Comfort », à partir d'avril 1991, les avions patrouillant dans la zone d'exclusion aérienne en Irak. Renommée 78th Fighter Squadron en 1991, l'unité fut rééquipée de F-16, avec lesquels elle participa à l'opération « Allied Force » en ex Yougoslavie, de mars à juin 1999. Le 78th FS a été dissous en juin 2003.

Le **91st TFS**, basé à Bentwaters, remplaça ses F-101C Voodoo d'abord par des F-4C Phantom II en novembre 1965 puis, à partir de 1972, par des F-4D plus performants qui resteront opérationnels jusqu'en 1979.

Comme le 78th TFS, il fut rééquipé de Fairchild A-10A en 1978, avec lesquels il fut chargé de missions d'appui aérien rapproché.

À la fin de 1991, les tensions s'apaisant entre l'Est et l'Ouest, la présence de l'USAFE en Grande-Bretagne fut progressivement réduite. À la suite de la fermeture de la base de Bentwaters, le 81st FS a été finalement dissous en août 1992.

Également basé à Bentwaters, le **92nd TFS** fut doté de F-4C Phantom II de 1965 à 1972, puis de F-4D de 1972 à 1979. Sa transformation sur Fairchild A-10 eut lieu à partir de juin 1979, le squadron étant chargé de l'appui au sol (*Close Air Support* ou CAS) au profit des forces terrestres de l'OTAN.

Comme le 91st FS, le 92nd FS a été dissous en mars 1993 à la suite de la fermeture de la base de Bentwaters.

**McDonnell F-4D-28-MC Phantom II (s/n 65-0703) du 78th TFS, 81st TFW. RAF Woodbridge (GB), 1972. Les F-4C des 91st et 92nd TFS étaient stationnés à RAF Bentwaters.**

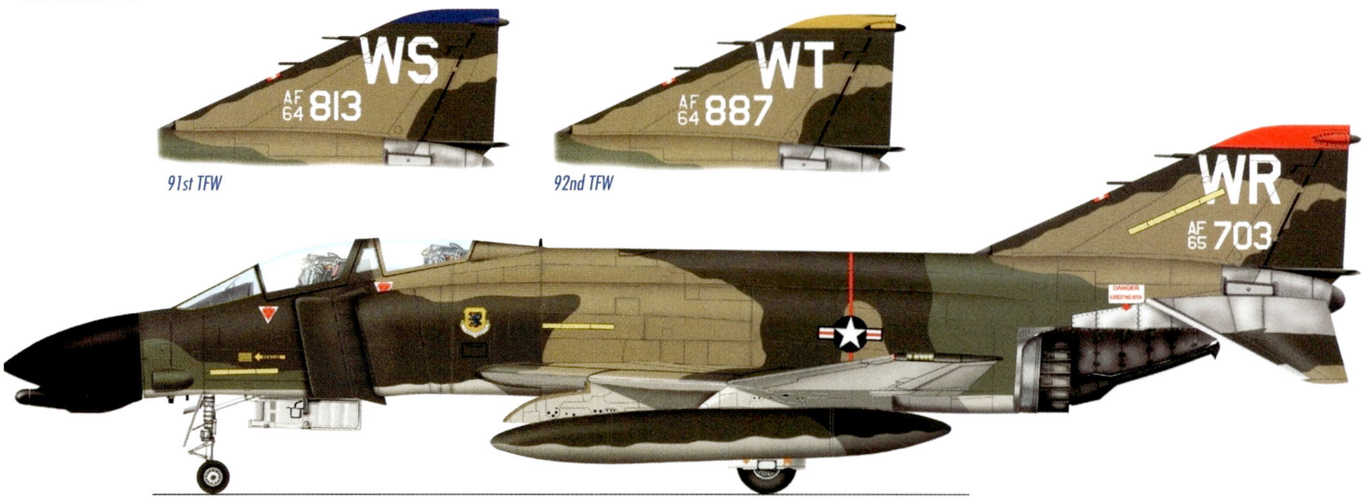

*Après avoir porté un camouflage à trois tons composé de vert et de gris foncés baptisé « European One » (photo ci-dessus), les A-10 du 81st TFW adoptèrent une livrée à deux tons de gris avec un « faux cockpit » peint sous l'emplacement du vrai, à l'avant du fuselage.* (USAF)

**Fairchild Republic A-10A Thunderbolt II (s/n 80-0192) du 92nd TFS, 81st TFW. RAF Waterhead (GB), 1988.**

*F-4D-28-MC Phantom II (s/n 65-0676) du 81st TFW à RAF Bentwaters, en 1974.* (DR)

# 86th Tactical Fighter Wing/ 86th Fighter Wing

*Patrouille de deux F-4E-41-MC (s/n 68-0512 et 68-0526) des 512th et 526th Tactical Fighter Squadrons du 86th Tactical Fighter Wing, lors de l'une de leurs ultimes missions, en mars 1985, avant que les squadrons soient rééquipés de F-16C.* (US DoD)

La 86th Air Division (précédemment 86th Fighter Interceptor Wing, cf. p. 102) ayant été dissoute en novembre 1968, elle fut rapidement recréée, en novembre 1969, sous la forme du 86th Tactical Fighter Wing sur la base allemande de Zweibrücken, auparavant occupée par la RCAF. Composée dans un premier temps d'un seul squadron de reconnaissance équipé de RF-4C (le 17th TRS, provenant du 66th TRW qui venait d'être dissous à Upper Heyford, en Angleterre), une deuxième unité, le 81st TFS, doté de F-4C « Wild Weasel », lui fut rattachée en juin 1971, ce squadron restant toutefois administrativement dépendant de son escadre d'origine, le 50th TFW.

En 1973, le 81st TFS fut rattaché à la base de Spangdahlem et le 86th TFW déménagea à Ramstein où le **526th TFS**, qui s'y trouvait déjà avec ses F-4E, lui fut affecté. Quatre ans plus tard, en septembre 1977, l'escadre fut rejointe par un second squadron, le **512th TFS,** qui récupéra les Phantom II du 526th TFS, ce dernier recevant des F-4E neufs.

Le 512th FS fut le premier squadron du Wing à se transformer sur F-16A Block 25 à partir de l'automne 1985, le 526th abandonnant à son tour ses derniers F-4E en juin 1986. Ramstein étant une plaque tournante importante pour les forces américaines déployées dans le Golfe, le 86th TFW ne participa pas à l'opération « Desert Storm », la libération du Koweït, mais fut toutefois déployé en Turquie d'avril 1991 à septembre 1993 afin d'assurer le contrôle de la zone d'exclusion de vol en Irak (opération « Provide Comfort »).

Renommée 86th Fighter Wing en mai 1991, l'escadre fut progressivement transformée en unité de transport, notamment avec le rattachement du 58th Airlift Squadron. Rebaptisée 86th Wing, elle perdit en juillet 1994 son premier squadron de F-16, le 526th FS, dont le personnel et les avions furent envoyés Aviano, en Italie, pour constituer le 555th FS. Le 512th FS fut dissous en octobre de la même année et lui aussi envoyé à Aviano pour former le 510th FS, tandis que l'escadre était renommée 86th Airlift Wing.

Insigne du 526th TFS

**McDonnell F-4E-42-MC Phantom II (s/n 69-0250) du 526th TFS, 86th TFW. Ramstein AB (RFA), 1971.**

Insigne du 86th TFW

McDonnell F-4E-38-MC Phantom II (s/n 68-0378) du 512th TFW, 86th TFW. Ramstein AB (RFA).
Cet avion porta la lettre « B » de couleur jaune sur sa dérive à l'occasion du Tactical Air Meet de 1980.

Insigne du 512th TFS

McDonnell F-4E-40-MC Phantom II (s/n 68-0480) du 512th TFS, 86th TFW. Ramsteim AB (RFA), 1983.

McDonnell F-4E-40-MC Phantom II (s/n 68-0467) du 526th TFS, 86th TFW. Ramstein AB (RFA), 1985.

*F-4E-41-MC Phantom II (s/n 68-0512) du 86th TFW en 1977. (DR)*

*F-16C Block 30 Fighting Falcon (s/n 84-0239) du 512th TFS, 86th TFW en 1985. (USAF)*

General Dynamics F-16C Block 30 Fighting Falcon (s/n 85-1412) du 512th TFS, 86th TFW. Ramstein AB (RFA), 1986. Appareil affecté au Squadron Commander du 512th TFS.

Insigne du 86th TFW

Insigne du 512th TFS

Insigne du 526th TFS

Insigne du 527th TFS

Insigne du 525th TFS

General Dynamics F-16C Block 25D Fighting Falcon (s/n 84-1286). Appareil affecté au Wing Commander du 86th TFW. Ramstein AB (RFA), 1987.

*General Dynamics F-16C Block 25E Fighting Falcon (s/n 84-1292) du 512th TFS, 86th TFW en 1986.* (USAF)

**General Dynamics F-16C Block 25E Fighting Falcon (s/n 84-1316) du 526th TFS, 86th TFW. Ramstein AB (RFA), 1986.**

*Décoration de dérive du 526th TFS*

**General Dynamics F-16D Block 30 Fighting Falcon (s/n 85-1509) du 512th FS, 86th FW. Ramstein AB (RFA), 1991.**

*F-4E-40-MC Phantom II (s/n 68-0490) du 526th TFS à Ramstein AB en 1975.* (DR)

Le F-16C block 30 (s/n 87-0221) du 614th TFS de Torrejon AB photographié pendant l'opération « Desert Shield », en 1990. (USAF)

## 401st Tactical Fighter Wing/ 401st Fighter Wing

Auparavant basé au Japon, à Misawa AB, le 401st TFW, alors équipé de F-100D Super Sabre, s'installa à Torrejon, en Espagne, en avril 1966. Il était alors composé du **613th TFS**, seul squadron d'origine, et des 307th et 353rd TFS qui lui furent affectés après son installation. Les Super Sabre vieillissants cédèrent la place à partir de 1970 à des F-4 Phantom II, tandis que les 307th et 353rd TFS étaient remplacés en juillet 1971 par les **612th et 614th TFS** qui venaient d'achever leur tour d'opérations au Vietnam.

En 1973, l'USAF décida que chaque unité dotée de F-4 ne devait utiliser qu'une seule version de ce chasseur. À l'époque, le 401st TFW n'était équipé que de F-4E, alors que les autres Wings possédaient différentes versions du Phantom II. Toutefois, ses F-4E furent attribués à d'autres unités et remplacés par des F-4C, ce qui provoqua une baisse sensible des capacités de l'escadre jusqu'à l'arrivée, en 1979, de F-4D. Le 401st TFW fut progressivement rééquipé de F-16A et B à partir de février 1983, mais cette transition fut plutôt lente car l'escadre ne fut déclarée pleinement opérationnelle sur le Fighting Falcon que deux années plus tard, en janvier 1985. Ces premières versions cédèrent à leur tour la place à d'autres, plus modernes, du célèbre chasseur, des F-16C et D qui furent mis en service pendant la première moitié de l'année 1988, le Wing, entièrement rééquipé, pouvant reprendre ses missions opérationnelles à partir du mois de septembre de cette même année.

Le 401st TFW participa à la guerre du Golfe, en 1990-1991, deux de ses squadrons étant basés au Moyen Orient, le 612th TFS à Incirlik, en Turquie, et le 614th TFS à Doha, au Qatar.

Un accord ayant été passé dès 1989 avec les autorités espagnoles concernant le départ des forces américaines de la base de Torrejon, le 613rd TFS fut dissous en juin 1991, suivi du 612th TFS en septembre, et du 614th TFS en décembre, l'escadre, renommée entre-temps 401st Fighter Wing, étant officiellement dissoute en mai 1992.

**McDonnell F-4D-31-MC Phantom II (s/n 66-7 694) du 613th TFS, 401st TFW. Torrejon (Espagne), 1972. Les couleurs distinctives des squadrons du 401st TFW sont : bleu (612th TFS), jaune (613th TFS) et jaune (614th TFS).**

*Insigne du 401st TFW*

**General Dynamics F-16A Block 15M Fighting Falcon (s/n 82-0977). Appareil affecté au Wing Commander du 401st TFW. Torrejon AB (Espagne), 1986.**

**General Dynamics F-16A Block 15L Fighting Falcon (s/n 82-0954) du 613th TFS, 401st TFW. Torrejon AB (Espagne), 1988.**

*Marquage du 614th TFS*

*Marquage du 613th TFS*

*Marquage du 612th TFS*

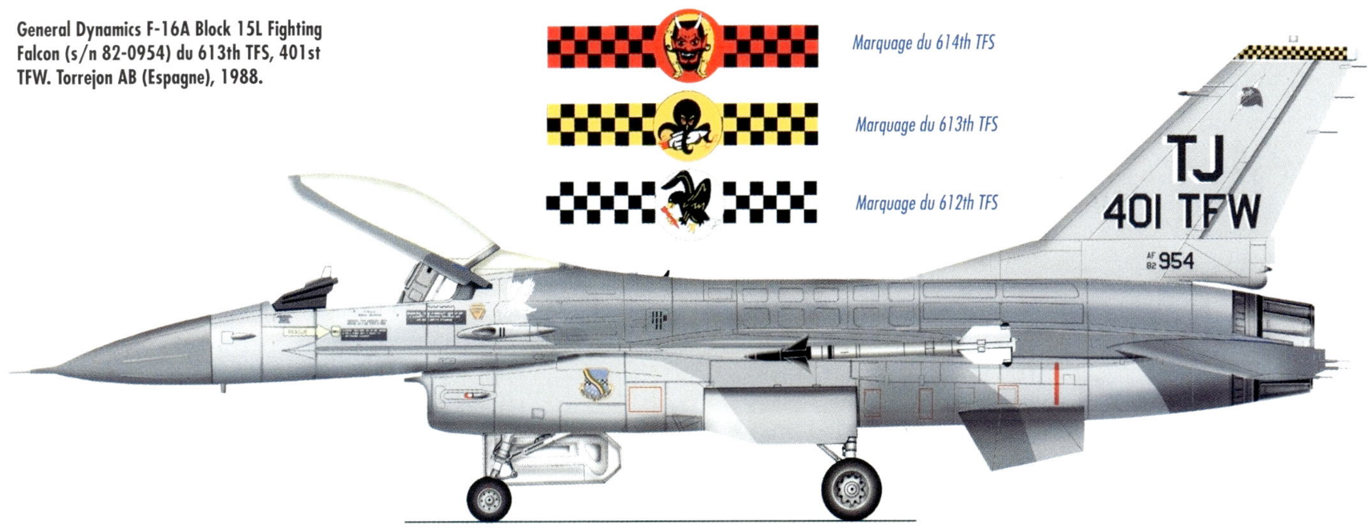

*McDonnell F-4D-29-MC Phantom II (s/n 66-0261) du 401st TFW. Il s'agit d'un appareil précédemment utilisé par le 81st TFW de Woodbridge, vu avant son transfert en Espagne en mai 1979. (DR)*

## 31st Fighter Wing

*Un F-16C du 555th (Expeditionary) Fighter Squadron d'Aviano AB photographié à l'atterrissage à Bagram, en Afghanistan, en mai 2015 lors de l'opération de l'OTAN « Resolute Support ».* (USAF)

Seule unité de l'USAFE installée au sud des Alpes, le 31st Fighter Wing fut d'abord basé aux États-Unis avant de s'installer à Aviano AB, en Italie, en 1994. Il est composé de deux squadrons, le 510th et le 555th FS.

Le **510th TS** fut formé en 1979 sur la base de la RAF de Bentwaters et équipé de Fairchid A-10A Thunderbolt II. Déployé à Incirlik, en Turquie, en 1991, il participa aux opérations au Moyen Orient jusqu'en 1993. Après être revenu en Europe et avoir été brièvement stationné à Spangdahlem, en Allemagne, il s'installa finalement en 1994 sur la base d'Aviano, en Italie, où il récupéra les F-16C Block 40 des 512th et 526th FS de Ramstein AFB qui venaient d'être dissous (cf. p. 142). Le 510th « Buzzards » a participé aux opérations en ex Yougoslavie (opérations « Deliberate Force », « Allied Force », etc.), en Irak (« Southern Watch ») et en Libye (« Odyssey Dawn »), en 2011.

Le **555th FS** « Triple Nickel » fut lui aussi affecté au 31st FW en avril 1994, et récupéra également les « Viper » des 512th et 526th FS qui venaient d'être dissous à Ramstein. En raison de la proximité de la base d'Aviano avec les différents théâtres d'opérations, il participa aux mêmes opérations que le 510th FS, ainsi qu'à plusieurs exercices de l'OTAN en Europe, ou encore à « Red Flag », aux États-Unis.

Insigne du 555th FS

Insigne et marquage de dérive du 510th FS

**General Dynamics F-16C Block 40E Fighting Falcon (s/n 89-2001) du 31st FW. Aviano (Italie), 1998. Appareil affecté au Wing Commander du 31st FW.**

**General Dynamics F-16D Block 40J Fighting Falcon (s/n 90-0796) du 510th FS, 31rd FW. Aviano (Italie), 1999.**

## 32nd Tactical Fighter Squadron/ 32nd Fighter Squadron

Le 32nd Tactical Fighter Squadron est la seule unité de l'USAFE à avoir été basée aux Pays-Bas, à Soesterberg AB, ce déploiement étant destiné à renforcer la défense aérienne du pays.

Équipé de F-102A Delta Dagger et rattaché à la 86th Air Division (cf. p. 102), le 32nd Fighter Interceptor Squadron « Wolfhounds », fut renommé 32nd Tactical Fighter Squadron en 1969, en même temps qu'il recevait des F-4E. Ces appareils furent transférés en 1978 au 86th TFW de Ramstein, et remplacés par des F-15A et B. Le squadron participa aux opérations dans le Golfe, en 1990-1991, depuis la base turque d'Incirlik, puis à la protection de la zone d'interdiction de vol en Irak (opération « Provide Comfort »), jusqu'en 1993.

Peu après son retour aux Pays-Bas, le 32nd FS fut officiellement dissous en juillet 1994.

***F-4E-61-MC Phantom II (s/n 74-1054) du 32nd TFS basé à Soesterberg AB, aux Pays Bas, en 1977.*** *(DR)*

*Insigne du 325th FS*

**McDonnell F-4E-39-MC Phantom II (s/n 68-0444) du 32nd TFS. Soesterberg (Pays-Bas), 1975.**

**McDonnell Douglas F-15D-24-MC Eagle (s/n 79-0004) du 32nd FS. Soesterberg AB (Pays-Bas), 1991.**

# 527th Tactical Fighter Training Aggressor Squadron 527th Aggressor Squadron

Le 527th Aggressor Squadron fut la seule unité de ce type rattachée à l'USAFE. Destiné à familiariser les pilotes de chasse au combat « dissimilaire » (DACT), il était basé à Alconbury, en Grande-Bretagne, et équipé de Northrop F-5E Tiger II. Administrativement rattaché au 10th TRW, le 527th Tactical Fighter Training Aggressor Squadron (TFTS) fut mis sur pied en mai 1976 et envoya fréquemment ses appareils sur d'autres bases de l'USAF et de divers pays de l'OTAN pour former les pilotes, tandis qu'il disposa d'une base semi-permanente en Sardaigne, à Decimomannu. Les F-5E du 527th Aggressor Squadron (AS, désignation adoptée en 1983), destinés à servir de « plastrons » en imitant les chasseurs soviétiques, et notamment le MiG-21, portèrent des camouflages originaux ainsi que des marques largement inspirées de ceux des pays du bloc de l'Est.

Avec l'arrivée de nouveaux modèles de chasseurs soviétiques, il devint évident que les Tiger II, vieillissants, n'étaient plus capables de reproduire correctement les caractéristiques de ces nouveaux avions et il fut donc décidé de les remplacer par des F-16C au début de 1989. Avec la réduction de la menace soviétique, l'existence même du 527th AS (qui avait été rattaché en 1988 au 81st TFW) fut remise en cause. Sa flotte de « Viper » fut donc rapidement répartie dans d'autres unités dotées de F-16 et le squadron fut finalement dissous en septembre 1990.

***F-5E Tiger II (s/n 74-1563/ « 63 rouge ») du 527th TFTAS portant un camouflage de type « Old Lizard », à base de sable et de brun.*** *(DR)*

**Northrop F-5 E (s/n 74-1159) du 527th Tactical Fighter Aggressor Training Squadron. RAF Alconbury (GB), 1977. Camouflage « Old Lizard ».**

***F-5E Tiger II (s/n 74-1533) du 527th TFTAS portant un camouflage de type « grape ». (USAF)***

Northrop F-5E Tiger II (s/n 74-01553) du 527th TFTAS. RAF Alconbury (GB), 1978. Camouflage de type « Sand Europe ».

Northrop F-5E (s/n 74-1535) du 527th TFTAS. RAF Alconbury (GB), 1978. Camouflage de type « Grape ».

General Dynamics F-16C Block 30A Fighting Falcon (s/n 85-1479) du 527th AS. RAF Bentwaters (GB), 1988.

*General Dynamics F-16C Block 30C Fighting Falcon (s/n 86-0231) du 527th AS. RAF Bentwaters (GB), 1989. Ce « 13 rouge » fut livré au 23rd TFS de Spangdahlem en 1990. (DR)*

# FRANCE

La France est l'un des douze membres fondateurs de l'OTAN, créé en 1949 (cf. p. 2), mais elle décida, en 1965, de quitter le commandement intégré de l'Alliance et de ne plus mettre ses forces à sa disposition. Cette décision était motivée par le fait qu'elle souhaitait s'émanciper de la tutelle américaine et de disposer de sa propre force de dissuasion nucléaire. Restant toutefois membre de l'OTAN, la France la réintégra de plein droit en 2009, tout en conservant sa force de dissuasion propre.

Après la Deuxième Guerre mondiale, la France disposait, en plus de ses bases situées en métropole et outre-mer, de bases en Allemagne occupée. À l'époque en revanche, elle ne possédait pas d'appareils modernes, ses avions datant de la guerre, ou ayant été récupérés dans les stocks laissés par l'occupant. Le pays se tourna alors vers l'étranger, et principalement la Grande-Bretagne, pour acquérir ses premiers appareils à réaction. Plusieurs contrats furent ainsi passés avec l'avionneur De Havilland qui fournit des chasseurs DH 100 Vampire destinés à remplacer les Republic P-47 et autres Supermarine Spitfire.

En juillet 1949, la **2e Escadre de Chasse** reçut ses premiers Vampire FB Mk 5 et s'installa à Dijon-Longvic avec ses deux groupes de chasse, devenant ainsi la première unité de l'Armée de l'Air dotée d'avions à réaction.

Lors de la réorganisation de la 2e Escadre, en octobre suivant, ses deux groupes furent respectivement renommés Escadrons de Chasse (EC) 1/2 « Cigognes » et 2/2 « Alsace », tandis que deux nouvelles unités lui étaient rattachées, l'EC 3/2 « Côte d'Or » et l'EC 4/2 « Coq gaulois ».

Cette organisation fut de courte durée, car dès le mois d'avril 1950, l'EC 4/2 fut dissous.

La **3e Escadre de Chasse**, reformée en janvier 1944 en Afrique du Nord, s'installa d'abord à Trèves (Allemagne), puis à Freidrichshafen en juillet 1947 avec deux groupes de chasse (GC I/3 et II/3).

Envoyée combattre en Indochine, la « Trois » rentra en France à l'automne 1950 et s'installa à Reims où ses deux groupes, équipés de DH 100 Vampire, furent rebaptisés EC 1/3 « Navarre » et EC 2/3 « Champagne ».

*Insigne des SPA 3 et 103 porté sur la trappe frontale*

**De Havilland DH 100 Vampire FB Mk 5 de l'Escadron de Chasse (EC) 1/2 « Cigognes ». Dijon-Longvic, 1950.**

**Ce Chapitre sur l'Armée de l'Air ne concerne que les escadres basées en Europe.**

*Pour un historique complet des Escadres de Chasse et de Reconnaissance, cf. le livre « Histoire des Escadres de Chasse de l'Armée de l'Air » paru aux Éditions Heimdal, en 2017.*

**De Havilland Vampire FB.5**
**n°10017 de l'EC 2/2**
**« Côte d'Or » Dijon, 1950.**

*Insigne porté sur la trappe frontale*

**De Havilland Vampire FB.5**
**(serial VV718) de l'EC 3/2**
**« Alsace ». Dijon, 1950.**

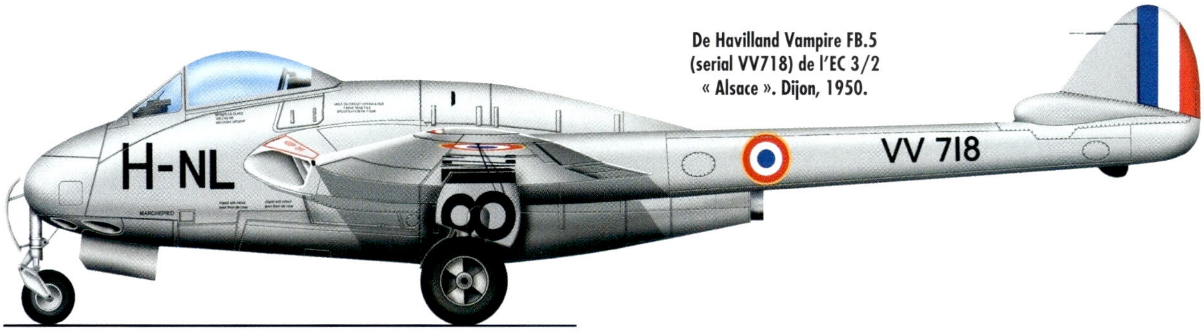


À son retour d'Indochine, en août 1948, la **4e Escadre de Chasse**, s'installa à Friedrichshafen et ses deux escadrons, l'EC 1/4 « Dauphiné » et l'EC 2/4 « La Fayette », commencèrent leur transformation sur Vampire. En janvier 1950, deux unités supplémentaires lui furent rattachées, l'EC 3/4 « Flandre » et l'EC 4/4 « Ardennes », également équipées de DH 100, le « Flandre » n'ayant qu'une existence éphémère car il fut dissous dès le mois d'octobre 1950.

Rentrée en France après avoir combattu en Indochine pendant une année, la **5e Escadre de Chasse** s'installa à Orange-Caritat où ses deux groupes de chasse, qui volaient alors sur Vampire, furent renommés, en avril 1951, EC 1/5 « Vendée » et EC 2/5 « Île de France ». Ils furent rejoints, en janvier 1953, par l'EC 3/5 « Comtat Venaissin », également équipé de DH 100.

Créée en 1951 par la fusion de deux unités, la **10e Escadre de Chasse** s'installa à Creil en 1954 avec ses deux escadrons, l'EC 1/10 « Parisis » et l'EC 2/10 « Seine ».

La SNCASE (Société Nationale de Constructions Aéronautiques du Sud-Est) construisit sous licence en France le Vampire et en produisit une version améliorée baptisée SE 535 Mistral. Ces appareils seront affectés à la 5e Escadre de Chasse de 1954 à 1956, avant d'être remplacés par un avion de construction nationale, le Dassault Mystère IIC, qui sera lui-même rapidement remplacé par le Mystère IVA.

La 10e Escadre de Creil sera l'une des rares unités équipées de Mystère IIC. Ces avions connaîtront de nombreux problèmes techniques pendant leur utilisation, de juillet 1955 à novembre 1957, et seront ensuite remplacés par des Mystère IVA, mis en œuvre jusqu'en janvier 1959.

En 1953-1954, les 2e et 4e Escadres de Chasse seront rééquipées de MD 450 Ouragan.

Les 1re, 3e, 4e, 9e et 11e Escadres de Chasse, ainsi que la 33e Escadre de Reconnaissance, reçurent au début de 1953, dans le cadre du programme d'aide militaire MDAP (*Mutual Defence Assistance Program*), des appareils américains. Ce seront dans un premier temps des Republic F-84E et F-84G Thunderjet, qui seront remplacés par des Republic F-84F Thunderstreak en 1955.

Les escadrons de la **33e Escadre de Reconnaissance** échangeront quant à eux leurs F-84G par des RF-84F Thunderflash en 1959. Ces avions seront à leur tour remplacés,

***De Havilland Vampire FB.5 (serial VX955) de l'EC 2/4 « La Fayette » en 1952.***
*(Coll. G. Paloque)*

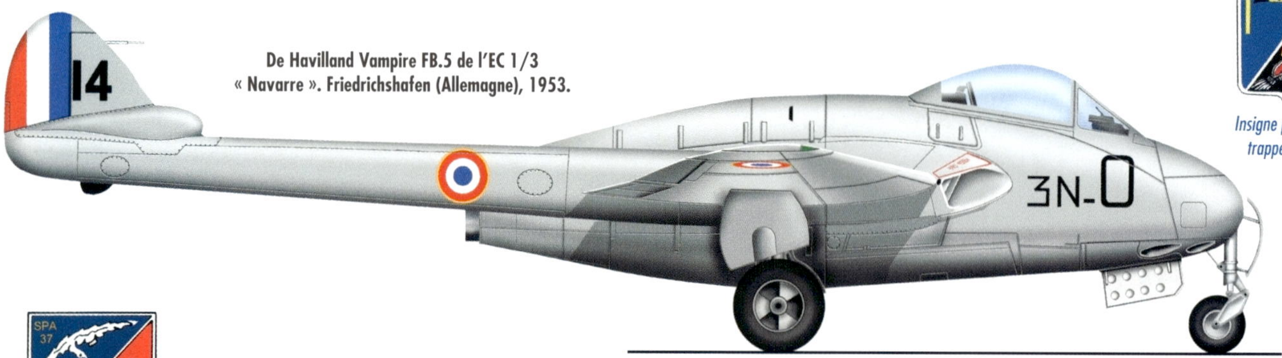


De Havilland Vampire FB.5 de l'EC 1/3 « Navarre ». Friedrichshafen (Allemagne), 1953.

*Insigne porté sur la trappe frontale*

*Insigne porté sur la trappe frontale*

De Havilland Vampire FB.5 de l'EC 1/4 « Dauphiné ». Friedrichshafen (Allemagne), 1953.

en 1966, par des Mirage IIIR, qui seront affectés aux trois unités de la « Trente-trois », l'Escadron de Reconnaissance (ER) 1/33 « Belfort », l'ER 2/33 « Savoie » et l'ER 3/33 « Moselle », ce dernier recevant par la suite la version modernisée du delta de Dassault, le Mirage IIIRD.

En 1983, la 33e Escadre de Reconnaissance, alors stationnée à Strasbourg fut rééquipée de Mirage F1CR.

En 1958, dans le cadre du MDAP, 90 North American F-100D et douze F-100F Super Sabre sont pris en compte par l'Armée de l'Air et affectés à la **11e Escadre de Chasse** basée à Bremgarten, en Allemagne fédérale.

Des escadrons de chasse de nuit furent mis en place en 1953 sur la base aérienne de Tours, au sein de la **30e Escadre de Chasse de Nuit**, équipée d'abord de Gloster Meteor NF.11 puis, à partir de 1957, de Vautour IIN.

La « Trente » fut renommée en mai 1957 Escadre de Chasse Tout Temps (ECTT) et sera stationnée à Reims.

Les Vautour IIN seront remplacés par des Mirage F1C et B en 1974, et utilisés jusqu'à la dissolution de la 30e Escadre, en juin 1994.

La **13e Escadre de Chasse**, basée à Colmar de 1956 à 1962, sera la seule escadre de l'Armée de l'Air équipée de North American F-86K Sabre fabriqués sous licence par Fiat.

En 1959, la 3e Escadre échangea ses F-84F pour s'équiper de F-100 Super Sabre. Installée à Reims, elle déménagea en juin 1961 à Lahr, en Allemagne, et reçut, en même temps que la 11e Escadre, la mission nucléaire sous le contrôle des États-Unis.

Après le retrait de la France de l'OTAN, en mars 1966, les escadres de chasse stationnées en Allemagne fédérale rejoignirent la métropole. La 11e Escadre fit mouvement vers Toul et la « Trois » vers Nancy-Ochey.

À la même époque, afin d'affirmer son indépendance militaire, la France créa, en mars 1966, un grand commandement des Forces Aériennes Stratégiques (FAS).

La **7e Escadre** de Chasse, à son retour d'AFN en 1961, s'installa à Nancy-Ochey avec ses Mystère IVA qui avaient succédé aux Mistral. Elle fit mouvement vers Saint-Dizier en 1973, où elle commença sa transformation sur Jaguar.

Le Super Mystère B2 commença à équiper les escadres de chasse à partir de 1958, la 10e étant la première à les recevoir en remplacement de ses Mystère IVA, suivie de la 12e EC en 1959, et de la 5e EC en 1961.

***SNCASE 535 Mistral n° 115.*** *(DR)*

*Les Vampire de l'EC 3/2 « Alsace » à Dijon en 1951. Le code « NL », porté à l'avant du fuselage, était celui porté par les Spitfire de l'unité lorsque celle-ci servait au sein de la RAF comme No 341 Squadron.* (ECPAD)

**De Havilland Vampire FB.5 (serial VZ221) de l'EC 2/4 « La Fayette ». Friedrichshafen (Allemagne), 1950.**

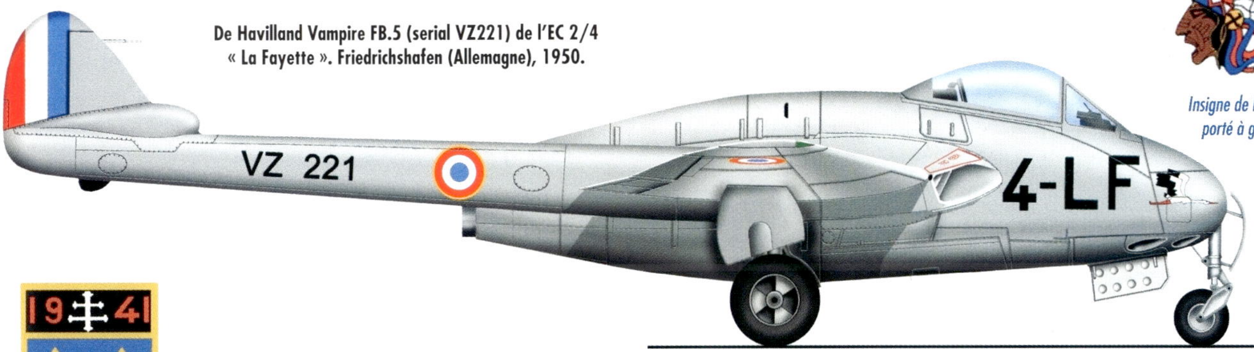

*Insigne de la N 124 porté à gauche*

*Insigne porté sur la trappe frontale*

**SNCASE SE 535 Mistral n° 97 de l'EC 2/5 « Île de France ». Orange-Caritat, 1951.**

**Dassault MD 450 Ouragan n° 205 de l'EC 3/2 « Alsace ». Dijon, 1954**

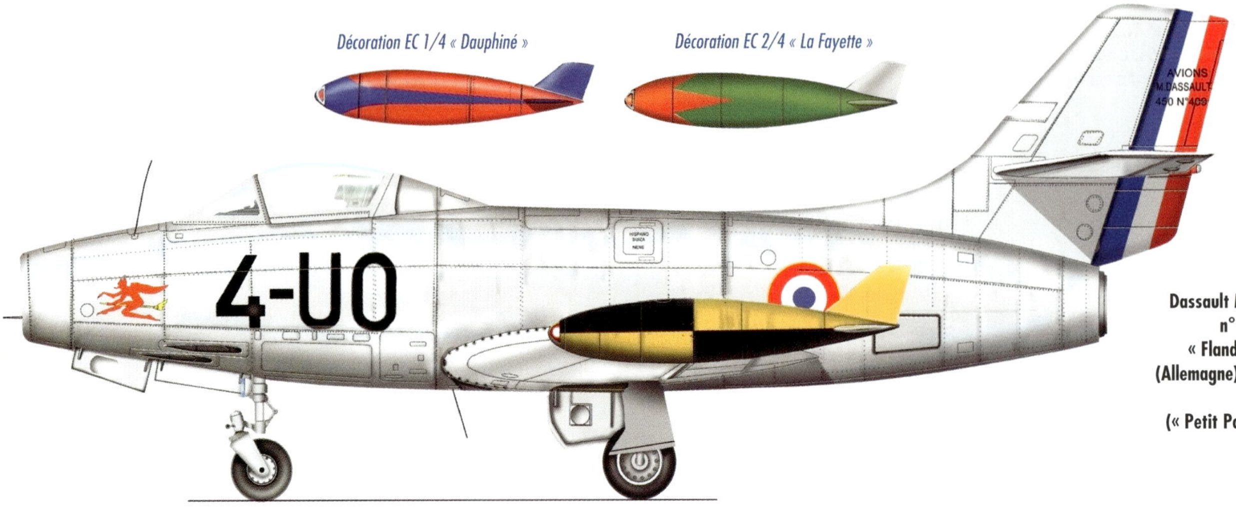


**Dassault MD 450 Ouragan n° 409 de l'EC 3/4 « Flandre ». Bremgarten (Allemagne), 1955. L'insigne de la SPA 155 (« Petit Poucet ») est porté à l'avant droit.**

**Dassault MD 450 Ouragan n° 377 de l'EC 1/12 « Cambrésis ». Cambrai, 1954. L'insigne de la SPA 162 (« Tête de tigre ») est porté à l'avant droit.**

Les premiers Mirage IIIC arrivèrent dans l'Armée de l'Air en 1961. La 2e Escadre fut la première à en être équipée, en remplacement de ses Mystère IVA. Des Mirage IIIB seront également affectés à l'escadre afin de former un escadron de transformation sur le chasseur delta.

Les Mirage IIIE firent leur apparition dans l'Armée de l'Air à partir de 1965, la 3e Escadre étant la première équipée en juillet de cette année, suivie par la Quatrième en 1966, où ils remplacèrent les F-84F, et enfin de la Treizième. Quant à la « Deux », elle ne fut transformée sur Mirage IIIE qu'en 1968.

Basée à Saint-Dizier, la 7e Escadre, jusqu'alors chargée de l'entraînement opérationnel, fut chargée de l'assaut tactique et perçut à cet effet des SEPECAT Jaguar A et E entre 1973 et 1975. L'avion franco-britannique équipera également la 11e EC de Toul à partir de 1975, et y restera en service jusqu'en 1994.

En 1974, des Mirage 5F serviront à former un troisième escadron dans plusieurs escadres, l'EC 3/3 « Ardennes » en 1974 et l'EC 3/13 « Auvergne » en 1972, la 13e Escadre étant elle-même dissoute en 1995.

Des Mirage F1C seront affectés à la 5e EC en 1975, à la 12e EC en 1976 et à la 10e EC en 1981.

En 1984, la 2e Escadre de Chasse fut la première escadre à être équipée de Mirage 2000C et B. Elle fut suivie, en 1988, par la 5e EC et par la 12e EC en 1992.

En 1988, la 4e Escadre perdit ses Mirage IIIE qu'elle remplace par des Mirage 2000N. Ces avions équiperont par la suite ses trois escadrons, l'EC 1/4 « Dauphiné » et l'EC 2/4 « La Fayette » basés à Luxeuil et l'EC 3/4 « Limousin » à Istres-Le Tubé.

À compter de 1992, des Mirage F1CT furent affectés à la 13e Escadre en remplacement des Mirage 5F et IIIE, B et BE.

C'est à partir de 1991, que la « Trois » commença à retirer ses Mirage IIIE.

Dans un premier temps, le Mirage 2000D n'étant pas encore disponible, l'EC 2/3 « Champagne » fut équipé d'août 1991 à août 1994 de Mirage 2000N. Lorsqu'ils furent disponibles, entre mars 1994 et juin 1995, les Mirage 2000D furent livrés aux deux autres escadrons de l'escadre, l'EC 1/3 « Navarre » et l'EC 3/3 « Ardennes ».

Le Rafale fut mis en service en 2006 et affecté tout d'abord à l'EC 1/7 « Provence », alors basé à Saint-Dizier.

La France ayant réintégré l'OTAN en 2009, un deuxième escadron de Rafale, l'EC 1/91 « Gascogne », fut mis sur pied l'année suivante.

Il fut suivi, également en 2010, par l'EC 2/92 « Aquitaine », puis par le RC 2/30 « Normandie-Niémen », basé à Mont-de-Marsan, en 2012.

Les Mirage 2000N ont été retirés du service dans l'Armée de l'Air en juin 2018, la mission de dissuasion nucléaire étant reprise par des Rafale B armés de Missiles ASMP-A.

Dassault MD 450 Ouragan n° 160 de l'EC 1/2 « Cigognes ». Dijon, 1954. L'insigne de la SPA 103 (« Cigogne ailes hautes ») est porté à l'avant droit.

Dassault MD 450 Ouragan n° 202 de l'EC 2/2 « Côte d'Or ». Dijon, 1954. L'insigne de la SPA 65 (« Chimère ») est porté à l'avant droit.

*Décoration EC 1/1 « Provence »*

*Décoration EC 2/1 « Morvan »*

Republic F-84G-21-RE Thunderjet (s/n 51-10843) de l'EC 3/1 « Argonne ». Saint-Dizier, 1953.

*Dassault MD 450 Ouragan n° 207. Cet avion de la 2e Escadre a constitué, avec cinq autres Ouragan, la Patrouille de France en 1954. Les parements de fuselage et de dérive, ainsi que les réservoirs alaires sont rouges.* (DR)

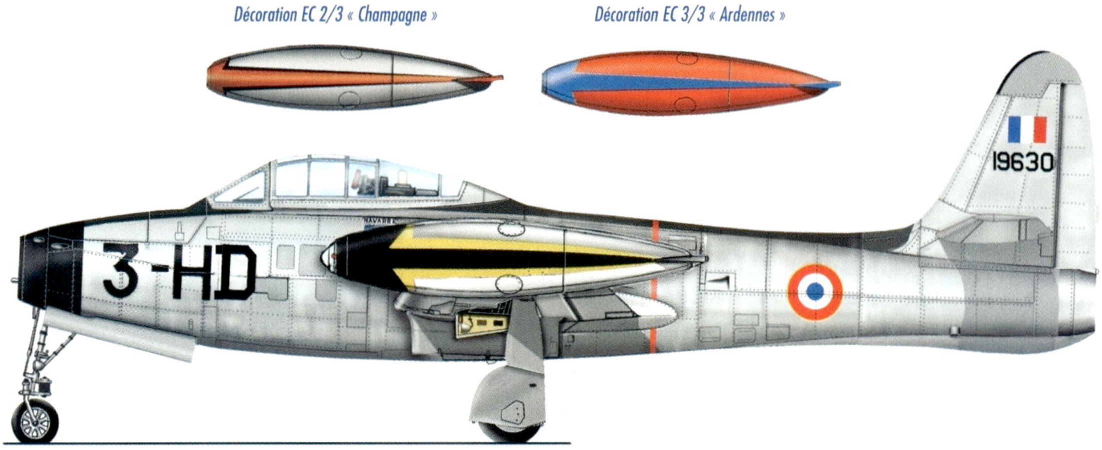


**Republic F-84G-2-RE Thunderjet (s/n 51-9630) de l'EC 1/3 « Navarre ». Reims, 1953. Cet appareil sera détruit par accident dans l'Aisne, en octobre 1954.**

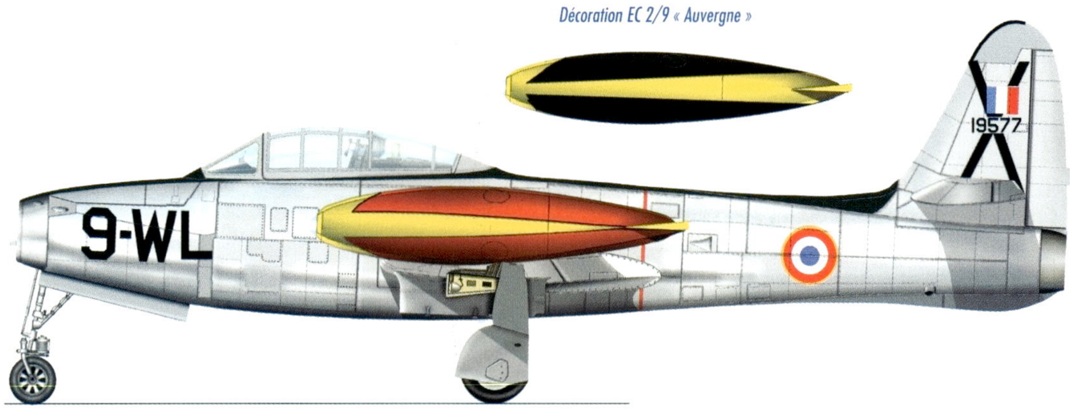


**Republic F-84G-11-RE Thunderjet (s/n 51-10257) de l'EC 1/9 « Limousin ». Lahr (Allemagne), fin 1953.**

*Insigne côté droit*

*Insigne côté gauche*

**Republic F-84G-26-RE Thunderjet (s/n 51-1101) de l'EC 1/11 « Roussillon ». Lahr (Allemagne), 1953.**

**Republic F-84G-26-RE Thunderjet (s/n 51-1097) de l'EC 2/11 « Vosges ». Luxeuil, 1955.**

Insigne SPA 161 côté gauche

Insigne SPA 158 côté droit

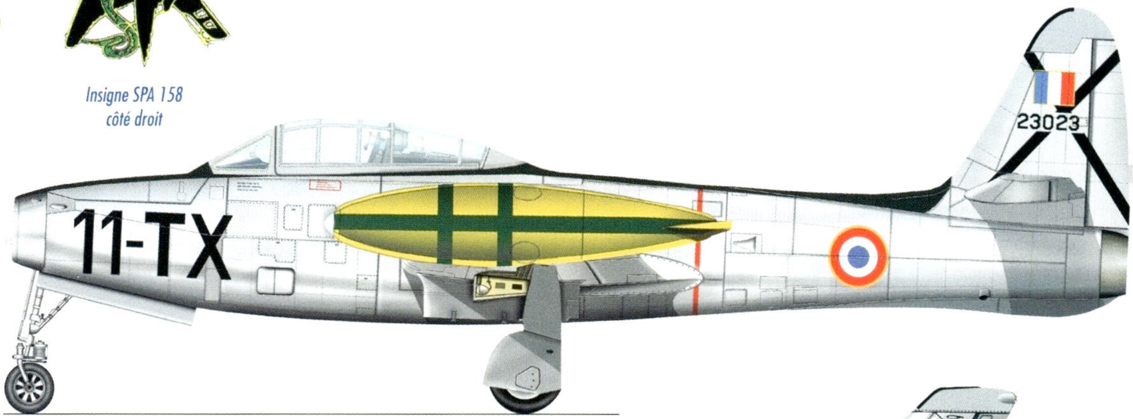


Republic F-84G-31-RE Thunderjet (s/n 52-3023) de l'EC 3/11 « Jura ». Luxeuil, 1955. La croix noire fut peinte sur la dérive et l'extrados gauche de l'aile, lors de l'exercice « Carte Blanche » de l'OTAN, en juin 1955.

General Motors F-84F-46-GK Thunderstreak (s/n 52-8911) de l'EC 1/3 « Navarre ». Reims, 1956.

Insigne SPA 75 côté droit

Republic F-84F-51-GK Thunderstreak, (s/n 52-9021) de l'EC 2/3 « Champagne ». Reims, 1956.

*Republic F-84F-51-GK Thunderstreak (s/ 52-8987) de l'EC 2/1 « Morvan » à Saint-Dizier au début des années soixante. (DR)*

Republic F-84F-51-GK Thunderstreak (s/n 52-9079) de l'EC 3/3 « Ardennes ». Reims, 1957.

Insigne SPA 167 côté droit

Republic F-84F-51-GK Thunderstreak (s/n 52-911) de l'EC 2/4 « La Fayette ». Luxeuil, 1965.

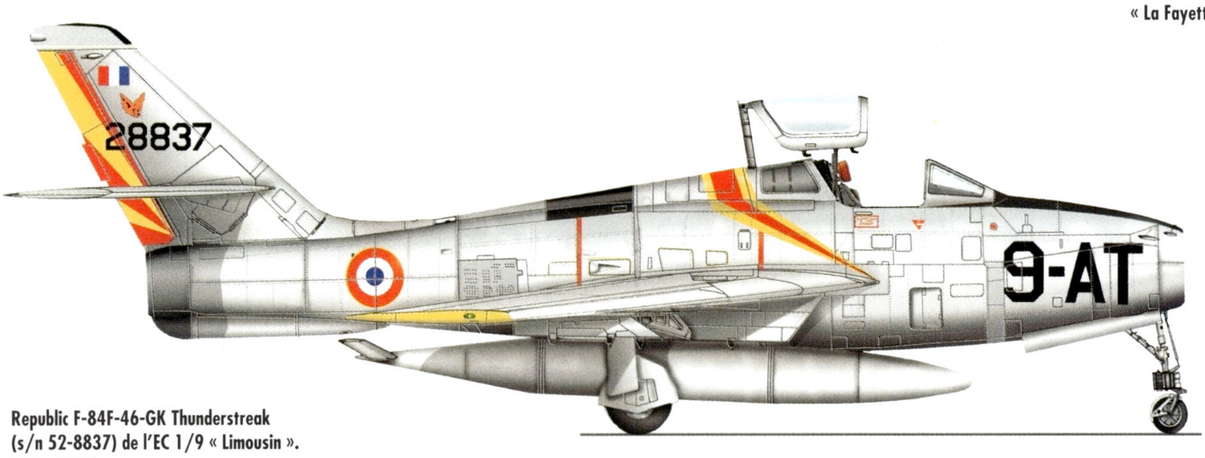


Republic F-84F-46-GK Thunderstreak (s/n 52-8837) de l'EC 1/9 « Limousin ». Metz, 1957.

*Republic F-84F-51-GK (s/n 52-9088). Le numéro porté sur la dérive et le fuselage était attribué aux F-84F leur sortie de grand révision « IRAN » (Inspect Repair As Necessary).* (DR)

*Insigne côté droit*

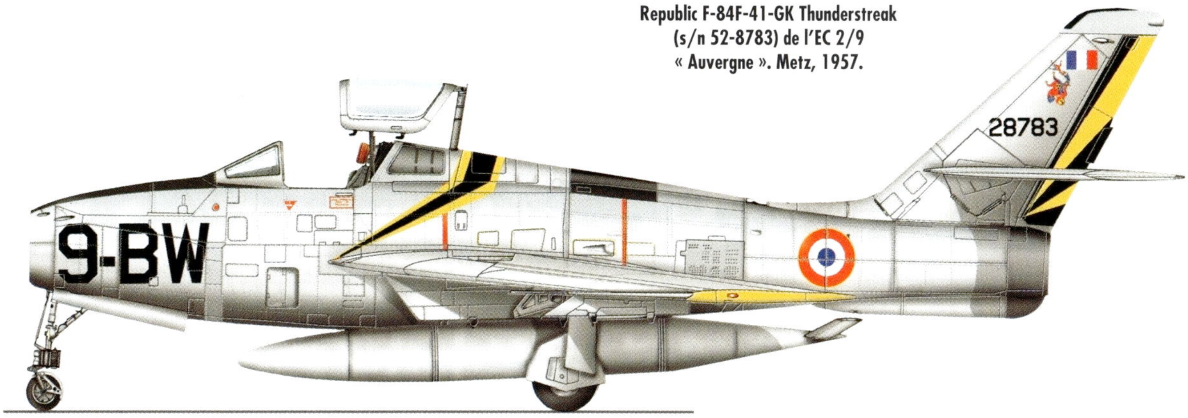


**Republic F-84F-41-GK Thunderstreak (s/n 52-8783) de l'EC 2/9 « Auvergne ». Metz, 1957.**

**Republic F-84F-41-GK Thunderstreak (s/n 52-8824) de l'EC 1/11 « Roussillon ». Luxeuil, 1957.**

**Dassault Mystère IIC n° 31 de l'EC 1/10 « Parisis ». Creil, 1956.**

*Dassault Mystère IVA n° 315 de l'EC 2/8 « Nice » à Cazaux dans les années soixante. Aucun insigne d'escadrille n'est peint sur la dérive, tandis que la flèche de fuselage est rouge.* (Dassault)

Dassault Mystère IVA n° 181 de l'EC 3/12 « Cornouaille ». Cambrai, 1959. L'insigne du Scorpion (1re Escadrille) est porté sur le côté droit de la dérive.

Dassault Mystère IVA n° 282 de l'EC 1/2 « Cigognes ». Dijon, 1956. L'insigne de la SPA 103 (« Cigogne ailes hautes »/2e Escadrille) est porté sur le côté droit de la dérive.

Dassault Super Mystère B2 n°110 de l'EC 1/10 « Valois ». Creil, 1962. L'insigne de la SPA 93 (« Canard »/2e Escadrille) est porté sur le côté gauche de la dérive.

Dassault Super Mystère B2 n°158 de l'EC 1/10 « Valois ». Creil, 1972.

*Dassault Mystère IVA n° 126 de l'EC 2/8 « Nice ».* (Coll. F. Lert)

**Dassault Super Mystère B2 n°109 de l'EC 2/12 « Cornouaille ». Cambrai, 1971. L'insigne du Dogue (2e Escadrille) est porté sur le côté gauche de la dérive.**

*Super Mystère B2 (n° 154) de l'EC 3/12 « Cornouaille » à Cambrai en 1968, portant le camouflage à quatre tons dit « israélien ».* (Coll. E. Moreau)

North American F-100D-10-NA Super Sabre (s/n 54-2165) de l'EC 1/3 « Navarre ». Lahr (Allemagne), 1963.

North American F-100F-15-NA Super Sabre (s/n 56-3936) de l'EC 1/3 « Navarre ». Lahr (Allemagne), 1965.

North American F-100D-5-NA Super Sabre (s/n 54-2133) de l'EC 2/11 « Vosges ». Toul, 1975.

Dassault Mirage IIIC n° 18 de l'EC 1/2 « Cigognes ». Dijon, 1965. L'insigne de la SPA 3 (1re Escadrille) est porté sur le côté gauche de la dérive.

Dassault Mirage IIIB n° 206 de l'EC 2/13 « Alpes ». Colmar, 1964.

Dassault Mirage IIIC n° 31 de l'EC 2/10 « Seine ». Creil, 1979.

⇦ *North American F-100D-15-NA Super Sabre (s/n 54-2235) de l'EC 1/11 « Roussillon » à Tours, en 1972. (Coll. E. Moreau)*

⇨ *Mirage IIIC n° 64 de l'EC 2/10 « Seine », en 1975. (Coll. E. Moreau)*

**Dassault Mirage IIIBE n° 269 de l'EC 2/2 « Côte d'Or ». Dijon, 1983 à 1986.**

**Dassault Mirage IIIE n° 492 de l'EC 1/3 « Navarre ». Nancy, 1966 à 1970. L'insigne de la SPA 95 (« Fanion à l'hirondelle »/1re Escadrille) est porté sur le côté gauche de la dérive.**

**Dassault Mirage IIIE n° 486 de l'EC 2/3 Champagne. Nancy, 1966 à 1970. L'insigne de la SPA 67 (« Fanion à la cigogne »/1re Escadrille) est porté sur le côté gauche de la dérive.**

*Dassault Mirage IIIE n° 482 de l'EC 1/13 « Artois » à Colmar, au milieu des années soixante-dix. (Coll. G. Paloque)*

Dassault Mirage 5F n° 44 de l'EC 3/13 « Auvergne ». Colmar, 1972.

SEPECAT Jaguar A n° 5 de l'EC 2/7 « Argonne ». Saint-Dizier, 1975. L'insigne de la SPA 48 (« Tête de coq combattant »/2e Escadrille) est porté sur le côté droit de la dérive.

SEPECAT Jaguar A n° 15 de l'EC 2/7 « Argonne ». Saint-Dizier, 1992.

*Dassault Mirage IIIE (n° inconnu) de l'EC 3/2 « Alsace ». Aucun insigne ou code n'est peint sur cet avion. (ECPAD)*

**SEPECAT Jaguar E n° 18 de l'EC 2/11 « Vosges ». Saint-Dizier, 1992. L'insigne de la SPA 91 (« Aigle portant une tête de mort »/1re Escadrille) est porté sur le côté droit de la dérive.**

**Dassault Mirage F1C n° 50 de l'EC 3/12 « Cornouaille ». Cambrai, 1977.**

**Dassault Mirage F1C-200 n°256 de l'EC 1/10 « Valois ». Creil, 1981. L'insigne de la SPA 84 (« tête de renard »/1re Escadrille) est porté sur le côté droit de la dérive.**

***SEPECAT Jaguar A n° 123 de l'EC 4/11 « Jura » déployé à Al Ahsa (Arabie Saoudite) pendant l'opération « Daguet » (guerre du Golfe), en 1990-1991.***
*(Armée de l'Air)*

Dassault Mirage F1CT n° 245 de l'EC 3/13, « Auvergne ». Colmar, 1993.

Gloster Meteor NF.11 de l'EC (nuit) 3/30 « Lorraine ». Tours, 1954.

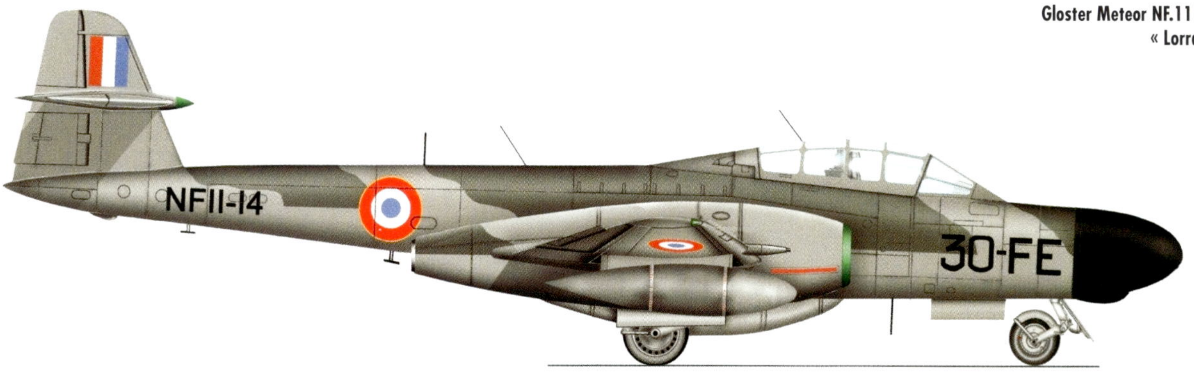


North American (Fiat) F-86K Sabre (s/n 55-4876) de l'EC 2/13 « Alpes ». Colmar, 1962.

*North American (Fiat) F-86K Sabre (s/n 55-4827) de l'EC 2/13 « Alpes », à la fin des années soixante.*
(Coll. E. Moreau)

SNCASO SO 4050 Vautour IIN n° 338 de l'ECTT (Escadron de Chasse Tout Temps) 2/30 « Normandie-Niémen ». Reims, 1966.

Insigne côté droit

SNCASO SO 4050 Vautour IIB n° 621 de l'Escadron de Bombardement (EB) 1/92 « Aquitaine ». Bordeaux, 1967.

*Atterrissage du Vautour IIN n° 357 de l'ECTT 3/30 « Lorraine ».* (Coll. A. Crosnier)

*Dassault Mirage 2000C n° 23 de l'EC 3/2 « Alsace ».* (ECPAD)

**Dassault Mirage 2000C n° 118 de l'EC 1/5 « Vendée ». Orange, 1995. L'insigne de la SPA 124 (« Tête de Jeanne d'Arc de profil »/2e Escadrille) est porté à gauche de la dérive, sur une barre oblique blanche.**

*SNCASO SO 4050 Vautour IIN n° 336 de l'Escadron de Chasse Tout Temps (ECTT) 2/30 « Normandie Niémen » à Reims, en 1966.* (Coll. A. Crosnier)

*Dassault Mirage 2000B n° 528 de l'EC 1/12 « Cambrésis », en 1994.* (Coll. G. Paloque)

Dassault Mirage 2000-5F n° 37 de l'EC 1/2 « Cigognes ». Dijon, 2003. L'insigne de la SPA 3 (« Cigogne en vol, ailes basses » dite « de Guynemer »/1re Escadrille) est porté sur le côté gauche de la dérive.

Dassault Mirage 2000B n° 527 de l'EC 2/5 « Île de France ». Orange, 2010. Le n° 115 du code, qui remplaça celui de l'escadre à partir de 2009, est celui de la base aérienne d'Orange-Caritat.

Dassault Mirage 2000D n° 650 de l'EC 1/3 « Navarre ». Nancy, 1994.

Mirage 2000D de la 3e Escadre en vol au-dessus de l'Alaska, pendant « Red Flag Alaska », en 2007. (USAF)

Dassault Mirage 2000NK2 n° 335 de l'EC 2/4 « La Fayette ». Luxeuil, 1993. Cet avion est l'un de ceux qui reçurent un camouflage « désert » à l'occasion de leur participation à l'exercice « Red Flag 93 », sur la base de Nellis, aux États-Unis.

Mirage 2000D n° 638 de l'EC 1/3 « Navarre ». (F. Lert)

Mirage 2000N de la 4e Escadre en compagnie de F-16 Aggressors, lors d'un exercice « Red Flag Alaska » sur la base d'Eielson, en 2007. (USAF)

(© A. Paringaux)

Dassault Rafale C n° 111 du RC (Régiment de Chasse) 2/30 « Normandie-Niémen ». Mont-de-Marsan, 2008.

Dassault Rafale B n° 342 de l'EC 1/91 « Gascogne ». Saint-Dizier, 2015.

*Décollage du Rafale C n° 128 lors de l'opération « Chammal » au Moyen Orient, en 2016. Pour une raison inconnue, cet avion du « Lorraine » (EC 3/30) n'a conservé que le dernier chiffre du code de la base émirati d'Al Dhafra (« 104 ») où il était affect avant d'être envoyé en Jordanie.*
*(F. Lert)*

Décoration ER 2/33

Décoration ER 3/33

**Republic F-84G-11-RE Thunderjet (s/n 51-10241), de l'Escadron de Reconnaissance (ER) ER 1/33 « Belfort ». Cognac, 1953. Appareil équipé d'une caméra placée à l'avant du réservoir d'aile gauche, spécialement modifié.**

**Republic RF-84F-46-RE Thunderflash (s/n 53-7566) de l'ER 3/33 « Moselle ». Strasbourg, 1959.**

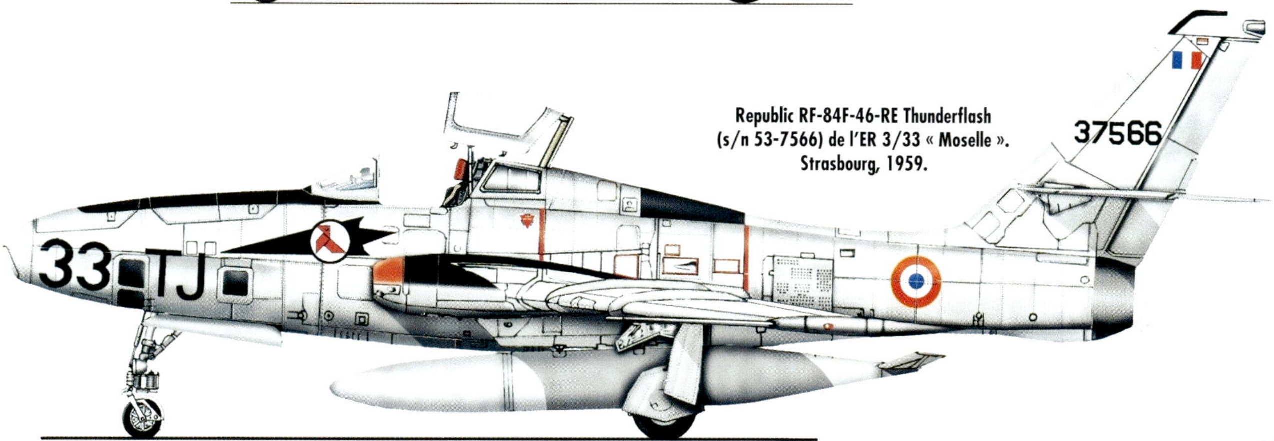


**Republic RF-84F-46-RE Thunderflash (s/n 53-7569) de l'ER 3/33 « Moselle ». Strasbourg, 1968.**

*Republic F-84G-16-RE Thunderjet (s/n 51-10716), de l'Escadron de Reconnaissance (ER) 1/33 « Belfort » à Cognac en 1953. Appareil modifié en RF-84G par l'installation d'un appareil de prise de vues dans le réservoir gauche.* *(Coll. P. Cornu)*

Dassault Mirage IIIR n° 230 de l'ER 2/33 « Savoie ». Strasbourg, 1968.

Dassault Mirage IIIR n° 359 de l'ER 3/33 « Moselle ». Strasbourg, 1982.

Dassault Mirage F1CR n° 636 de l'ER 1/33 « Belfort ». Strasbourg, 1994.

*Mirage F1 CR n° 647 de l'ER 1/33 « Belfort » à Kandahar (Afghanistan) en 2013.* (F. Lert)

*Mirage F1 CR n° 619 de l'ER 3/33 « Moselle », spécialement décoré à l'occasion de la dissolution de l'escadron, en juillet 1993.* (DR)

Dassault Mirage F1CR n° 611 de l'EC 2/33 « Savoie ». Mont-de-Marsan, 2014. Cet avion est l'un des trois spécialement décorés à l'occasion du retrait du service du Mirage F1 dans l'Armée de l'Air, en 2014.

Lockheed RT-33A-1-LO (s/n 54-1548). Appareil de complément affecté à la 33e Escadre de Reconnaissance. Strasbourg, 1979.

# GRÈCE

Créée avant la Grande Guerre, l'*Elliniki Vassiliki Aeroporia* (EVA, armée de l'Air royale grecque) ne survit pas à l'invasion italo-allemande de 1941, seuls quelques-uns de ses éléments parvenant à rejoindre l'Égypte où ils servirent à former trois squadrons au sein de la RAF. Rapatriées en Grèce en 1944, ces forces aériennes participèrent à la guerre civile qui déchira le pays de 1946 à 1949, soutenant les forces loyalistes appuyées dans un premier temps par l'Angleterre, puis par les États-Unis, contre la rébellion communiste.

La Grèce entra dans l'ère du jet en 1951, en recevant un premier lot de Lockheed T-33 fournis par les États-Unis et destinés à la formation des pilotes. Ces avions resteront en service jusqu'en 2000, et ont été remplacés par des North American T-2C Buckeye, qui sont toujours en service en 2019.

Les années cinquante furent incontestablement une période particulièrement faste pour la force aérienne grecque, dont les effectifs augmentèrent de façon sensible, tandis que ses infrastructures étaient entièrement modernisées, notamment par la création de nouvelles bases, le tout grâce à des fonds provenant à la fois des États-Unis dans le cadre du programme d'assistance militaire MAP (*Military Assistance Program*) et de l'OTAN, lorsque la Grèce intégra l'Alliance Atlantique, en 1952.

L'EVA perçut ses premiers chasseurs à réaction, des Republic F-84G Thunderjet, en 1955, dont les 234 exemplaires équipèrent pas moins de six Mira (escadrons), les 335, 336, 337, 338, 339 et 340. Les Thunderjet seront remplacés en 1957 par d'autres avions produits par Republic, des F-84F Thunderstreak, qui restèrent en service jusqu'en 1983.

En 1954, une centaine de Canadair CL-13 Sabre Mk 4, qui avaient auparavant été utilisés par la RCAF et la RAF, furent affectés aux 341, 342 et 343 Mira. Ces chasseurs resteront en service jusqu'en 1965, date où ils céderont la place à des Northrop F-5 Freedom Fighter. À partir de 1956 et jusqu'en 1991, le 348 *Mira Taktikis Anagnorisis*, un escadron de reconnaissance, fut équipé de RF-84F Thunderflash.

Les unités de chasse tout temps furent équipées, en 1961, de 34 North American F-86D Sabre. Ces intercepteurs, regroupés dans trois escadrons (331, 337 et 343 Mira), resteront en service jusqu'en 1969. C'est en 1964 que la Grèce perçut ses premiers F-104G Starfighter, lorsque trente-sept appareils furent affectés aux 335 et 336 Mira, suivis un peu plus tard par neuf autres exemplaires de seconde main, provenant d'Espagne, d'Allemagne ou des Pays-Bas.

Au total, entre 1978 et 1985, soixante autres F-104G et TF-104G furent réceptionnés, complétés par quelques RF-104G de reconnaissance. Le Starfighter fut retiré du service de l'*Elleniki Polemiki Aeroporia* (EPA, le nouveau nom de l'armée de l'Air grecque introduit entre-temps) en 1993.

Toujours dans le cadre du programme MAP, la Grèce reçut en 1965 cinquante-cinq Northrop F-5A, qui seront suivis, en 1970, par dix-sept RF-5A et neuf F-5B qui seront répartis dans les 337, 341 et 343 Mira de la 111 *Pteruga Makhis* (PM, escadre de combat) stationnée à Néa Anchialos, en Thessalie. En 1986, neuf F-5A provenant de Norvège, et en 1991, dix anciens NF-5A néerlandais, rejoignirent l'EPA. Les derniers F-5 grecs ont été retirés du service en 1991 et remplacés par des F-16.

La Grèce fut l'un des rares pays utilisateurs du Convair F-102 Delta Dagger, dont elle reçut vingt exemplaires en 1970, ces chasseurs étant affectés au seul 342 Mira de Tanagra, qui les utilisa jusqu'en 1977. Ces avions seront complétés par quelques TF-102A destinés à la formation et à l'entraînement des pilotes, tous les Delta Dagger grecs étant remplacés en 1977 par des Mirage F1CG.

En 1974, la junte militaire au pouvoir en Grèce entreprit un vaste programme de modernisation et de renforcement de ses forces armées. Cette modernisation fut dans un premier temps représentée par la mise en service, à partir de 1974, de Phantom II dans le cadre du programme « Peace Icarus ». Trente-six F-4E furent ainsi fournis aux 338 et 339 Mira de la 117e Escadre basée à Andravida, en remplacement des F-84F.

En 1978, une deuxième commande de F-4E (vingt exemplaires) et de RF-4E (huit ex.) permit d'équiper les 337 et 348 Mira, où ils remplacèrent les RF-84F de reconnaissance. Cet escadron fut renforcé, en 1993, par un complément de 29 anciens RF-4E de la Luftwaffe.

En 1991, en échange de l'utilisation par les États-Unis de certaines bases grecques, l'EPA reçut 28 F-4E précédemment utilisés par l'Indiana ANG et qui furent affectés au 338 Mira.

Les Phantom II grecs ont connu plusieurs modernisations, la dernière ayant eu lieu dans le cadre d'un programme baptisé

**Republic F-84G-16-RE Thunderjet (s/n 51-10373) du 340 Mira « Aleppou » (renard). Nea Anialos, 1954. Cet avion, comme la plupart de ceux fournis par l'USAF, a conservé son « Buzz number » d'origine, ici peint à l'avant du fuselage.**

**Republic F-84G-16-RE Thunderjet (s/n 51-10609) du 337 Mira « Fantasma » (fantôme). Larissa, 1954.**

**Republic F-84G-31-RE Thunderjet (s/n 52-8370) du 337 Mira. Larissa, 1954.**

**Republic F-84F-41-GK Thunderstreak (s/n 52-8815) du 339 Mira « Aias » (Ajax). Larissa, 1960.**

*F-84G-31-RE Thunderjet (s/n 52-3144) du 337 Mira.*
*(Hellenic Air Force/HAF)*

**Republic F-84F-55-RE Thunderstreak (s/n 52-6948) du 335 Mira « Tigris » (Tigre). Tanagra, 1960.**

**Republic F-84F-45-RE Thunderstreak (s/n 52-6743) du 340 Mira. Andravida, Grèce, 1960.**

« Peace Icarus 2000 », mené par EADS et destiné à porter les appareils à un standard similaire à celui des F-4F ICE de la Luftwaffe (modernisation du radar APG-65, nouveau HUD et GPS/INS). Les 36 avions ainsi modifiés ont été remis en service à partir de 1999.

En 1975, un premier lot de soixante LTV A-7H Corsair II et cinq biplaces TA-7H équipèrent le 347 Mira de Larissa, ainsi que les 340 et 345 Mira basés à Souda, en Crète. Ils furent rejoints, en 1993, par quarante-trois A-7E et dix-neuf TA-7C biplaces provenant des stocks de l'US Navy, des avions qui furent affectés à la 116e escadre d'Araxos (335 et 336 Mira), où ils remplacèrent les F-104G. En 2002, l'ensemble des escadrons de Corsair II fut rassemblé à Araxos, les derniers A-7H et TA-7H étant retirés du service en octobre 2014.

En juin 1974, la Grèce passa commande de quarante Mirage F1CG afin d'équiper ses 334 et 342 Mira basés à Tanagra, des avions qui restèrent en service jusqu'en 2003. L'EPA fit également l'acquisition d'un autre chasseur de Dassault, le Mirage 2000, dont les premiers exemplaires (dix M2000-5EG et cinq biplaces 2000-5BG) affectés aux 331 et 332 Mira (114 PM) de Tanagra, arrivèrent en avril 1988. Ils furent suivis par trente-six Mirage 2000EG et cinq Mirage 2000BG biplaces. Les Mirage 2000 étaient toujours en service en Grèce en 2019.

Le principal avion de l'EPA à l'heure actuelle (plus de 150 exemplaires en service en 2019) est le F-16, dont les premiers exemplaires — trente-quatre F-16C Block 30 et six F-16D Block 30 — furent affectés à la 111 Pteruga Makhis (330 Mira basé à Nea Anchialos et 346 Mira à Larissa) en 1989. Ces avions furent rejoints, en avril 1993, par un deuxième lot de trente-deux F-16CJ Block 50 et huit F-16DJ Block 50 qui furent également attribués à la 111 PM.

La dernière livraison de Fighting Falcon eut lieu en 2000, sous la forme de cinquante F-16C et D Block 52+ utilisés par la 116 PM basée à Araxos (335 et 336 Mira), la 115 PM basée en Crète (340 et 343 Mira), et le 337 Mira de Larissa.

***La patrouille acrobatique nationale « Elliniki Floga » (flamme grecque) utilisa des Canadair CL-13 Sabre Mk 2 (cinq, puis six appareils), de 1957 à 1964. Le fuselage et l'extrados des ailes étaient aux couleurs nationales (bleu et blanc), tandis que le dessous était rouge.*** *(HAF)*

*Insigne du 341 Mira*

**Canadair CL-13 Sabre Mk 2 n°94438 du 341 Mira « Velos » (flèche), 114 Pteruga Makhis. Tanagra, 1959.**

*Insigne du 343 Mira*

**Canadair CL-13 Sabre Mk 2 n°9287 du 343 Mira « Asteri » (étoile), 114 Pteruga Makhis. Tanagra, Grèce, 1959.**

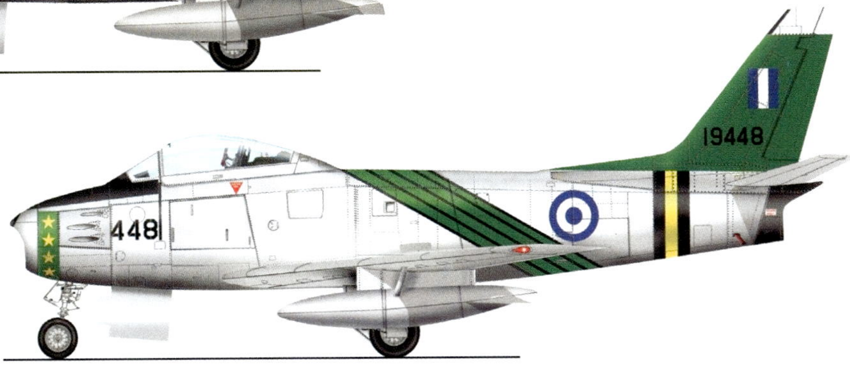


**Canadair CL-13 Sabre Mk 2 n°19448 du 334 Mira, 114 Pteruga Makhis (114e escadre). Appareil attribué au commandant de l'escadre. Tanagra, fin des années cinquante.**

**North American F-86D-35-NA Sabre (Dog) (s/n 51-6179) du 343 Mira. Eleusis, 1963.**

*North American F-86D-35-NA Sabre (s/n 51-8305) du 343 Mira. Cet avion fut livré à la Grèce en mai 1960. (HAF)*

*Insigne du 337 Mira*

**North American F-86D-35-NA Sabre (Dog) (s/n 51-6217) du 337 Mira. Eleusis, 1965.**

**North American F-86D-35NA Sabre (Dog) (s/n 51-8319) du 337 Mira. Eleusis, 1966.**

**Republic RF-84F-46-RE Thunderflash (s/n 53-7683) du 348 Mira. Larissa, 1963. Ancien avion utilisé par la Bundesluftwaffe qui ne fut retiré du service par l'EPA qu'en 1991 !**

**Republic RF-84F-46-RE Thunderflash (s/n 53-7683) du 348 Mira. Larissa, 1972. Il s'agit du même appareil que ci-dessus, mais revêtu d'un camouflage type SEA afin de le rendre plus discret…**

*Republic RF-84F-36-RE Thunderflash (s/n 52-8730) du 338 Mira.* (HAF)

Convair TF-102A-40-CO Delta Dagger (s/n 56-2327) du 342 Mira « Sparti » (Sparte). Tanagra, Grèce, 1970. Cet ancien biplace de la *California ANG* fut livré à la Grèce en 1969. Il a conservé son serial number d'origine, précédé du chiffre « 0 » utilisé par l'USAF de 1954 à 1972, pour distinguer les appareils en service depuis plus de dix ans.

Convair F-102A-60-CO Delta Dagger (s/n 56-1106) du 342 Mira. Tanagra, 1970. Ancien avion de la Texas ANG.

Convair F-102A-55-CO Delta Dagger (s/n 56-0981) du 342 Mira. Tanagra, 1978. Ancien avion de l'Arizona ANG.

*Convair TF-102A-40-CO Delta Dagger (s/n 56-2326) du 342 Mira. Cet avion, précédemment utilisé par le 118th FIS de la Connecticut ANG, fut transféré à la Grèce, comme tous ses homologues, en juin 1969. Il est actuellement préservé sur la base d'Eleusis. (HAF)*

Dassault Mirage F1CG n° 131 du 332 Mira « Geraki » (faucon), 114 Pteriga Makhis. Tanagra, 1990. Les lettres ΠΑ peintes sous le pare-brise signifient Polemiki Aeroporia (armée de l'air) et sont portées par tous les aéronefs militaires grecs depuis les années quatre-vingt-dix.

Dassault Mirage F1CG n° 140, du 334 Mira, Tanagra, Grèce, 2000. Un camouflage « basse visibilité », surnommé « Aegean Ghost » (fantôme de l'Égée), remplaça le modèle français d'origine dans les années quatre-vingt-dix.

*Mirage F1CG n° 110 du 332 Mira. (HAF)*

Dassault Mirage F1CG n° 115 du 342 Mira. Décoration spéciale réalisée à l'occasion du retrait du service du F1 en Grèce. Tanagra, 2003.

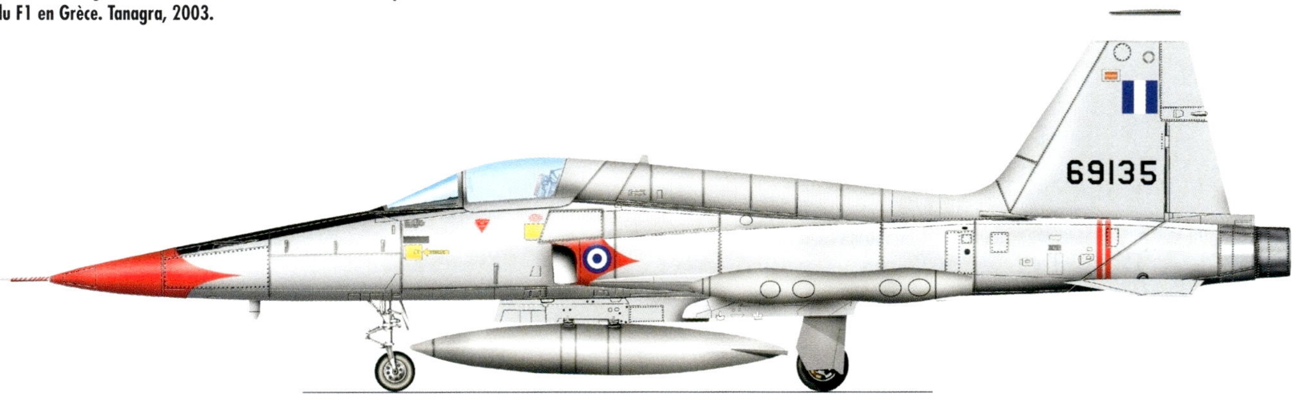


Northrop F-5A-30-NO Freedom Fighter (s/n 66-9135) du 341 Mira « Velos » (flèche). Nea Anchialos, 1970. Appareil entièrement métal naturel verni.

Northrop F-5A-30-NO Freedom Fighter (s/n 66-9133) du 349 Mira « Kronos ». Nea Anchialos, 1986.

*Northrop F-5B-40-NO Freedom Fighter (s/ 70-1611) à Thessalonique, en 1998. (HAF)*

Northrop F-5A-15-NO Freedom Fighter (s/n 63-08423) du 343 Mira « Asteri » (étoile). Mikra, 1996.
Cet avion porte un camouflage « Egée » similaire à celui des F-16 de l'EPA.

Northrop F-5A-15-NO Freedom Fighter (s/n 63-08424) du 341 Mira « Assos » (as). Nea Anchialos, 1971.

Northrop F-5B-15-NO Freedom Fighter (s/n 65-10582) du 342 Mira. Souda (Crête), 1996.

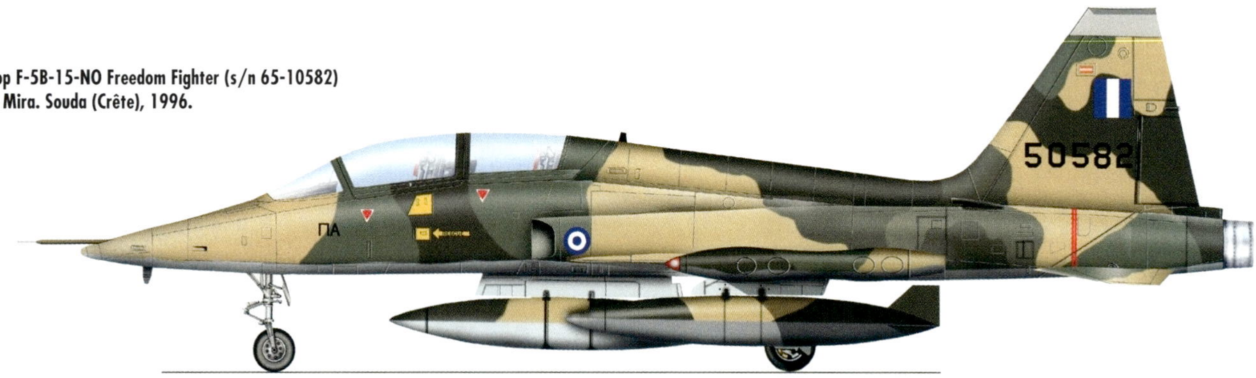

Northrop RF-5A-45-NO Freedom Fighter (s/n 69-7166) du 349 Mira. Larissa, 1973.

Northrop RF-5A-45-NO Freedom Fighter (s/n 69-07166) du 349 Mira. Larissa, 1993.

Lockheed (Canadair) F-104G Starfighter, (s/n 61-12309) du 335 Mira « Tigris ». Tanagra, 1964. Cet ancien appareil allemand fut perdu par accident en mai 1969 dans le golfe de Patras, après une extinction de réacteur.

*Northrop F-5B-10-NO Freedom Fighter (s/n 64-13378).* (HAF)

*Ce F-104G, construit par MBB, fait partie du second lot de Starfighter fournis par l'Allemagne à la Grèce, en 1983. Utilisé uniquement par le 335 Mira, il fut retiré du service dix ans plus tard, en avril 1993.* (HAF)

Lockheed (Fiat) RF-104G Starfighter (n° 6693) du 336 Mira « Olympos ». Araxos, 1980. Livré à la Grèce en 1988, cet avion avait auparavant été utilisé par le MFG 2 de la Luftwaffe.

Lockheed TF-104G Starfighter (n° 12278) du 335 Mira. Tanagra, 1974. Ancien avion de l'Ejercito del Aire espagnole.

Lockheed (MBB) F-104G Starfighter (n° 7151) du 336 Mira « Olympos ». Araxos, Grèce, 1992. Cette décoration représentant le mont Olympe, fut réalisée pour le 40e anniversaire de l'escadron. Cet avion fait partie du lot livré en 1981 par l'Allemagne dans le cadre du programme « Minerva ».

Lockheed (Canadair) F-104G Starfighter (s/n 63-12720) du 335 Mira « Tigris » (tigre). Araxos, 1984. Cet ancien avion de l'*Ejercito del Aire* espagnole, cédé à la Grèce dans le cadre du programme MAP en 1972, reçut cette livrée tigrée en septembre 1992, à l'occasion du 40e anniversaire du 335 Mira.

*Lockheed (MBB) TF-104G (n° 5908). Préservé au sein du musée de l'armée de l'Air grecque, sur la base de Dekelia, cet ancien biplace de la Luftwaffe, retiré du service en 1993, a été restauré aux couleurs de son dernier utilisateur, le 335 Mira. (HAF)*

# Grèce

*F-16C Block 30 (s/n 88-0136) du 346 Mira « Iason » portant une décoration spéciale à l'occasion des 40 000 heures de vol de l'escadron sur F-16, en 2005. Le 346 Mira a été dissous en 2011. (HAF)*

**General Dynamics (Lockheed) F-16C Block 30K (s/n 88-0128) du 346 Mira « Iason » (Jason). Souda (Crête), 2005. Appareil reçu dans le cadre du programme « Peace Xenia I », en 1989.**

**Lockheed F-16D Block 50P (s/n 93-1077) du 347 Mira « Perseus » (Persée). Souda, (Crête), 1999.**

**Lockheed Martin F-16D Block 52+ (s/n 99-1535) du 340 Mira « Aleppou » (renard). Souda (Crête), Grèce, 2002. Il s'agit de l'un des appareils livrés dans le cadre du programme « Peace Xenia III », au début du présent siècle.**

Ling Temco Vought (LTV) A-7H Corsair II (BuNo159937) du 347 Mira. Larissa, 1998.

LTV TA-7H Corsair II (BuNo 161219) du 347 Mira. Larissa, 1989.

McDonnell F-4E-56-MC Phantom II (s/n 72-01529) du 338 Mira « Aris » (Arès). Andravida, 1991.

McDonnell F-4E-66-MC Phantom II (n° 77-01758) du 339 Mira « Aias » (Ajax). Andravida, 1991. Cet appareil, toujours en service en 2019, fait partie des Phantom II grecs modernisés par EADS dans le cadre du programme « Peace Xenia 2000 ».

McDonnell F-4E-6-MC Phantom II (s/n 72-01534) du 337 Mira. Larissa, 1991.

*LTV TA-7C Corsair II (BuNo 156767) du 336 Mira. (HAF)*

McDonnell F-4E-38-MC Phantom II (s/n 68-0394) du 338 Mira. Andravida, 1991. Utilisé auparavant par l'Indiana ANG, cet avion fut livré à la Grèce en octobre 1991 et fut perdu lors d'un crash au décollage en août 1994.

McDonnell RF-4E-46-MC Phantom II (c/n 4099) du 348 Mira Taktikis Anagnorisis (MTA) « Matia » (yeux). Larissa, 2009. Appareil auparavant utilisé par la Luftwaffe et livré à la Grèce en 1993.

McDonnell RF-4C-47-MC Phantom II (c/n 4164) du 348 MTA Larissa, 2005. Cet avion a conservé son camouflage allemand d'origine.

# Grèce

Dassault Mirage 2000-5 Mk 2 n°554 du 332 Mira « Geraki » (faucon). Tanagra, 2005.

Dassault Mirage 2000-5B Mk 2 n°506 du 331 Mira « Thiseas » (Thésée)., Tanagra, 2011.

*F-4E-66-MC Phantom II (s/n 77-01756) du 339 Mira « Aias ». Il s'agit de l'un des derniers F-4E neufs livrés à la Grèce en 1978.* *(Coll. G. Paloque)*

*Mirage 2000EGM n° 216 du 331 Mira. La principale différence entre cette version et les M2000-5 de l'EPA est la présence du Pitot sur le cône radar. Les Mirage 2000EGM sont numérotés de 200 à 240 (les biplaces BGM 200 à 204) tandis que les « tiret 5 » portent un numéro à partir de 500.* *(HAF)*

Lockheed T-33A-1-LO (s/n 51-4232).
Kalamata, 1970

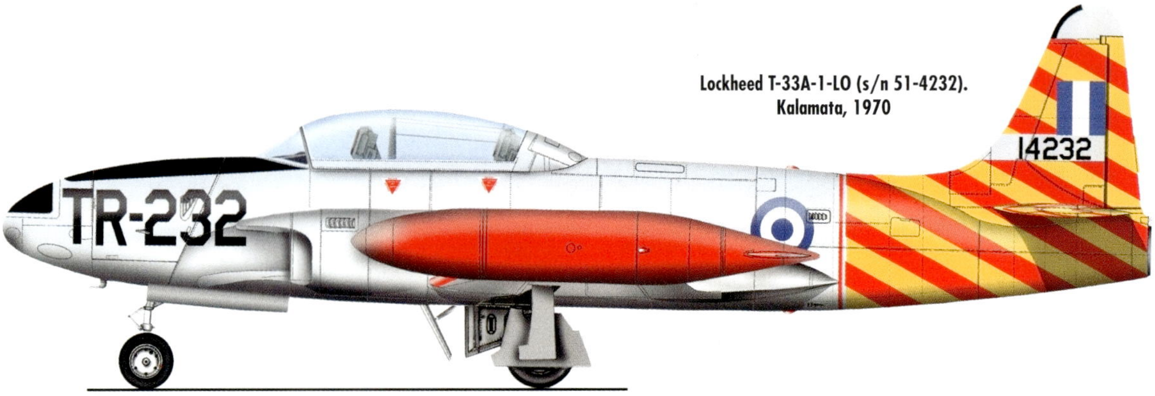


Lockheed T-33A-1-LO (s/ 53-5889) du
363 Mira « Danaos ». Kalamata, 1977.

Lockheed T-33A-1-LO (s/n 53-5029) utilisé comme
remorqueur de cible à Souda (Crète)
dans les années 1980.

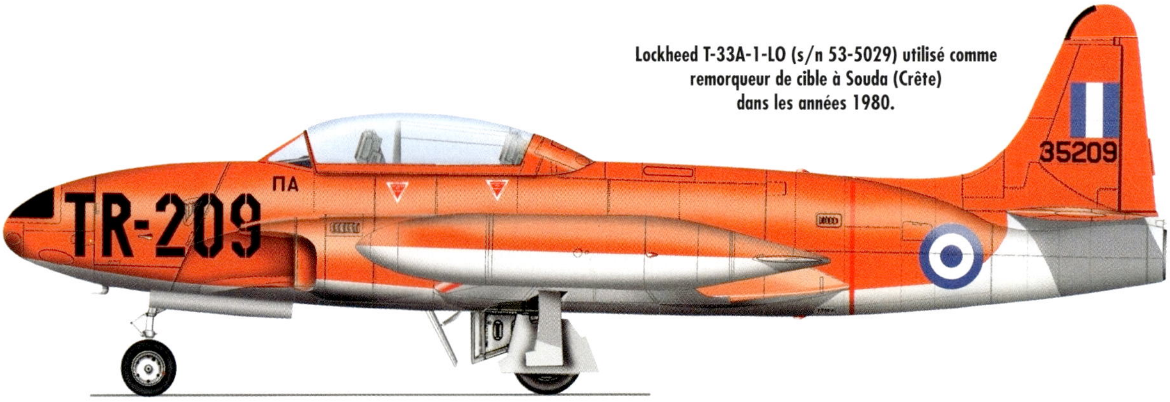

(HAF)

(HAF)

*Rockwell T-2E Buckeye (BuNo 160063) du 362 Mira à l'atterrissage. Cet avion a été retiré du service en 2018. (HAF)*

Lockheed RT-33A-1-LO (s/n 53-5644) du 348 Mira. Larissa, 1956.

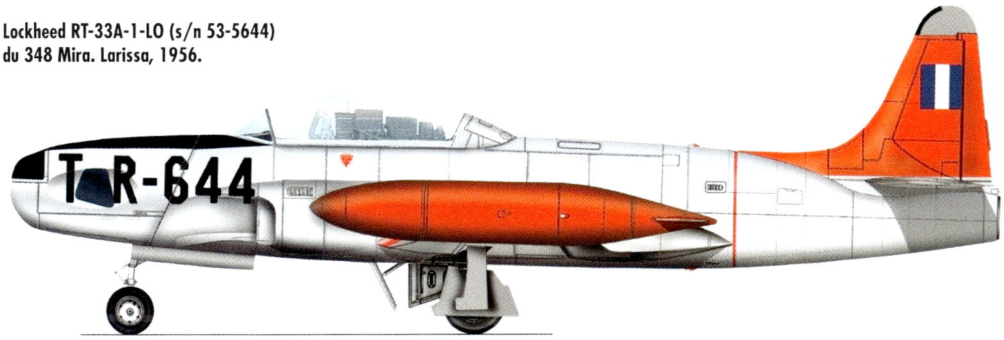

Rockwell T-2C Buckeye (BuNo 160075) du 362 Mira Ekpedefseos Aeros (MEA, escadron d'entraînement aérien) « Nestor ». Kalamata, 2007.

*T-2E Buckeye (BuNo 160076) de la 120* Pteriga Ekpedefseos Aeros *(PEA, escadre d'entraînement aérien) de Kalamata. Cette unité regroupe le 361* Mira Ekpedefseos Aeros *(MEA) « Mystras », équipé de T-6A Texan II, et le 362 MEA « Nestor », qui vole encore sur T-2C et E. (HAF)*

# HONGRIE

Après avoir participé à une grande partie de la Seconde Guerre mondiale aux côtés des forces de l'Axe, la Hongrie se dota en 1947 d'une petite aviation militaire calquée sur le modèle soviétique, à la suite de la prise du pouvoir par le parti communiste affilié à Moscou. Le pays étant devenu membre du Pacte de Varsovie en mai 1955, sa force aérienne, la *Magyar Honvédseg Repülö Csapatai*, fut essentiellement composée d'aéronefs fournis par l'URSS (MiG-15 et 17, Il-10, Yak-28, hélicoptères Mi-4). Au fil des années et des modernisations, et après une reprise en main du « grand frère soviétique », à la suite de l'insurrection anticommuniste de 1956, l'aviation hongroise connut une certaine expansion, notamment avec la mise en service de plusieurs variantes du MiG-21, puis de MiG-23 en 1979 suivis, au début des années quatre-vingt, par des Sukhoï Su-22.

Lorsque la Hongrie se retira du Pacte de Varsovie, en 1990, un an avant la dissolution officielle de ce dernier, la situation de son armée de l'Air, rebaptisée *Magyar Légierö*, commença à se dégrader, ses effectifs étant progressivement réduits après la dissolution de certains de ses régiments et la fermeture de bases aériennes. En 1997, tous les MiG-23 et Sukhoï Su-22 furent définitivement retirés du service, tandis que, deux ans plus tard, les derniers MiG-21MF étaient remplacés par vingt-huit MiG-29 (22 monoplaces 9-12B et six biplaces 9-51) livrés par la Russie en remboursement d'une dette contractée par cette dernière auprès du gouvernement hongrois.

En 1999, la Hongrie fit partie des trois anciens pays du Pacte de Varsovie qui intégrèrent l'OTAN, et ses MiG-29, les seuls chasseurs dont elle disposait alors, furent modernisés afin de se mettre en conformité avec les normes de l'Alliance.

À l'issue de longues tergiversations, la Hongrie décida en 2001 de louer des SAAB JAS 39 Gripen dont les premiers exemplaires (douze monoplaces JAS 39C et deux biplaces JAS 39D) furent mis en service en 2006, tandis que les derniers MiG-29 étaient retirés du service en décembre 2010, vingt-trois d'entre eux étant mis sur le marché en 2017 dans l'attente d'éventuels repreneurs.

À l'échéance du contrat de location, qui a été reconduit jusqu'en 2026, la Hongrie sera propriétaire de ses Gripen, dont 22 exemplaires étaient encore en service en 2019, après la perte, en mai-juin 2015, d'un monoplace et d'un biplace.

***SAAB JAS 39C Gripen (n° 39-302) du 1. Vadászrepülö Század « Puma ». Les Gripen hongrois ont conservé leur camouflage à deux tons de gris peint en usine, et l'ensemble du marquage, y compris les cocardes nationales, est désormais « basse visibilité ». L'insigne des « Pumas » est peint à l'avant, et celui de la 59^e^ base aérienne au sommet de la dérive.***
*(Magyar Légierö)*

*Insigne du 2. Vadászrepülö Század « Dongo »*

**MiG-29 « Fulcrum » (9-12B n° 2960535127) du 2. *Vadászrepülö Század* (escadron de chasse) « Dongo » (bourdon). 59. *Harcászati Repülö Bazis* (59^e^ Base aérienne tactique) « *Szentgyörgyi Deszö* ». Kecskemét, 2010.**

(DR)

*Insigne du 1. Vadászrepülö Század « Puma »*

**MiG-29UB « Fulcrum B » (9-51 n° 50903027146) du 1. Vadászrepülö Század « Puma ». Kecskemét, 2010**

*Insigne de la 59. Harcászati Repülö Bazis*

**SAAB JAS 39C Gripen (n° 39-301) du 1. Vadászrepülö Század « Puma ». Kecskemét, 2012.**

*MiG-29 (9-12B n° 2960535158) des « Pumas ». Ce chasseur a été retiré du service en décembre 2010.*
*(Magyar Légierö)*

SAAB JAS 39D Gripen (n° 39-852) du 1. Vadászrepülö Század « Puma ». Kecskemét, 2015. On notera le marquage « à l'américaine » sur la dérive, adopté après l'intégration de la Hongrie à l'OTAN, la *Magyar Légierö* étant devenue l'HUNAF (*Hungarian Air Force*) et la MH.59 le 59th TFW !

*SAAB JAS 39C (n° 39-312). Le Gripen est à la fois le premier appareil occidental acheté par la Hongrie et désormais son seul chasseur, depuis le retrait des MiG-29. Tous les appareils sont basés à Kecskemét, au sein d'un seul escadron, les « Pumas », qui volèrent sur Bf 109 pendant la Seconde Guerre !* (Magyar Légierö)

# ITALIE

Pendant la Seconde Guerre mondiale, une partie de la *Regia Aeronautica* (aéronautique royale) italienne se rallia au camp allié et forma, en 1943, l'*Aeronautica Cobelligerante Italiana* (ACI) équipée d'avions d'origine anglaise ou américaine (Airacobra, Spitfire ou Baltimore).

Membre fondateur de l'OTAN, l'Italie entreprit, après son adhésion à l'Alliance en 1949, de moderniser son armée de l'Air, qui fut alors rebaptisée *Aeronautica Militare Italiana* (AMI).

Ses premiers appareils à réaction furent des DH Vampire, dont une soixantaine d'exemplaires de différentes versions (FB.5, FB.52, NF.10 et NF.54), furent achetés en 1949, une partie d'entre eux étant produite sous licence par Fiat et Aermacchi à partir de 1951. Les premiers Vampire équipèrent le 4° Stormo (escadron) puis le 6° Stormo et, en 1956, le 2° Stormo.

En mai 1952, l'Italie commença à percevoir les premiers des 254 F-84G Thunderjet dont elle avait fait l'acquisition afin de remplacer ses Vampire. Certains de ces avions, transformés en (R)F-84G de reconnaissance grâce à l'installation de caméras dans le réservoir d'aile gauche, furent utilisés par le 3° Stormo.

Ces appareils seront remplacés, à partir de 1955, par des RF-84F Thunderflash dont les 78 exemplaires seront affectés aux trois Gruppi (18°, 28° et 132°) de la 3ª Aerobrigata stationnée à Villafranca et utilisés jusqu'en 1973.

***Depuis 2004, l'Eurofighter (baptisé Tifone en Italie) est le principal chasseur de l'Aeronautica Militare Italiana (AMI) et équipe trois de ses Stormi (escadrons). En 2018, 90 appareils avaient été réceptionnés et un perdu en septembre 2017.***
*(AMI)*

**De Havilland DH 100 Vampire FB Mark 52 du 4° Stormo. Naples Capodichino, 1952.**

***Le premier Vampire de l'Aeronautica Militare Italiana à Amendola (4° Stormo), en mars 1950.***
*(AMI)*

Insigne du 51° Stormo

**De Havilland Vampire NF.54 de la Scuola Turbogetti (école réacteur). Amendola, 1955.**

**Republic F-84G-11-RE Thunderjet (s/n 51-10239) du 51° Stormo. Aviano, 1953.**

En mai 1953, un accord fut conclu entre les avionneurs North American et Fiat pour la construction sous licence d'une version du F-86D Sabre désignée F-86K. Au total, 221 exemplaires de ce chasseur seront construits par la firme turinoise, l'AMI en percevant pour sa part 63 exemplaires en 1956-1957. Le 1° Stormo fut la première unité de chasse tout temps italienne à recevoir des F-86K, quatre autres Stormi (4°, 5°, 36° et 51°) en étant également équipés. Ces appareils resteront en service dans l'Aeronautica Militare Italiana jusqu'en 1973, lorsqu'ils seront remplacés par des F-104G.

Les F-84G Thunderjet commencèrent à être progressivement remplacés par des F-84F Thunderstreak, dont au final 194 exemplaires seront fournis à l'Italie qui les utilisera jusqu'en 1972 au sein de six Stormi (5°, 6°, 8°, 36°, 50° — le dernier à les retirer du service en 1972 — et 51°).

En 1956, la RCAF céda à l'Italie 179 Canadair CL-13A Sabre Mk 4 qui seront affectés à la 2° Aerobrigata de Novara-Cameri, et à la 4° Aerobrigata basée à Pratica del Mare. Les Sabre resteront en service jusqu'en 1964, quand ils seront remplacés par des Fiat G.91R.

En août 1958, l'AMI commanda en effet 128 Fiat G.91R dont les premiers exemplaires arrivèrent l'année suivante à la 51ª Aerobrigata stationnée à Trévise. Ces avions seront retirés du service en 1992. Ils seront complétés, en 1964, par 103 Fiat G-91T/1 biplaces, qui seront notamment affectés à la *Scuola Addestramento Aviogetti* (École de formation avions à réaction) composée de trois Gruppi (201°, 204° et 205°), ainsi qu'à la 60ª Aerobrigata d'Amendola.

À partir de 1969, l'AMI commencera à percevoir la version biréacteur du petit chasseur tactique, le Fiat G.91Y, dont les 65 exemplaires seront affectés au 32° Stormo basé à Brindisi. Les « Yankee » (surnom du Fiat G.91Y) seront retirés du service au début de 1990 et remplacés par des AMX.

C'est en 1962 que le Starfighter fit son apparition au sein de l'Aeronautica Militare Italiana, qui reçut au final 105 F-104G, vingt-quatre TF-104G et vingt RF-104G. Au début des années soixante-dix, plus de deux cents F-104G furent modernisés en F-104S, dépourvus de canon interne mais équipés de pylônes d'emport supplémentaires, notamment afin d'utiliser le missile AIM-7 Sparrow. Au total, 368 F-104 équiperont huit Stormi (le 3°, 4°, 5°, 6°, 36°, 37°, 51° et 53°), et 138 d'entre eux seront perdus jusqu'à leur retrait du service, en juillet 2005, ce qui représente 37,5 % du total de la flotte des Starfighter italiens.

*Republic F-84G-21-RE Thunderjet (s/n 51-10956) du 6° Stormo. (AMI)*

*Insigne du 5° Stormo*

Republic F-84G-31-RE Thunderjet (s/n 52-8415) du 5° Stormo. Villafranca, 1953.

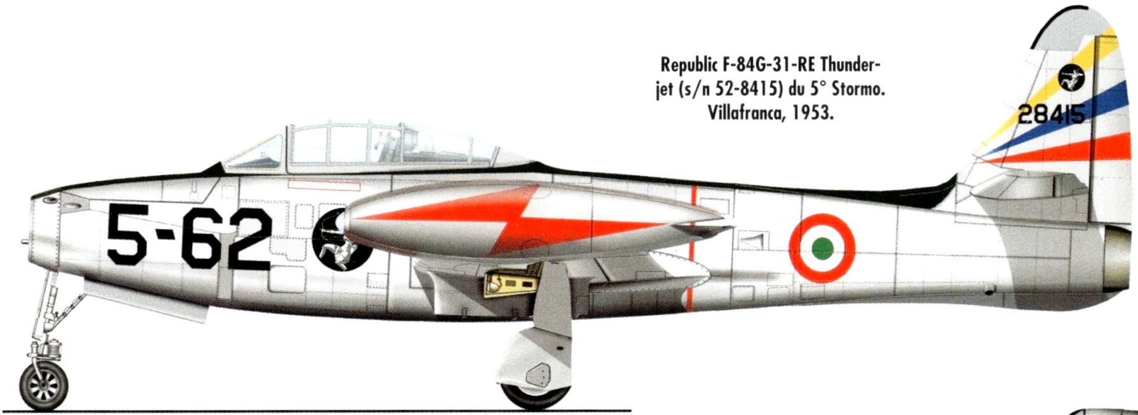

*Insigne du 2° Stormo (2e Aerobrigata)*

Canadair CL-13 Sabre Mk 4 (n° 19164) du 13° Gruppo de la 2e Aerobrigata. Cameri, 1956.

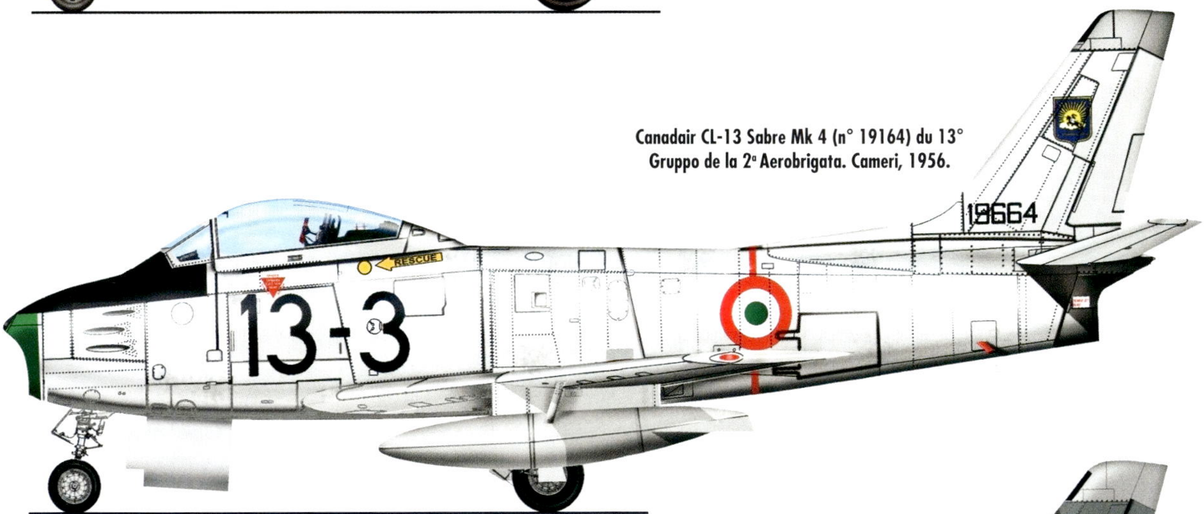


Canadair CL-13 Sabre Mk 4 (n° 19766) de la 4e Aerobrigata. Cameri, 1955.

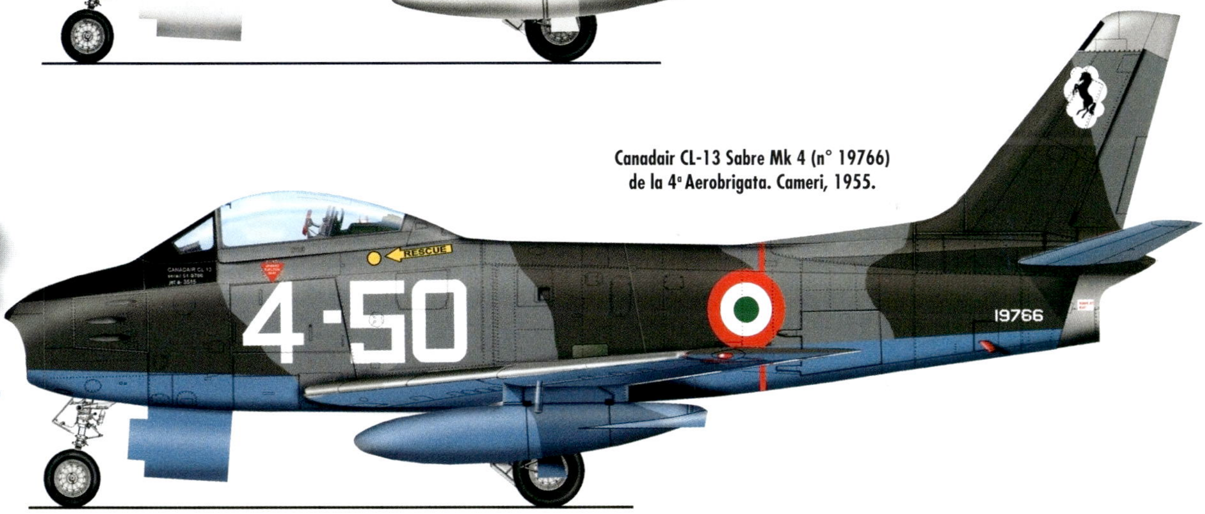

*Insigne du 4° Stormo (4e Aerobrigata)*

Fiat F-86K Sabre (s/n 55-4818) du 12° Gruppo du 36° Stormo. Gioia del Colle, 1966. Cet avion fait partie des vingt-deux F-86K auparavant utilisés par l'Armée de l'Air et livrés à l'Italie en 1962. Pour cette raison, ils ne reçurent pas de Matricola Militare (MM) mais conservèrent le serial number de l'USAF.

*Insigne du 36° Stormo*

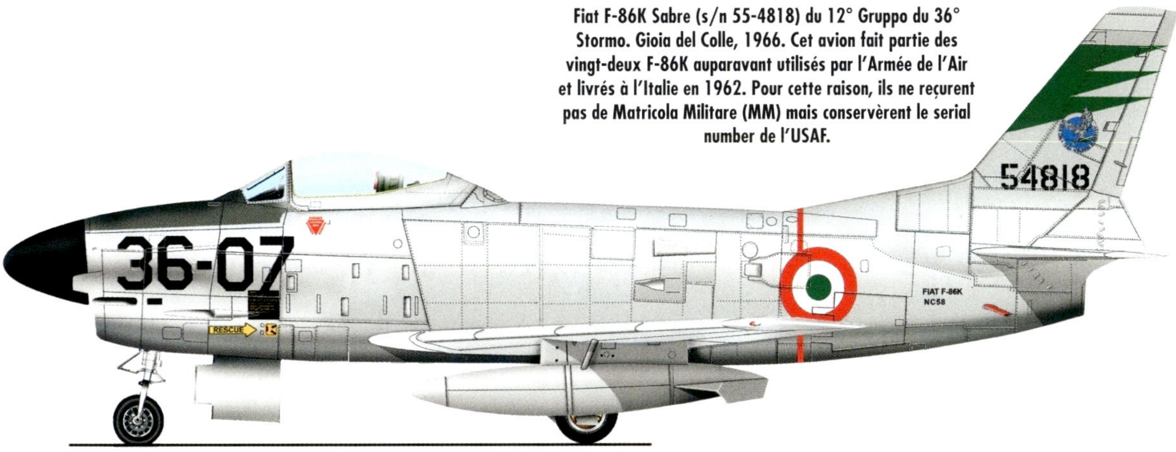

**Fiat F-86K Sabre (s/n 55-4806) du 21° Gruppo du 51° Stormo. 1959. Le bandeau de dérive est jaune au 23° Gruppo et rouge au 22°.**

**Fiat F-86K Sabre (s/n 53-8297/ MM 8297) du 6°Gruppo du 1° Stormo Caccia Ogni Tempo (escadron de chasse tout temps). Istrana, 1959. Le bandeau de dérive est bleu au 17° Gruppo et jaune au 23°.**

L'Aeronautica Militare Italiana reçut en 1981 les premiers des cent Panavia Tornado IDS qu'elle avait commandés et qui équiperont au final trois de ses Stormi (6°, 36° et 50°). Certains de ces appareils participeront à l'opération « Locusta » (guerre du Golfe) en 1991, l'un d'entre eux étant perdu à cette occasion. Les Tornado de l'AMI participèrent également au conflit dans les Balkans en 1999, puis furent engagés en Afghanistan en 2010 et en Libye en 2011.

À l'origine, il était prévu que les derniers F-104 italiens soient remplacés par des Eurofighter. Mais les livraisons de ce chasseur ayant pris un retard considérable, l'AMI décida, afin de ne pas risquer d'être dépourvue d'un intercepteur moderne, de louer vingt-quatre Tornado F.3 ADV à la Grande-Bretagne, cet appareil ayant l'avantage d'être connu des équipages qui volaient déjà sur la version IDS/ECR que possédait l'Italie. Ces appareils furent affectés à deux Stormi, le 36° (12° Gruppo) en 1995, et le 53° (21° Gruppo) en septembre 1998. Ils furent finalement restitués à la RAF en 2004.

Toujours afin d'assurer l'intérim en attendant la mise en service de l'Eurofighter, baptisé *Tifone* en Italie, l'AMI, dans le cadre du programme « Peace Cesar », loua en 2003 trente-quatre F-16 (principalement des Block 15) aux États-Unis. Les Fighting Falcon furent attribués aux 18° et 10° Gruppi et restitués aux États-Unis en juin 2012 lorsque ces unités furent (enfin) rééquipées avec des Eurofighter. Ce dernier a été commandé à 96 exemplaires par l'AMI (82 F-2000A monoplaces et quatorze TF-2000A biplaces) et les premiers exemplaires ont été livrés en février 2004 au 4° Stormo basé à Grosseto, suivi du 36° Stormo de Gioia del Colle, et du 37° Stormo de Trapani. En 2018, 90 Eurofighter avaient été livrés à l'Italie.

Pour remplacer ses Fiat G.91R, l'Aeronautica Militare Italiana fit l'acquisition de 110 AMX International A-11A Ghibli monoplaces, et de 26 T-11B biplaces dont les premiers exemplaires furent mis en service en octobre 1989 au sein du 51° Stormo d'Istrana, chargé d'assurer la formation des futurs pilotes de l'avion italo-brésilien.

Au total, six Stormi ont été dotés de Ghibli (32°, 2°, 3° — dissous en septembre 1997 — 32°, 51° et 103°). Ces avions, dont la durée de vie a dû être prolongée dans le cadre du programme ACOL, seront progressivement remplacés par des Lockheed Martin F-35 Lightning II dont l'AMI a commandé 75 exemplaires au total (60 F-35A et 15 F-35B), fabriqués sous licence en Italie, et qui équipent depuis 2017 le 32° Stormo chargé de la formation des pilotes.

*Canadair CL-13 Sabre Mk 4 (n° 19509) du 2° Stormo (rebaptisé plus tard 2ª Aerobrigata). Parfois baptisé F-86E(M), le Sabre fut la monture des deux patrouilles acrobatiques italiennes, les « Cavallino Rampante », et les « Frecce Tricoori ».* (AMI)

Republic F-84F-66-RE Thunderstreak (s/n 53-6810) du 103° Gruppo du 5° Stormo. Rimini, 1957.

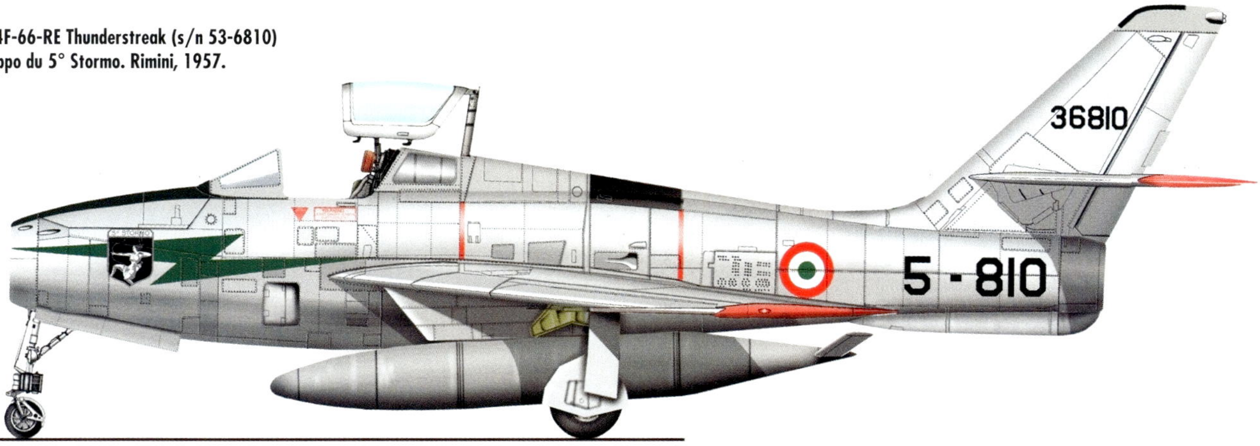

Insigne du 101° Gruppo

Republic F-84F-71-RE Thunderstreak (s/n 53-6875) du 101° Gruppo du 5° Stormo. Rimini, 1959.

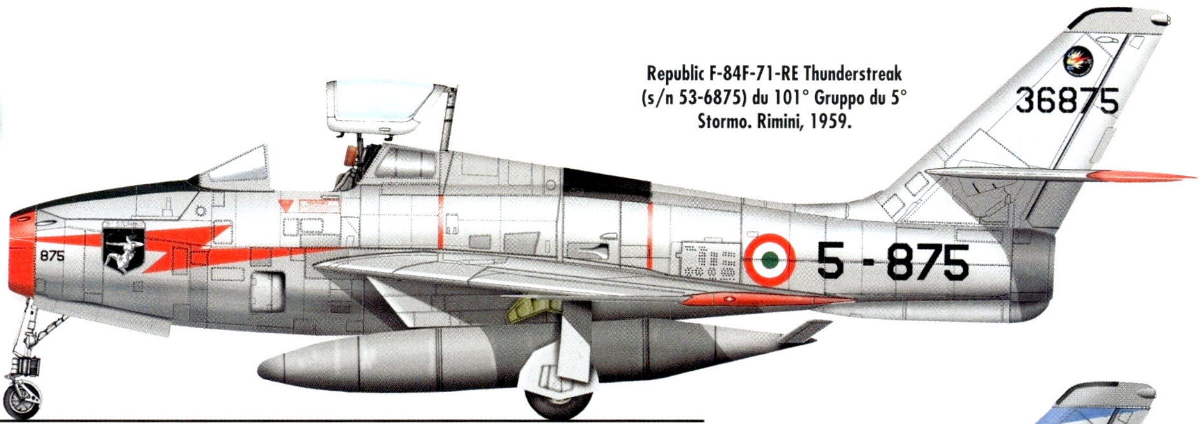

Insigne du 50° Stormo

Republic F-84F-66-RE Thunderstreak, (s/n 53-6721) du 155° Gruppo du 50° Stormo. Piacenza, 1963 à 1972.

*Patrouille de deux Thunderstreak du 156° Gruppo du 36° Stormo de Gioia del Colle. Au premier plan, le F-84F-71-RE s/n 53-6892.* (AMI)

*Republic F-84F-75-RE Thunderstreak (s/n 53-6972) du 36° Stormo.*
*(AMI)*

Insigne du 6° Stormo

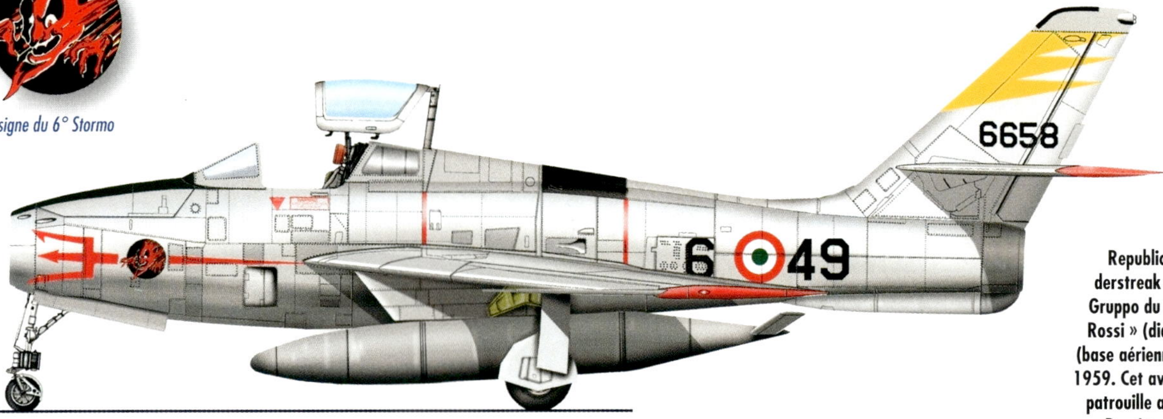


**Republic F-84F-61-RE Thunderstreak (53-6658) du 103° Gruppo du 6° Stormo « Diavoli Rossi » (diables rouges). Ghedi (base aérienne « Luigi Olivari »), 1959. Cet avion fera partie de la patrouille acrobatique « Diavoli Rossi », mais sera perdu par accident en octobre 1960.**

**Republic RF-84F-31-RE Thunderflash (s/n 52-7394) du 132° Gruppo du 3° Stormo. Villafranca, 1965.**

*Fiat F-86K (s/n 53-8285) du 51° Stormo Caccia Ogni Tempo (escadron de chasse tout temps).*
*(AMI)*

# Italie

*Fiat G.91T/1 (c/n 112 MM6431) de la 60ª Brigata Aerea d'Amendola.*
(AMI)

Fiat G.91R/1A (n° 173/ MM — Matricola Militare — 6309) du 103° Gruppo du 2° Stormo. Trévise, 1985.

Fiat G.91R/1B (n° 194/MM6390) du 14° Gruppo du 2°Stormo. Trévise-Sant'Angelo (base aérienne « Giannino Ancillotto »), 1985.

*Insigne du 14° Gruppo*

*Insigne de la 60ª Brigata*

Fiat G.91T/1 (n° 092/ MM6362) de la 60ª Brigata Aerea. Amendola (base aérienne « Luigi Rovelli »), 1974.

*Fiat G.91Y (c/n 2004 MM6442) du 32° Stormo. La majorité des « Yankees » de cet escadron basé à Brindisi reçurent une gueule de squale à l'avant de leur fuselage, parfois peinte en gris « basse visibilité ».*
(AMI)

Insigne du 32° Stormo

Fiat G-91Y (n° 2017/MM6455) du 32° Stormo, 13° Gruppo. Brindisi, 1985.

Fiat G-91Y (n° 2022/MM6460) du 32° Stormo, 13° Gruppo. Brindisi, 1991.

Lockheed (Fiat) F-104G Starfighter (MM6506) du 5° Stormo, 9° Gruppo. Grosseto (base aérienne « Corrado Baccarini »), 1962.

*Décollage d'un F-104 G du 18° Gruppo du 37° Stormo depuis sa base sicilienne de Trapani, dans les années quatre-vingt. Cet appareil (MM6798), construit sous licence par Fiat, comme tous les Starfighter monoplaces de l'AMI, fait partie du lot transformé en F-104S ASA à partir de 1986.* (AMI)

*F-104S ASA et TF-104G Starfighter des 4° et 51° Stormi. Entre 1969 et 1979, 205 F-104S furent réalisés par Aeritalia à partir de cellules de F-104G. Dépourvus de canon interne, ils étaient équipés pour tirer le missile AIM-7 Sparrow (d'où le suffixe « S ») et étaient dotés de neuf points d'emport. 146 de ces avions furent ensuite modifiés à partir de 1986 en F-104S ASA (pour Aggiornamento Sistemi d'Arma, modernisation du système d'armes). (AMI)*

Lockheed (Fiat) F-104G Starfighter (MM6767) du 5° Stormo, 23° Gruppo. Cervia (base aérienne « Urbano Mancini »), 1985.

*Insigne du 20° Gruppo*

Lockheed (Aeritalia) F-104S ASA Starfighter (MM6795) du 18° Gruppo du 37° Stormo. Trapani (Sicile), 2002. Les F-104S ASA modernisés étaient principalement dotés d'un radar à capacité « look-down » permettant de mettre en œuvre le missile Aspide.

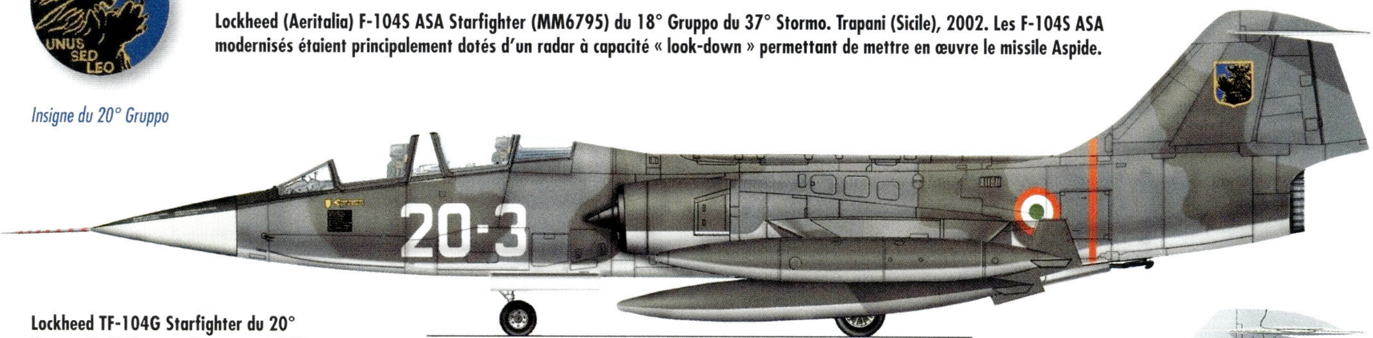


Lockheed TF-104G Starfighter du 20° Gruppo du 4° Stormo. Grossetto, 1985.

Lockheed TF-104G Starfighter (MM54237) du 20° Gruppo du 4° Stormo. Grosseto, 1999.

Insigne du 12° Gruppo

Panavia Tornado IDS (n° 5087/MM7076) du 156° Gruppo du 36° Stormo « Riccardo Helmut Seidl ». Gioia del Colle, 1984. Appareil perdu au-dessus du golfe de Tarente le 31 août 1995.

Panavia Tornado ECR MLU (n° 5063/MM7054) du 155° Gruppo du 50° Stormo. San Damiano-Piacenza, 2013.

Panavia Tornado F3 (n° 3292/MM7204) du 12° Gruppo du 36° Stormo. Gioia del Colle (base aérienne « Antonio Ramirez »), 2004. Appareil rendu à la RAF après sa période de location.

Insigne du 132° Gruppo

Insigne du 3° Stormo

**AMX International A-11A Ghibli (n° IX031/MM7119) du 132° Gruppo du 3° Stormo. Villafranca, 1996.
Avion retiré du service et ferraillé en 2012. L'AMI a reçu au total 110 AMX monoplaces et 26 biplaces AMX-T en 1998.**

**AMX International A-11A ACOL Ghibli (n°IX087/MM7175) du 132° Gruppo du 51° Stormo « Ferruccio Serafini ». Istrana (base aérienne « Vittorio Bragadin »), 2009. L'insigne porté sur l'entrée d'air rappelle que cet avion fait partie du contingent de l'AMI déployé en Afghanistan dans le cadre de l'ONU. Une cinquantaine de Ghibli ont été modernisés dans le cadre du programme ACOL (*Aggiornamento Capacità Operative e Logistiche,* « modernisation des capacités opérationnelles et logistiques ») afin de lui permettre de rester en service jusqu'à la mise en service du F-35.**

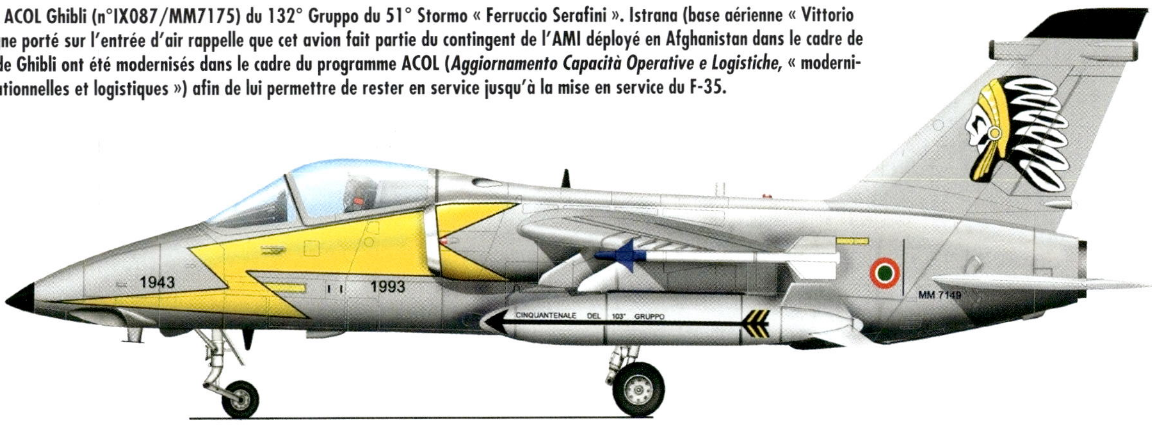


**AMX International A-11A ACOL « Ghibli » (n°IX061/MM1749) du 103° Gruppo du 51° Stormo.
Cette décoration fut portée à l'occasion du cinquantième anniversaire du 103° Gruppo, en 1993.**

*En 2010, pour commémorer les 40 000 heures de vol effectuées dans le cadre du programme « Peace Cesar », quatre F-16A spécialement décorés aux couleurs de leur Gruppo furent réunis pour cette photo de famille... (AMI)*

**General Dynamics F-16A Block 15A Fighting Falcon (s/n 80-0559/MM7256) du 18° Gruppo du 37° Stormo « Cesare Toschi ». Trapani (base aérienne « Livio Bassi »), 2008. Après avoir dans un premier temps loué 24 Tornado ADV à la Grande-Bretagne en attendant la mise en service de l'Eurofighter, l'AMI fut contrainte de poursuivre en 2003 cette période d'intérim au moyen de 34 F-16 dont le dernier exemplaire fut restitué en 2012.**

**General Dynamics F-16A Bock 15C Fighting Falcon (s/n 81-0680/ MM7239) du 18° Gruppo du 37° Stormo. Trapani, 2009. Après avoir participé à l'opération « Odyssey Dawn », en Libye, ce « Viper » fut restitué aux États-Unis en 2012**

*Insigne du 23° Gruppo « Veltro » (lévrier)*

**General Dynamics F-16B Block 10B Fighting Falcon (s/n 79-0431/MM 7269) du 23° Gruppo du 18° Stormo. Trapani, 2009. Accidenté en juin 2010, cet avion ne fut jamais réparé et est actuellement préservé en Italie.**

*F-2000A Tifone du 4° Stormo « Amedeo d'Aosta » (936° GEA), basé à Grosseto.*
*(AMI)*

**Eurofighter F-2000A Tifone (n°IS031/MM7299) du 9° Gruppo du 4° Stormo « Amedeo d'Aosta ». Grosseto, 2009. Les avions des 9° et 20° Gruppi de ce Stormo sont rassemblés au sein du 904° Gruppo Efficienza Aeromobili (GEA), ce qui les rend disponibles sans distinction d'unité, chaque Gruppo utilisant aussi bien des monoplaces que des biplaces.**

**Eurofighter TF-2000A Tifone (MM55095) Typhoon (n°IT004/MM55095) du 20°Gruppo du 4°Stormo. Grosseto, 2005. Le 20° Gruppo sert d'unité de conversion (OCU) pour les pilotes d'Eurofighter italiens.**

*F-16A Block 15P (s/n 82-1021/MM7245) du 37° Stormo. Bien que loués, les Fighting Falcon italiens se virent attribuer un Matricola Militare (MM, matricule militaire) peint sur les dérives, à la manière des serial numbers de l'USAF.*
*(DR)*

*Eurofighter F-2000A Tifone (n° 076/MM7275) du 12° Gruppo du 36° Stormo « Riccardo Helmut Seidl », basé à Gioia del Colle. (AMI)*

Lockheed T-33A-1-LO (s/n 55-3080) du 51° Stormo. Istrana, 1981.

Lockheed RT-33A-1-LO (s/n 53-5594) du 9° Stormo, 609a Squadriglia. 1965-1970.

Depuis décembre 2016, les F-35A italiens sont mis en œuvre par le 13° Gruppo du 32° Stormo basé à Foggia-Amendola. L'Italie est l'un des partenaires principaux du programme JSF (Joint Strike Fighter), avec la Grande-Bretagne, et a prévu d'acheter 90 Lightning II (60 F-35A et 15 F-35B pour l'AMI et 15 F-35B pour la Marina Militare). (AMI)

**Lockheed Martin F-35A (s/n 12-5062/AL-1/MM7332) du 13° Gruppo du 32° Stormo. Foggia-Amendola, 2018.**

*Ce F-35A (s/n 12-5062/MM7332) du 32° Stormo est le premier Lightning II assemblé en dehors des États-Unis, à Cameri, en Italie. Également premier F-35 destiné à l'AMI, il a servi à la formation des pilotes italiens au sein du 62nd FS, après avoir traversé l'Atlantique par les airs en février 2016, une autre « première ». Revenu en Italie à la fin de la même année, il est aujourd'hui mis en œuvre par le 13° Gruppo, spécialement reconstitué et basé à Amendola (Foggia)* (DR)

# NORVÈGE

La *Kongelige Norske Luftforsvaret* (force aérienne militaire royale norvégienne) fut formée en 1944 par amalgame du *Hærens Flyvapen* (aviation de l'Armée) et du *Marinens Flyvevsen* (aviation de la Marine militaire), tous deux constitués dès 1915. Plusieurs de ses pilotes ayant combattu dans deux Squadrons de la RAF pendant la Seconde Guerre mondiale, cet embryon d'armée de l'Air fut logiquement doté de Spitfire Mk IX après la libération du pays. La *Luftforsvaret* reçut ses premiers avions à réaction en mai 1948, des De Havilland Vampire F.3 et FB.52 qui équipèrent trois *skvadroner* (escadrons), les 331, 336 et 337 Skv basés à Oslo-Gardermoen, et qui furent rejoints en 1951-1952 par six Vampire T.55 biplace affectés au 718 Skv de Gardermoen. Les Vampire norvégiens ont été retirés du service en 1955.

Membre fondateur de l'OTAN en 1949, la Norvège perçut de la part des États-Unis et dans le cadre du programme d'aide militaire MAP *(Military Aid Program)*, deux cents F-84E et G Thunderjet à partir de septembre 1951. Ces avions furent retirés du service en 1960 et remplacés par 115 F-86F Sabre acquis en 1957-1958. Utilisés jusqu'en 1967 par cinq *skvadroner,* les Sabre seront épaulés, pour l'interception tout temps, par 64 North American F-86K Sabre fabriqués sous licence en Italie par Fiat, répartis dans quatre escadrons et utilisés également jusqu'en 1967. D'autre part, pour l'entraînement de ses pilotes, la *Luftforsvaret* reçut vingt-deux Lockheed T-33A en 1953, des biplaces qui resteront en service jusqu'en 1958.

Afin de moderniser la flotte d'avions de reconnaissance, le 717 Skvadron reçut en 1956 31 Republic RF-84F Thunderflash qui resteront en service jusqu'en 1970. En 1963, dix-neuf Lockheed F-104G et quatre TF-104G Starfighter furent perçus par la Luftforsvaret et restèrent en service jusqu'en 1971. Pour compléter sa flotte, et notamment remplacer les appareils perdus, la Norvège acheta au Canada en 1973, dix-neuf CF-104 et trois CF-104D qui seront retirés du service en 1983.

Afin de remplacer ses Sabre (F-86F et F-86K), la Norvège se mit en quête, au début des années soixante, d'un chasseur-bombardier à la fois moderne et peu coûteux. Différentes machines ayant été envisagées, le choix se porta finalement sur le Northrop F-5 Freedom Fighter qui fut commandé, en 1964, à 64 exemplaires (56 monoplaces F-5A et huit biplaces F-5B) afin d'équiper trois skvadroner (332, 334 et 338). Cette flotte fut augmentée, en 1967, par dix F-5A et deux F-5B supplémentaires puis, en 1968, par seize RF-5A affectés au 717 Skvadron de Rygge, en remplacement des F-84F. En raison d'une pénurie de personnel et d'avions, due notamment à un taux d'attrition anormalement élevé, le nombre d'unités équipées de F-5 fut réduit en 1973, le 332 Skvadron étant dissous, tandis que le 334 Skv était rééquipé de CF-104.

Après avoir étudié diverses possibilités (Mirage F1, SAAB Viggen), la Norvège choisit en 1970 de remplacer sa flotte de Starfighter par des General Dynamics F-16, ces avions devant être produits sous licence en Europe par un consortium rassemblant la Belgique, les Pays-Bas et le Danemark. Soixante F-16A et douze F-16B furent commandés, les monoplaces étant livrés à partir de 1980, et les biplaces l'année suivante. Le 332 Skvadron, chargé de la formation des pilotes, fut la première unité équipée de Fighting Falcon, trois autres escadrons (331, 334 et 338) étant au total dotés de l'appareil. Cinquante-six de ces F-16 ont été modernisés au début des années 2000 dans le cadre du programme MLU et ils seront à terme remplacés par des F-35A Lightning II, dont la Norvège a commandé 52 exemplaires qui ont commencé à être mis en service par le 332 Skvadron à Ørland à la fin de 2017.

**De Havilland DH 100 Vampire FB Mark 52 (serial EEP42280, ex VG693) du 336 Skvadron. Oslo-Gardermoen, 1950.**

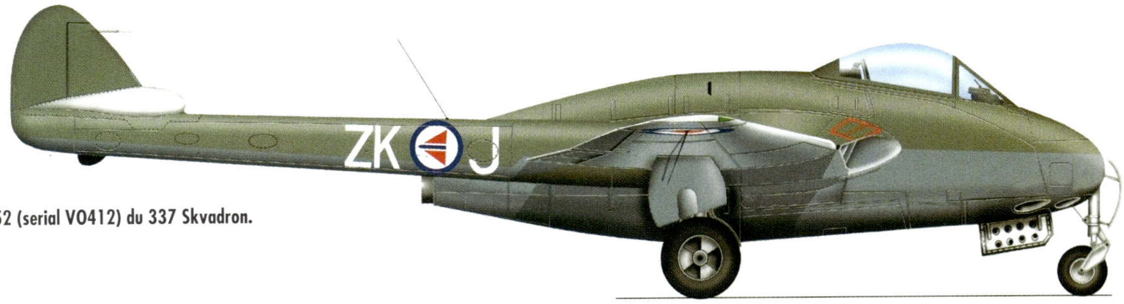


De Havilland Vampire FB.52 (serial V0412) du 337 Skvadron.
Oslo-Gardermoen, 1951.

De Havilland Vampire T.55 du 337 Skvadron.
Oslo-Gardermoen, 1952.

Republic F-84G-15-RE Thunderjet (s/n 51-1124) du 336 Skvadron. Rygge, 1958. Livré en 1953 à la Norvège, cet ancien avion du 428th FBS s'est écrasé sur la base de Bodo en mai 1957.

Republic F-84G-15-RE Thunderjet (s/n 51-1151) du 336 Skvadron. Ørland, 1957. Appareil retiré du service en juillet 1958.

*Codes des F-84G norvégiens :*
*WH-x (330 Skv)*
*FN-x (331 Skv)*
*AH-x (332 Skv)*
*RI-x (334 Skv)*
*PX-x (336 Skv)*
*MU-x (338 Skv)*

*De Havilland Vampire FB.52 du 332 Skvadron.*
*(Luftforsvaret)*

Republic RF-84E-30-RE Thunderjet (s/n 51-9582) du n° 1 Foto rekognosering ving (escadrille de reconnaissance photographique), rattaché au 338 Skvadron. Sola, 1954. Livré à la Norvège en septembre 1951, ce Thunderjet fut modifié en avion de reconnaissance (RF-84E) par l'installation d'appareils de prise de vues dans le bidon d'aile gauche. Il a été utilisé jusqu'en mai 1956.

North American F-86F-35-NA Sabre (s/n 53-1151) du 331 Skvadron. Bodø, 1958.

*Insigne du 331 Skvadron*

North American F-86F-35-NA Sabre (s/n 52-5202) du 338 Skvadron. Ørland, 1960.

*Codes des F-86 Sabre norvégiens :*
*FN-x (331 Skv)*
*AH-x (332 Skv)*
*RI-x (334 Skv)*
*PX-x (336 Skv)*
*MU-x (338 Skv)*

*Sortie de piste pour le F-84G-15-RE Thunderjet (s/n 51-1124) du 331 Skvadron à Bodø, en 1957. La flèche et les décorations des bidons sont bleues, et la dérive est aux couleurs nationales norvégiennes (rouge, blanc et bleu).* *(Luftforsvaret)*

**F-86K-18-NA Sabre (s/n 54-1290) du 337 Skvadron. Gardermoen, 1957.**

**North American F-86K-19-NA Sabre (s/n 54-1304) du 339 Skvadron. Bardufoss, 1957.**

**Republic RF-84F-26-RE Thunderflash (s/n 51-17049) du 717 Skvadron. Sola, 1957. Appareil perdu par accident le 15 décembre 1958 à Soesterberg (Pays-Bas).**

*Codes des F-86K norvégiens :*
*ZK-x (337 Skv)*
*SI-x (339 Skv)*
*AH-x (332 Skv)*
*RI-x (334 Skv)*

*North American F-86F-35-NA Sabre (s/n 52-5245) du 338 Skvadron. On notera le code non réglementaire et dont une des lettres est effacée.* (DR)

*Insigne du 717 Skvadron*

**Republic RF-84F-36-RE Thunderflash (s/n 52-8734) du 717 Skvadron. Rygge, 1959. Précédemment utilisé par la 33e Escadre de l'Armée de l'Air, cet avion a été livré à la Norvège en avril 1958.**

**Republic RF-84F-26-RE Thunderflash (s/n 51-17048) du 717 Skvadron. Sola, 1962.**

**Northrop F-5A-30-NO Freedom Fighter (s/n 66-9227) du 332 Skvadron. Bodo, 1965.**

*Northrop F-5A-45-NO Freedom Fighter (s/n 69-7130) du 336 Skvadron à Cambrai, lors du NATO Tiger Meet de 1986. L'avion ne porte aucune marque d'unité.*
*(Coll. G. Paloque)*

Northrop F-5A-35-NO Freedom Fighter (s/n 67-14896) du 718 Skvadron. Stavanger-Sola, 1971.

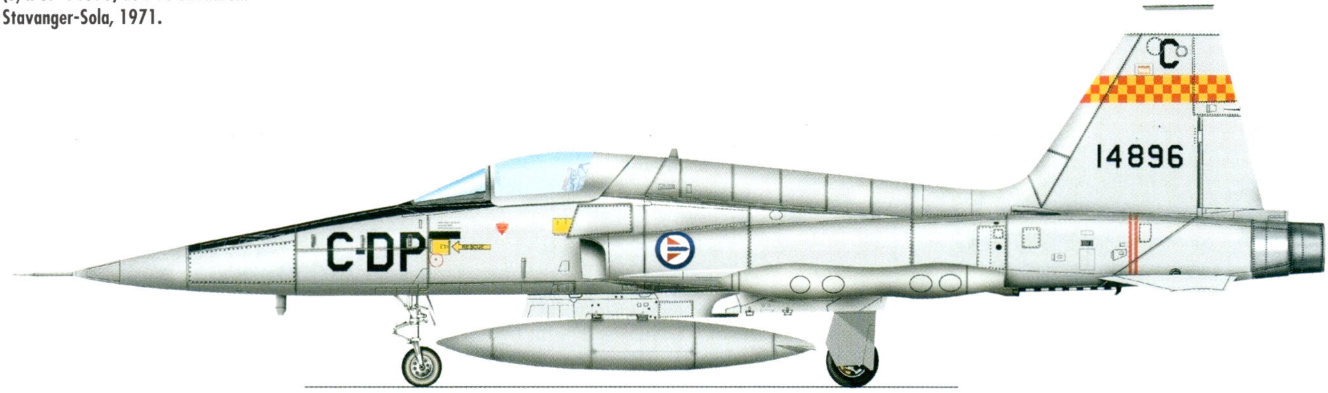


Northrop F-5A-20-NO Freedom Fighter (s/n 64-13373) du 336 Skvadron. Rygge, 1976. Les F-5 norvégiens conservèrent leur livrée métallique vernie pendant toute leur carrière, seul cet avion ayant reçu un camouflage expérimental similaire à celui des F-104 Starfighter de la Luftforsvaret. De même, les codes des squadrons furent abandonnés, le numéro individuel étant constitué des derniers chiffres du numéro de série de l'avion.

*Insigne du 332 Skvadron*

Northrop F-5B-15-NO Freedom Fighter (s/n 65-10594) du 332 Skvadron. Rygge, 1968.

*Northrop F-5B-25-NO Freedom Fighter (s/n 67-14909) du 718 Skvadron. Basé à Stavanger-Sola, cet escadron était également la Luftforsvarets Flytaktiske Skole (École des tactiques aériennes de l'armée de l'Air) et servait à la conversion des pilotes de Freedom Fighter, la plupart des biplaces F-5B lui étant attribués à cet effet. (Coll. G. Paloque)*

Northrop RF-5A-40-NO Freedom Fighter (s/n 68-9106) du 336 Skvadron.
Rygge, 1983.

Northrop F-5A-45-NO Freedom Fighter (s/n 69-7134) du 336 Skvadron. Décoration spécialement réalisée à l'occasion du NATO Tiger Meet de 1997 qui se déroula à Greenham Common, en Grande-Bretagne.

Lockheed F-104G Starfighter (s/n 62-12238) du 331 Skvadron. Bodo, 1970. Appareil retiré du service en janvier 1978 après avoir été accidenté à Ramstein et jugé irréparable. La Norvège perdit au total douze de ses Starfighter, au prix de six pilotes ou passagers de biplaces

*Lockheed TF-104G Starfighter (s/n 62-12263). Cet avion a été vendu à la Turquie en 1981 et perdu par accident en 1985...* *(Coll. G. Paloque)*

*F-104G du 331 Skvadron au-dessus des fjords enneigés de la région de Bodø. (Luftforsvaret)*

Lockheed (Canadair) CF-104G Starfighter (n° 104890) du 334 Skvadron. Bodø, 1982.

Lockheed TF-104G Starfighter (s/n 62-12264) du 331 Skvadron. Bodø, 1970. Ce biplace s'est écrasé au décollage à Aalborg, au Danemark, le 17 novembre 1970, le pilote parvenant à s'éjecter tandis que le second membre d'équipage périt dans l'accident.

*Les Starfighter du 331 Skvadron de Bodø. Au premier plan, le F-104G (s/n 61-2625) fut perdu dans un crash le 18 septembre 1974 lors de son approche du terrain de Bodø; pilote tué dans l'accident. (Luftforsvaret)*

*Canadair CF-104 du 334 Skvadron. Après avoir été dépourvu de tout camouflage, les Starfighter norvégiens furent intégralement peints en gris clair anticorrosion. Les avions livrés par le Canada conservèrent de leur côté leur camouflage vert foncé d'origine. (Luftforsvaret)*

**Lockheed TF-104G Starfighter (s/n 66-13627), du 337 Skvadron. Bodø, 1970. Appareil détruit par accident en février 1981.**

**General Dynamics (Fokker) F-16A Block 20 MLU Fighting Falcon (s/n 80-3668) du 338 Skvadron « Tigers ». Ørland, 2009. Originellement un Block 15, cet avion a été modifié en Block 20 lors de la campagne de modernisation des F-16 norvégiens (MLU, pour Mid Life Update), en 2000. Ce Skvadron a cessé d'utiliser des F-16 à partir d'avril 2019.**

*F-16B Block 20 MLU (s/n 80-3693) du 332 Skvadron « Eagle ». Cette unité vole désormais sur F-35A. (Luftforsvaret)*

*F-16A Block 20 MLU (s/n 78-0288) du 338 Skvadron « Tigers ».*
***À partir de 2006, tous les F-16 norvégiens furent regroupés au sein du Forsvarets Logistikk Organisasjon (FLO, organisation logistique de l'armée de l'Air), chargé de répartir les appareils dans les escadrons en fonction des besoins de ces derniers. À cette occasion, une nouvelle décoration de dérive fut introduite, reprenant la flèche stylisée précédemment utilisée, mais aux couleurs nationales.***
*(Luftforsvaret)*

**General Dynamics F-16B Block 20 MLU (s/n 87-0711) du 332 Skvadron. Bodo, 1999. Décoration spéciale réalisée à l'occasion des 50 ans de l'OTAN.**

**Lockheed T-33A Q-DP 718 Skvadron, Sola, Norvège, 1960.**

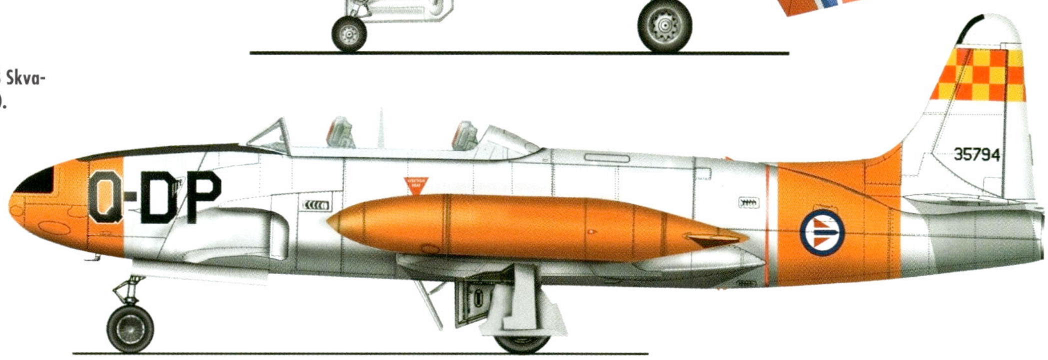

***F-16A Block 20 MLU (s/n 78-0298) du 338 Skvadron « Tigers ». La représentation du dieu Thor sur la dérive rappelle que cet avion a été réparé après avoir été gravement endommagé par la foudre.***
*(DR)*

*Vol en échelon refusé des F-16 du 331 Skvadron avec, au premier plan, le biplace s/n 80-3689.* *(Luftforsvaret)*

**Lockheed Martin F-35A Lightning II (s/n 15-5150/AM-10) du 332 Skvadron. Ørland, 2018. Cet appareil fait partie du premier lot livré au skvadron en novembre 2017. Les F-35A norvégiens seront les seuls à être équipés d'un parachute de freinage installé dans un conteneur, à l'arrière du fuselage, permettant aux avions de s'arrêter sur des pistes courtes et/ou gelées.**

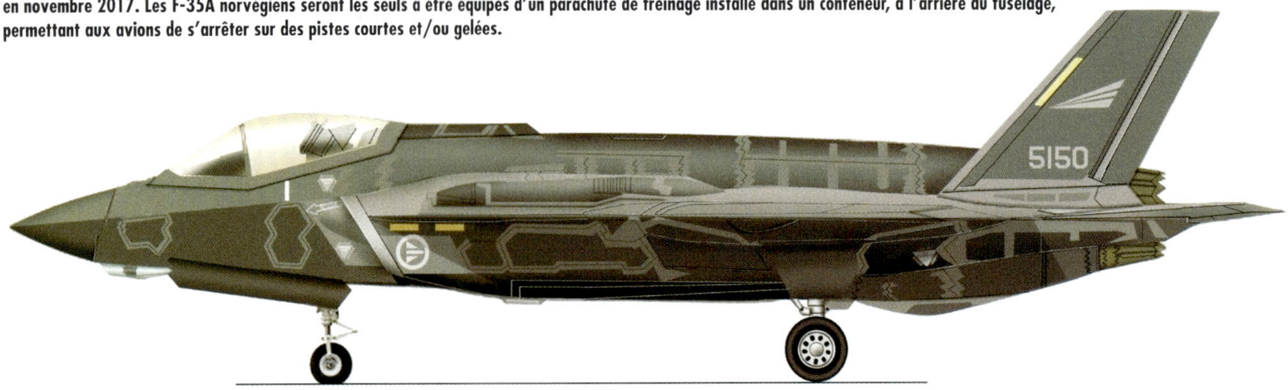


*Le premier F-35A livré à la Norvège est cet AM-01 (s/n 13-5087) qui arriva à Luke AFB en novembre 2015 et où il est utilisé, en compagnie de six autres Lighting II, pour la formation des pilotes norvégiens au sein du 62nd FS de l'USAF.* *(LMTAS)*

# PAYS-BAS

*Vol de patrouille de deux F-16AM du 313 Squadron. Les Fighting Falcon de la* **Koninklijke Luchtmacht**, *l'armée de l'Air royale néerlandaise, vont être progressivement remplacés par des F-35A Lightning II.*
(Koninklijke Luchtmacht)

Créée en 1913 sous le nom de *Luchtvaartafdeling* (LVA, « Département de l'Aviation »), l'armée de l'Air néerlandaise fut rebaptisée *Wapen der Militaire Luchtvaart* (« Arme de l'aviation militaire ») en juillet 1939, juste avant le déclenchement de la Seconde Guerre mondiale.

Malgré sa bravoure et les succès remportés sur la Luftwaffe, l'aviation militaire néerlandaise disparut quasiment après l'invasion du pays par l'Allemagne, en mai 1940, seuls quelques pilotes et une poignée d'appareils d'entraînement parvenant à se réfugier en Grande Bretagne où ils formèrent trois squadrons au sein de la RAF, les Nos 320 *(Netherlands)*, 321 *(Dutch)* et 322 *(Netherlands)* Squadrons, seul ce dernier étant équipé de chasseurs monoplaces (Spitfire de divers types). À la fin du conflit, ces trois unités furent transférées à l'aviation militaire néerlandaise, qui put ainsi être reconstituée sur son sol, le 322 Squadron disposant fin 1945 d'une vingtaine de Spitfire Mk IX fournis par les Britanniques en hommage à sa valeur pendant les hostilités.

En 1948, la *Militaire Luchtvaart* entra dans l'ère du jet avec l'arrivée d'une soixantaine de Gloster Meteor F Mark 4 qui furent affectés à neuf unités spécialement créées pour l'occasion: Nos 323 Squadron* basé à Twenthe, 322, 324, 325, 326, 327 et 328 Squadrons à Leeuwarden, 327 et 328 Squadrons à Soesterberg. Les Meteor F.4 restèrent en service aux Pays-Bas jusqu'en 1957, secondés pour l'entraînement des pilotes par 45 Meteor T Mark 7 livrés également en 1948 et attribués aux 323, 324 et 325 Squadrons. Ces biplaces ne seront, eux, retirés du service qu'en 1959. Les Pays-Bas firent l'acquisition, en 1951, de 160 Gloster Meteor F.8 destinés à remplacer les anciens F.4 dans les unités, des chasseurs qui voleront jusqu'en 1958.

Après la création de l'OTAN, le Haut commandement de l'Alliance décida en 1950 de doter les Pays-Bas (l'un des douze signataires du Traité) d'armes tactiques. Deux ans plus tard, le *Commando Tactische Luchtstrijdmachten* (CTL, « Commandement des forces aériennes tactiques ») fut formé, et il fut également décidé que l'entraînement des pilotes hollandais serait effectué aux États-Unis.

Le 11 mars 1953, par un décret royal, l'aviation militaire néerlandaise fut rebaptisée *Koninklijke Luchmacht* (KLu, armée de l'Air royale) et devint une arme indépendante, au même titre que l'armée de Terre ou la Marine. Elle fut officiellement rattachée à la *Second Allied Tactical Air Force* (2 ATAF) de l'OTAN. La mise sur pied du CTL entraîna la constitution, en 1952, de sept nouvelles unités (306, 311, 312, 313, 314, 315 et 316 Squadrons), équipées de 187 Republic F-84E et G Thunderjet fournis par les États Unis dans le cadre du programme d'aide militaire MDAP. Ces avions furent progressivement remplacés, à partir de 1955, par 191 Republic F-84F Thunderstreak qui resteront

** Après la Seconde Guerre mondiale, le nom de squadron fut conservé dans l'armée de l'Air néerlandaise, en référence à l'époque où cette dernière était rattachée à la RAF.*

**Gloster Meteor F Mark 4 du 325 Squadron. Leeuwarden, 1951.**

*Formation en échelon refusé de Meteor F.8 du 326 Squadron en 1954.* *(Koninklijke Luchtmacht)*

en service jusqu'en 1970, le 306 Squadron recevant quant à lui en 1956 vingt-quatre RF-84F Thunderflash de reconnaissance utilisés jusqu'en 1963. Afin de remplacer les Gloster Meteor, les Pays-Bas reçurent en 1955 96 Hawker Hunter F.4 afin d'équiper six escadrons (322, 323, 324, 325, 326 et 327 Sqns), puis une vingtaine de Hunter T.7 biplaces destinés à l'entraînement au sein des 322 et 323 Squadrons, et enfin 93 Hunter F.6 attribués à quatre escadrons (322, 324, 325 et 326 Sqns). Les derniers Hunter hollandais ont été retirés du service en 1968. D'autre part, 62 North American F-86K Sabre de chasse tout-temps furent fournis aux 700, 701 et 702 Squadrons stationnés à Twenthe en 1956, des chasseurs qui restèrent opérationnels jusqu'en 1964

En 1962, la *Koninklijke Luchmacht* réceptionna ses deux premiers Starfighter qui furent attribués au 306 Squadron basé à Twenthe, car ce dernier était destiné à devenir l'unité de transformation opérationnelle pour cet avion.

Les Pays-Bas reçurent au total 102 Lockheed F-104G destinés à la défense aérienne et attribués aux 311 et 312 Squadrons de Volkel, et aux 322 et 323 Squadrons de Leeuwarden. À ce chiffre s'ajoutèrent dix-huit RF-104G de reconnaissance utilisés par le 306 Squadron de Volkel de 1969 à 1983, et dix-huit TF-104G biplaces répartis dans les différentes unités de Starfighter. Ce type fut retiré du service aux Pays-Bas en 1984.

Le Freedom Fighter, fabriqué sous licence par Canadair, ayant été choisi pour remplacer les F-84F au début des années soixante-dix, soixante-quinze NF-5A et trente biplaces NF-5B furent affectés au 313 Squadron basé à Twenthe, et aux 314 et 315 Squadrons d'Eindhoven.

Le Freedom Fighter resta en service en Hollande jusqu'en 1991. En 1975, la KLu passa commande de 213 F-16A et B afin d'équiper, à partir de juin 1979, neuf de ses unités : les 322 et 323 Squadrons basés à Leeuwarden ; 306, 311, 312 et 313 Squadrons à Volkel ; 315 Squadron à Twenthe ; 314 Squadron à Gilze-Rijen et 316 Squadron à Eindhoven. Les Fighting Falcon utilisés par les Pays-Bas furent fabriqués localement par Fokker, le dernier d'entre eux étant livré au début de 1992. Au début des années quatre-vingt-dix, les F-16 néerlandais participèrent aux opérations en ex-Yougoslavie, au sein de la Force multinationale des Nations Unies, puis à « Enduring Freedom », en Afghanistan, de 2002 à 2004.

La flotte des F-16 hollandais fut progressivement réduite au début du présent siècle dans le cadre de restrictions budgétaires. Une partie des surplus fut vendue à des pays étrangers (Chili, Jordanie), et les 68 appareils survivants furent concernés à partir de 2003 par une campagne de modernisation à mi-vie (*Mid Life Update*, ou MLU). À la fin de 2019, les Pays-Bas ne possédaient plus qu'une soixantaine de F-16AM et BM (désignation des appareils modernisés) répartis dans trois squadrons (323 à Leeuwarden, 312 et 313 à Volkel), ce modèle devant être progressivement remplacé par le Lockheed Martin F-35A Lightning II, dont les Pays-Bas ont acheté 37 exemplaires (au lieu des 85 envisagés à l'origine).

Les premiers appareils de ce type étaient au début de 2020 en phase d'évaluation aux États-Unis, la première unité néerlandaise équipée de ce nouvel avion devant être le 323 Squadron de Leeuwarden.

*Instruction réacteur sur un Meteor F.4 à l'école de l'Air néerlandaise (LETS) de Deelen, en 1949.* *(Koninklijke Luchtmacht)*

Gloster Meteor F.4 du 323 Squadron. Leeuwarden, 1956. Appareil utilisé comme remorqueur de cible.

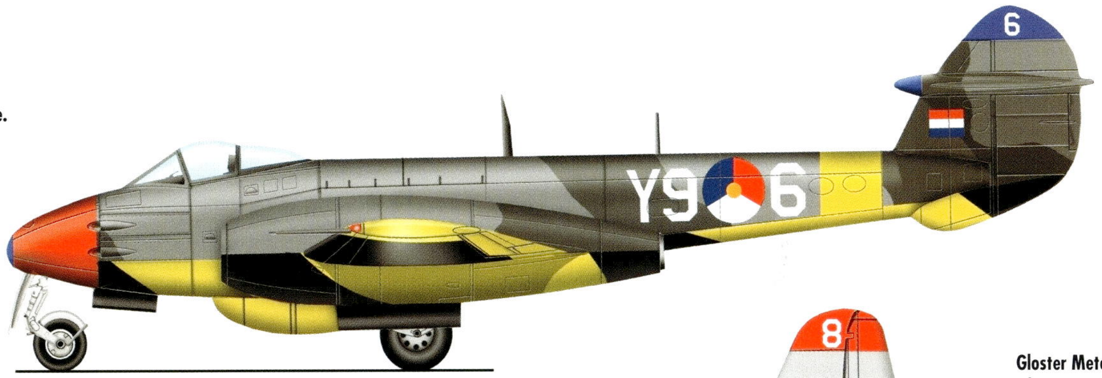


Gloster Meteor F.8 du 326 Squadron. Soesterberg, début 1950.

Gloster Meteor F.8 du 322 Squadron. Soesterberg, années cinquante.

Gloster Meteor T Mark 7 (serial WL426) du 323 Squadron. Leeuwarden, 1956.

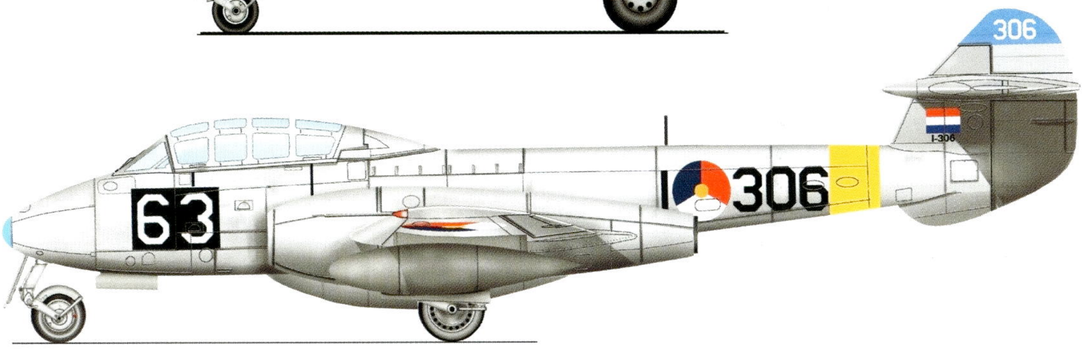

*Deux auxiliaires féminines de l'armée de l'Air néerlandaise (LuVA) posent à des fins promotionnelles devant un Meteor F.8 en 1958.*
*(Koninklijke Luchtmacht)*

**Le Republic F-84F-51-RE Thunderstreak (s/n 52-7189) d'un squadron indéterminé en vol.**
*(Koninklijke Luchtmacht)*

*Insigne du 314 Squadron*

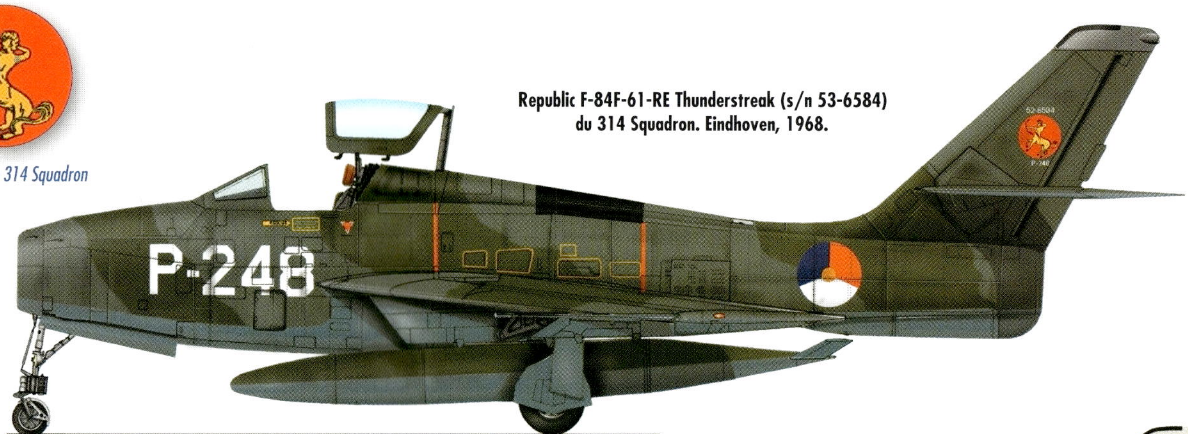


**Republic F-84F-61-RE Thunderstreak (s/n 53-6584) du 314 Squadron. Eindhoven, 1968.**

**Republic RF-84F-26-RE Thunderflash (s/n 52-7280) du 306 Squadron. Laarbruch (Allemagne), 1956. Appareil ensuite revendu à la Turquie.**

*Insigne du 306 Squadron*

**Republic RF-84F-10-RE Thunderflash (s/n 51-1924) du 306 Squadron. Deelen, 1959.**

*Les F-84G Thunderjet des « Red Noses », la première patrouille acrobatique néerlandaise, créée en 1953 au sein du 314 Squadron. Rééquipée de F-84F Thunderstreak en 1956, elle effectua sa dernière prestation en août 1957.* (Koninklijke Luchtmacht)

**Republic F-84E-20-RE Thunderjet (s/n 50-1832) du 331 Squadron. Volkel 1951.**

**Republic F-84G-11-RE Thunderjet (s/n 51-10009) du 315 Squadron. Eindhoven, 1956. Cet appareil fut retiré du service aux Pays Bas et restitué aux États-Unis en 1957.**

*Entretien au sol sur le Republic F-84F-61-RE Thunderstreak (s/n 53-6706) du 314 Squadron à Eindhoven en 1959.* (Koninklijke Luchtmacht)

***Republic F-84F-56-RE Thunderstreak (s/n 52-7214) du 311 Squadron à Volkel.*** *(Koninklijke Luchtmacht)*

**Republic F-84G-16-RE Thunderjet (s/n 51-10564) du 315 Squadron. Volkel, 1955. Cet appareil, utilisé comme remorqueur de cibles, fut vendu au Danemark en 1956.**

**Republic F-84F-56-RE Thunderstreak (s/n 52-10530) du 313 Squadron. Volkel, 1956.**

***Republic F-84E Thunderjet utilisé pour l'instruction des mécaniciens à Deelen en 1957, après le retrait du service de ce modèle au sein de la KLu.*** *(Koninklijke Luchtmacht)*

*Hawker Hunter F.6 du 324 Squadron à Leeuwarden, pendant la compétition AIRCENT de l'OTAN, en juin 1961.*
*(Koninklijke Luchtmacht)*

**Hawker Hunter F.4 du 322 Squadron. Volkel, 1957. Avec la Belgique, les Pays-Bas furent le premier client à l'exportation du Hunter. Les F Mark 4 de la KLu (96 exemplaires) furent codés dans une série débutant par « N-101 »**

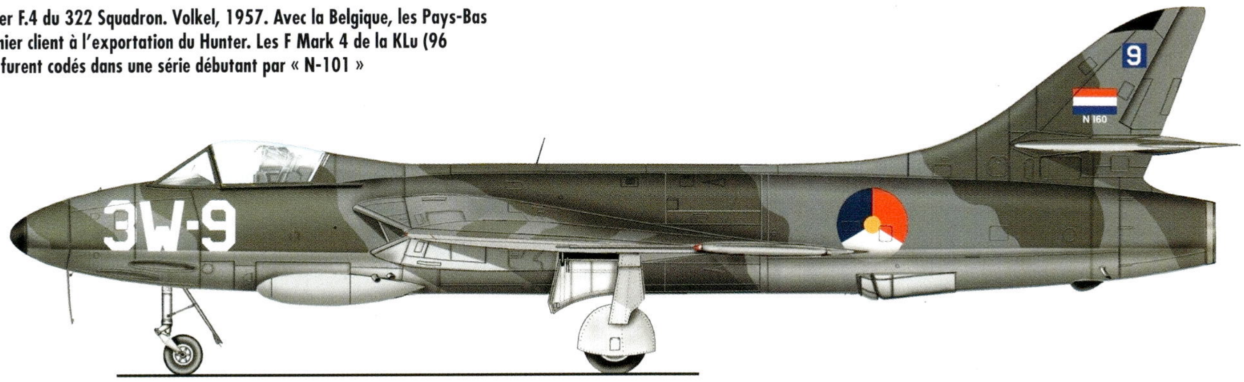

**Hawker Hunter F.6 du 235 Squadron. Leeuwarden, 1958. Eux aussi fabriqués sous licence par Fokker, les F.6 néerlandais (93 exemplaires) furent codés à partir de « N-201 ».**

*Instructeurs et élèves devant le Hunter T.7 « N-309 » à Leeuwarden en 1959. Les vingt biplaces de ce type livrés à la KLu furent fabriqués au Royaume Uni, à la différence des monoplaces produits sous licence.*
*(Koninklijke Luchtmacht)*

***Hawker Hunter F.4 (N-109) du 326 Squadron à Woensdrecht, en février 1958.*** *(Koninklijke Luchtmacht)*

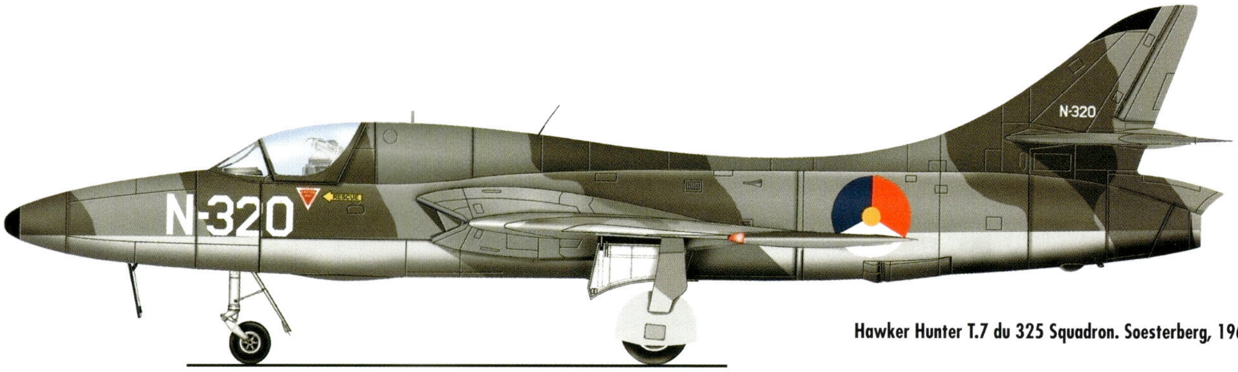


**Hawker Hunter T.7 du 325 Squadron. Soesterberg, 1960.**

**Hawker Hunter T.7 du 325 Squadron. Soesterberg, 1964.**

# Pays-Bas

*F-86K-18-NA Sabre (s/n 54-1278) du 700 Squadron en 1956. Ce modèle fut surnommé aux Pays-Bas « Kaasjager » (litt. chasseur de fromage!).*
*(Koninklijke Luchtmacht)*

**North American F-86K-18-NA Sabre (s/n 54-1297) du 701 Squadron. Soesterberg, 1955. Appareil ensuite transféré à l'Italie en 1962.**

**North American F-86K-18-NA Sabre (s/n 54-1283) du 702 Squadron. Twenthe, 1960.**

*Page Précédente.*
***Deux Hunter F.4 du 322 Squadron sur la piste de Mokmek (Nouvelle Guinée néerlandaise), lors de la cérémonie de fermeture de cette base, en septembre 1962. L'appareil au second plan est équipé de quatre réservoirs supplémentaires.***
*(Koninklijke Luchtmacht)*

***North American F-86K-15-NA Sabre (s/n 54-1246) du 702 Squadron à Twenthe, en 1961.***
*(Koninklijke Luchtmacht)*

Canadair NF-5A Freedom Fighter (n° constr. 3070) du 314 Squadron. Eindhoven, 1978. Cet avion sera cédé à la Turquie en 1990.

Canadair NF-5A Freedom Fighter (n° constr. 3028) du 315 Squadron. Twenthe, 1985.

Canadair NF-5A Freedom Fighter (n° constr. 3030) du 313 Squadron. Twenthe, 1984.

Canadair NF-5A Freedom Fighter (n° constr. 3028) du 313 Squadron. Soesterberg. Cette décoration spéciale fut réalisée pour la patrouille acrobatique « The Double Dutch » pendant la saison 1980.

« Twentse Ros », drapeau de la région de Twenthe

Canadair NF-5A Freedom Fighter (n° constr. 3048) du 313 Squadron. Twenthe, 1987. La bande de dérive reprend les armes de la région de Twenthe, le « Twentse Ros », un cheval cabré blanc sur fond rouge.

Canadair NF-5B Freedom Fighter (n° constr. 4005) du 313 Squadron. Twenthe, 1984.

*Page précédente.* ***Canadair NF-5A Freedom Fighter (n° constr. 3047) du 316 Squadron.*** *(Koninklijke Luchtmacht)*

***Les NF-5B du 313 Squadron à Twenthe en 1970.*** *(Koninklijke Luchtmacht)*

*Quatre Canadair NF-5A du 314 Squadron en vol en 1970.*
***On notera les deux types de camouflages portés à l'époque.***
*(Koninklijke Luchtmacht)*

*Insigne du VUD*

**Canadair NF-5B Freedom Fighter (n° constr. 4002) du VUD. Woendsrecht, 1990. Les NF-5 retirés des squadrons de la KLu rééquipés de F-16 furent dans un premier temps affectés au 316 Squadron, mais en raison de leur nombre important, il fut décidé de constituer une unité spéciale, le *Vliegend Uit Diest* (VUD, pour « retrait en condition de vol »), destiné à assurer l'intérim en attendant leur éventuelle revente à des pays étrangers. Ce biplace fut par exemple cédé au Venezuela en 1993.**

**Canadair NF-5B Freedom Fighter (n° constr. 4026) du 316 Squadron. Eindhoven, 1985.**

**Canadair NF-5B Freedom Fighter (n° constr. 4014) du 313 Squadron. Twenthe, 1985**

*Quatre Starfighter de la KLu en vol. L'appareil au premier plan, le RF-104G n° 8260 du 312 Squadron a été perdu par accident en août 1976.*
*(Koninklijke Luchtmacht)*

*Insigne du 306 Squadron*

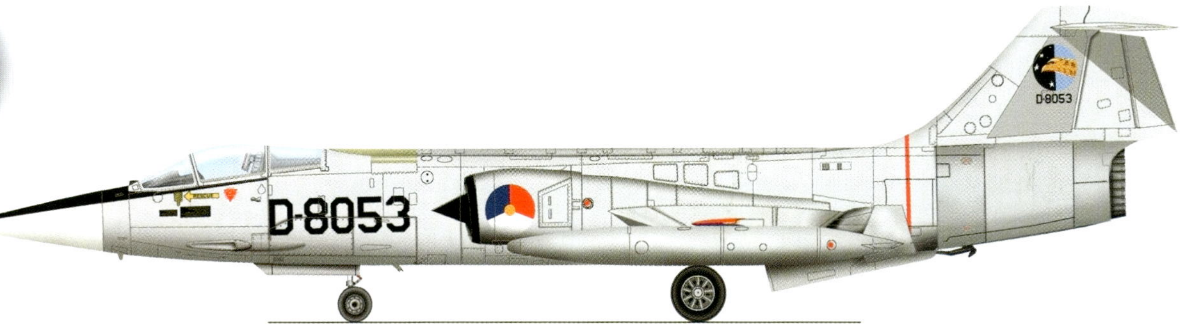


**Lockheed (Fokker) F-104G Starfighter du 306 Squadron. Twenthe, 1963. Au début de leur carrière, les Starfighter néerlandais étaient entièrement peints en gris clair (« *Anodiseergrijs* »).**

*Insigne du 312 Squadron*

**Lockheed (Fokker) F-104G Starfighter (n° constr. 8331) du 312 Squadron. Volkel, 1983.**

*Les Starfighter de l'UFO* (Uit Faserings Onderdeel)*, unité spécialement créée à Volkel avant le retrait des F-104 de la KLu avec des appareils provenant du 312 Squadron et du CAV* (Conversie All-weather Vlucht*, groupe de conversion tout temps), les deux dernières unités néerlandaises à voler sur Starfighter. L'UFO devait permettre aux pilotes n'ayant à l'époque pas encore été transformés sur F-16 de continuer à s'entraîner et/ou à se former.*
*(Koninklijke Luchtmacht)*

**Lockheed RF-104G Starfighter (n° constr. 8141) du 306 Squadron. Volkel, 1974. Cet avion est équipé d'une nacelle de reconnaissance NVOI Orpheus accrochée en point central, sous le ventre.**

**Lockheed TF-104G Starfighter (n° constr. 5809) de l'*Operationele Conversie Unit* (« unité de conversion opérationnelle »). L'OCU, surnommée « *The Dutch Masters* » (les maîtres hollandais) fut constituée à Twenthe en 1963. Destinée à former les futurs pilotes des Starfighter de la KLu, elle fut dissoute en 1968, lorsque l'entraînement sur F-104 fut attribué aux unités basées à Leeuwarden et Volkel.**

**Lockheed TF-104G Starfighter de la *Training en Conversie Afdeling* (TCA, « unité d'entraînement et de conversion »). Leeuwarden, 1972. Appareil ensuite vendu à la Turquie.**

*F-104G Starfighter à Leeuwarden en 1964. Les Starfighter néerlandais furent d'abord intégralement peints en gris clair avant de recevoir un camouflage à trois tons.* (Koninklijke Luchtmacht)

*L'ancien et le nouveau. Un F-16A aux côtés d'un F-104G du* Target Towing Flight *(TTF), unité créée à Leeuwarden et destinée à l'entraînement des pilotes au tir air-air. Le Starfighter emporte une cible remorquée Alke Soulé d'origine française, qui fut utilisée jusqu'en 1984, date de la dissolution du TTF.* (Koninklijke Luchtmacht)

**General Dynamics (Fokker) F-16A Block 15 Fighting Falcon (s/n 81-0878) du 312 Squadron « Bonzo ». Volkel, 1991.**
**Cette décoration spéciale fut portée à l'occasion du 40e anniversaire de la formation du 312 Squadron.**
**Cet avion, modernisé en Block 20 MLU en 2000, a été acheté par le Chili en 2007.**

**General Dynamics (Fokker) F-16B Block 20 MLU Fighting Falcon (s/n 86-0065) du 306 Squadron « Hawk » Volkel, 2007.**

*Formation de T-33A du 313 Squadron en 1959. Ces « T-Birds » étaient utilisés pour la formation à la chasse ou JVO (pour* Jachtvliegeropleiding*). (Koninklijke Luchtmacht)*

Lockheed T-33A-1-LO (s/n 52-9876) du 313 Squadron. Twenthe, 1971. Ce « T-Bird » a été cédé à la Grèce après son retrait du service par les Pays-Bas, en 1971.

***Lockheed T-33A-1-LO (s/n 51-17411) du 322 Squadron à Twenthe en 1964.** (Koninklijke Luchtmacht)*

*Insigne du 306 Squadron*

**Lockheed RT-33A-1-LO (s/n 54-1522) du 306 Squadron à la fin des années 1960. Cet ancien appareil turc a été acheté par les Pays-Bas en 1957.**

**Lockheed RT-33A-1-LO (s/n 54-1542), 1970.**

***À terme, le F-35A Lightning II sera l'unique avion d'armes de la KLu. En revanche, en raison du prix exorbitant de cet avion, les Pays-Bas n'ont finalement acheté que 37 appareils de ce type, un chiffre à comparer avec les 213 F-16 acquis il y a un demi-siècle! Ici le « F-001 » (s/n 09-5008), premier exemplaire de série, attribué au 323 Squadron basé à Leeuwarden.*** *(Mediacentrum Defensie/Valerie Kuyperst)*

# POLOGNE

*Les trois types d'avions de combat actuellement en service au sein de la* **Siły Powietrzne**, *l'armée de l'Air polonaise. D'avant en arrière, Sukhoï Su-22, MiG-29 et F-16C. Les deux premiers, les plus anciens, seront à terme remplacés par les F-35A que la Pologne a récemment commandés.* (Bartosz Bery/Siły Powietrzne)

Après avoir disparu à la suite de l'invasion du pays par l'Allemagne, en septembre 1939, l'aviation militaire polonaise fut reconstituée en Union Soviétique en 1943 sous le nom de *Ludowe Lotnictwo Polskie* (Force aérienne populaire polonaise). Composée à la fin du conflit de dix-sept régiments (chasse, bombardement et assaut), et disposant de près de 750 appareils, tous d'origine soviétique, cette armée de l'Air retourna en Pologne où elle fut progressivement rééquipée de nouveaux avions dans les années qui suivirent: Tupolev Tu-2, Petlyakov Pe-2 et Yak-17 en 1950, Yak-23 et MiG-15 en 1951, et finalement MiG-17 en 1961, tandis que des Il-10 venaient renforcer les unités de bombardement et d'assaut.

À partir de 1952, une partie des appareils utilisés par la Pologne fut produite sous licence localement, principalement par la société nationale PZL-Mielec, comme le Lim-1 (MiG-15), le Lim-2 (MiG-15bis) et le Lim-5 (MiG-17).

En 1954, l'armée de l'Air polonaise fut réunie avec les forces de la défense antiaérienne afin de constituer un ensemble unique, la *Wojska Lotnicze i Obrony Przeciwlotniczej* (WLiOPL, « Forces nationales aériennes et de défense contre avions »), dont les deux composantes redevinrent indépendantes en 1962, la force aérienne étant alors rebaptisée *Wojska Lotnicze* (Forces aériennes). La Pologne ne reçut qu'un nombre réduit de MiG-19 à partir de 1959, son principal chasseur à réaction devenant le MiG-21, qui entra en service en 1963, et dont plusieurs versions furent utilisées par le pays (F-13, PF, MF et Bis). Par la suite, l'armée de l'Air polonaise reçut également une trentaine de MiG-23MF « Flogger » en 1979, et finalement douze MiG-29 « Fulcrum » en 1989. Les unités d'attaque au sol polonaises, d'abord équipées d'Ilyouchine Il-10, reçurent quant à elles, à partir de 1965, un nombre important de Sukhoï Su-7B, qui furent remplacés en 1974 par des Su-20, et finalement par 110 Sukhoi Su-22M-4 « Fitter » en 1984.

Le 1er juillet 1990, l'armée de l'Air et la défense antiaérienne polonaises furent de nouveau réunies au sein d'une nouvelle entité, la *Wojska Lotnicze i Obrony Powietrznej*

**MiG-21MF « Fishbed J », du 10. *Eskadra Lotnictwa Taktycznego* (ELT, « 10[e] escadron de chasse tactique ») de la *22. Baza Lotnicza Taktycznego* (BLT, « 32[e] Base de chasse tactique ») de Lask, 2004. Il s'agit de la monture personnelle du commandant de l'escadron.**

MiG-21UM « Mongol B » (n° 516999311) du 10. ELT. Lask, 2004.

MiG-29G « Fulcrum » (n° 2960525115) du 41. ELT. Malbock (22. BLT), 2007. Il s'agit de l'un des 22 appareils de ce type (18 biplaces et quatre monoplaces) livrés par l'Allemagne et remis en service en 2003-2004 après avoir été révisés et redésignés MiG-29G et GT. L'insigne porté sous le pare-brise est celui de l'escadron.

MiG-29GT « Fulcrum » (n° N50903006526) du 41. ELT. Malbock, 2006. Cet ancien biplace de la Luftwaffe (et auparavant de la RDA!) a été retiré du service en 2018.
L'insigne porté sous le pare-brise est celui du 41. ELT.

*MiG-29A « Fulcrum » (n° 2960526370) du 41. ELT (escadron de chasse tactique) en 2017.*
*(Siły Powietrzne)*

La Pologne possède encore plus d'une vingtaine de MiG-29 en service, seize d'entre eux ayant été remis à niveau en 2014. Ils continuent d'opérer au sein d'un seul escadron, aux côtés des F-16 Block 52 reçus à partir de 2006. *(Siły Powietrzne)*

(WLiOP, « Forces aériennes et de défense contre avions »).

La disparition de l'Union Soviétique, en 1991, et celle du Pacte de Varsovie dont faisait partie la Pologne depuis 1955, entraîna de profonds bouleversements au sein de l'armée de l'Air polonaise, dont la flotte fut progressivement réduite. Les Su-20 furent rapidement retirés du service, suivis par les MiG-23MF en 1999, tandis que des MiG-29 supplémentaires étaient rachetés à la République tchèque en 1995, et à l'Allemagne en 2004.

La Pologne ayant intégré l'OTAN en 1999, à la suite du retrait des derniers MiG-21, en 2003, les seuls avions d'armes dont disposait la WLiOP l'année suivante étaient des MiG-29 et des Su-22. C'est pourquoi le pays décida d'acheter en 2002 des Lockheed Martin F-16C et D Block 52+ neufs aux États-Unis. Lors d'une nouvelle réorganisation, les forces aériennes polonaises changèrent de nom en juillet 2004, devenant alors la *Siły Powietrzne* (« armée de l'Air »). En 2019, celle-ci était composée des :

— 41. *Eskadra Lotnictwa Taktycznego* (41. ELT, « 41e escadron de chasse tactique »), basé à Malbork (22. *Baza Lotnicza Taktycznego* — BLT — « 22e Base de chasse tactique ») et équipé de MiG-29 ;

— 1. ELT, basé à Mińsk Mazowiecki (23. BLT) avec des MiG-29A et UB ;

— 8. et 40. ELT, basés à Swidwin (21. BLT) équipés de Su-22M-4 et Su-22UM-3K (biplaces) ;

— 10. ELT de Lask (32. BLT) avec des F-16C et D Block 52+ ;

— et enfin 3. et 6. ELT, basés à Poznań-Krzesiny (31. BLT), également dotés de F-16.

Le maintien en service des derniers Su-22 et MiG-29 étant de plus en plus problématique et coûteux, la Pologne a décidé de les remplacer à terme par des Lockheed Martin F-35A, dont elle a commandé 32 exemplaires en 2019.

Ces Lightning II devraient être livrés entre 2024 et 2030 à raison de quatre à six exemplaires par an, les premiers devant rester aux États-Unis afin d'assurer la formation des futurs pilotes. Selon les prévisions, le premier escadron polonais de F-35A devrait être déclaré opérationnel en 2026.

**Sukhoï Su-22M-4 « Fitter K » (n° 37816) de la 21. BLT (8. et 40. ELT). Swidwin, 1999. Appareil camouflé en gris en 2016.**

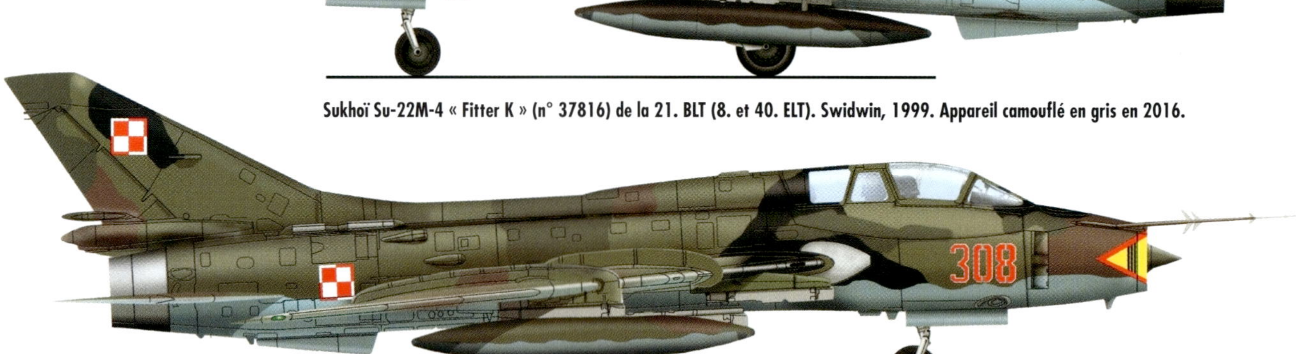

**Sukhoï Su-22UM-3K « Fitter G » (n° 17532366308) du 40 ELT. Swidwin (21. BLT), 2010. Appareil camouflé en gris en 2016.**

*Sukhoï Su-22M-4 « Fitter K » (n° 37715) de la 21. BLT (Base aérienne tactique) de Swidwin, où sont actuellement rassemblés tous les avions de ce type encore en service en Pologne.* (*Siły Powietrzne*)

**Sukhoï Su-22M-4 « Fitter K » (n° 37817) de la 21. BLT (8. et 40. ELT). Swidwin, 2016.**

**Sukhoï Su-22UM-3K « Fitter G » (n° 17532368508) de la 21. BLT. Swidwin, 2016.**

*Sukhoï Su-22M-4 « Fitter K » (n° 28309) appartenant à la 21. BLT de Swidwin. Tous les Su-22 polonais encore en service en 2015-2016 ont reçu un nouveau camouflage à dominante grise.* (*Siły Powietrzne*)

**Lockheed Martin F-16C Block 52 Fighting Falcon (s/n 03-0040) du 3. ELT. Poznan (31. BLT), 2008. Cet avion, le troisième de ce type livré à la Pologne, a d'abord été utilisé pour des essais à Edwards AFB (États-Unis), de 2006 à 2008.**

**Lockheed Martin F-16D Block 52 (s/n 03-0076) du 6. ELT. Poznan (31. BLT), 2011.**

*En haut.*
***Ce F-16C Block 52 (s/n 03-0052) du 6. ELT « Tiger » basé à Poznan (31. BLT) a reçu cette livrée « tigrée » parfaitement appropriée à l'occasion de la saison des meetings aériens de 2015.***
*(Siły Powietrzne)*

***Lockheed Martin F-16D Block 52 (s/n 03-0081) appartenant à la 31. BLT de Poznan.***
*(Siły Powietrzne)*

# PORTUGAL

Le Portugal, resté neutre, n'a pas participé à la Seconde Guerre mondiale, et à la sortie du conflit, sa force aérienne était principalement équipée de Supermarine Spitfire Mk V, et sa marine de Curtiss SB2C Helldiver.

Le pays ayant intégré l'OTAN en tant que membre fondateur en 1949, ses deux aviations militaires fusionnèrent le 1er juillet 1952 pour constituer la *Força Aérea Portuguesa* (FAP, « Force aérienne portugaise »).

Dans le cadre du programme d'aide militaire MAP, le Portugal reçut cinquante Republic F-47D Thunderbolt qui furent affectés aux *Esquadras* (escadres) 10 et 11 en 1951. Utilisés jusqu'en 1956, ces appareils furent remplacés par 125 Republic F-84G Thunderjet à partir de janvier 1953, l'*Esquadra* 20 étant la première unité à recevoir ce modèle, suivie par l'*Esquadra* 21 l'année suivante. En juillet 1961, le Portugal envoya des détachements de F-84G dans ses colonies africaines (Angola, Mozambique, etc.), pour lutter contre les soulèvements indépendantistes. Les Thunderjet restèrent en service au Portugal jusqu'en 1974. Afin d'assurer l'entraînement avancé des pilotes, ainsi que la reconnaissance, des Lockheed T-33A et RT-33A entrèrent en service dans la FAP en 1953. Ces modèles furent utilisés jusqu'en 1990.

Le North American Sabre fut introduit au Portugal à partir de 1958. 65 F-86F furent en effet livrés, qui équipèrent les *Esquadras* 51 et 52 installées sur la *Base Aérea* (BA) n° 2 d'Ota, un détachement de ces chasseurs étant envoyé en Guinée-Bissau entre 1961 et 1965. La carrière des Sabre au sein de la *Força Aérea Portuguesa* s'acheva en 1980, après vingt-trois ans de service.

Le Fiat G.91 fut introduit dans la FAP à partir de 1966, lorsqu'un premier lot de quarante appareils provenant de la Lutfwaffe fut affecté à l'*Esquadra* 51. Le Portugal utilisa trois variantes de cet avion, le G.91R/4 (armé de quatre mitrailleuses de 12,7 mm), le G.91R/3 (armé de deux canons de 30 mm) et biplace d'entraînement T/3. Entre 1966 et 1974, des Fiat G.91R/4 furent déployés dans les unités stationnées dans les colonies portugaises d'Afrique : *Esquadra* 121 en Guinée-Bissau, de 1966 à 1974 ; *Esquadras* 502 et 702 au Mozambique, de 1969 à 1974 ; *Esquadra* 93 en Angola, de 1974 à 1975.

***Bien que son nombre ait été réduit il y a quelques années, le F-16 reste l'unique avion de combat de la* Força Aérea Portuguesa. *Pour l'heure, aucune décision n'a été prise quant au nom de son éventuel remplaçant. Ici, deux F-16AM de l'*Esquadra 201 « Falcões »*, l'une des deux unités équipées de ce type, survolent la couche nuageuse.***
*(FAP)*

**Republic F-84G-6-RE Thunderjet (s/n 51-9955) de l'*Esquadra* (escadre) 21. *Base Aérea* (BA, « Base aérienne ») 2. Ota, 1954. Cet ancien appareil de l'EC 3/11 de l'Armée de l'Air fut retiré du service en 1960.**

***North American F-86F-35-NA Sabre (s/n 53-1204 et 53-1223, au second plan) de l'Esquadra 51. Ces deux anciens avions de l'USAF (48th FBW) furent livrés à la FAP en 1960. Le n° 5362 fut perdu par accident en décembre 1970. Dérive, entrée d'air et extrémités des ailes et des stabilos sont bleus.***
*(Museu do Ar)*

Entre 1976 et 1982, la FAP reçut un complément de 70 Fiat G.91R/3 et de 26 Fiat G.91T/3, qui équiperont huit *Esquadras*. Les derniers « Gina », surnom donné au Fiat G.91, seront retirés du service au Portugal en 1993. En 1977, la *Força Aérea Portuguesa* fit l'acquisition de douze Northrop T-38A Talon qui furent affectés à l'*Esquadra* 103 et restèrent en service jusqu'en 1993.

Août 1981 vit l'arrivée des premiers LTV A-7P Corsair II. Sur les douze appareils fournis par les États Unis, (d'anciens A-7A de l'US Navy modernisés) seuls onze seront affectés à l'*Esquadra* 302 de Monte Real, car l'un d'entre eux fut perdu avant sa livraison. Ce premier lot fut suivi par un second, composé cette fois de vingt-quatre A-7P et de six biplaces TA-7P, qui furent livrés entre octobre 1984 et avril 1986 et affectés à l'*Esquadra* 304 spécialement créée pour l'occasion. Les Corsair II portugais furent retirés du service en 1999.

En 1993, cinquante anciens DDB Alpha Jet A de la Luftwaffe (dont dix utilisés comme réserves de pièces détachées) furent fournis à la FAP et affectés à l'*Esquadra* 103. Parmi ces appareils destinés à la formation des pilotes, certains furent équipés d'une nacelle photographique, ou d'un pod canon ventral de 27 mm. Les derniers Alpha Jet portugais ont été retirés du service en janvier 2018, le Portugal ne possédant actuellement plus d'avion d'entraînement avancé pour ses pilotes.

En 1994, dans le cadre du programme « Peace Atlantis I », dont le paiement fut en partie compensé par les États-Unis en échange de l'utilisation par eux de la base aérienne de Lajes, aux Acores, dix-sept F-16A Block 15 et trois biplaces F-16B Block 15 furent livrés au Portugal. Ces appareils furent affectés à l'*Esquadra* 201 « *Falcões* » (faucons), spécialement constituée par la fusion des *Esquadras* 302 et 304.

Afin de compléter sa flotte de Fighting Falcon et d'équiper une seconde unité, l'*Esquadra* 301 « *Jaguares* » (jaguars), le Portugal fit l'acquisition en 1998, dans le cadre du Programme « Peace Atlantis II », de vingt et un F-16A Block et de quatre F-16B ayant précédemment appartenu à la Garde nationale du Texas. Cinq de ces appareils furent utilisés comme réserves de pièces détachées. Les F-16 portugais participèrent aux opérations dans les Balkans de mars à juin 1999 depuis la base d'Aviano, en Italie.

Tous les F-16 de la FAP ont progressivement été modernisés dans le cadre d'un programme MLU (modernisation à mi-vie), à commencer par ceux provenant du second lot reçu. La flotte des Fighting Falcon portugais a été augmentée en 2013 de deux F-16A et d'un biplace F-16B fournis par les États Unis. En 2016, le gouvernement portugais a accepté de vendre à la Roumanie neuf de ses F-16AM et trois de ses F-16BM (nouvelles désignations attribuées aux avions modernisés), qui seront suivis par cinq autres monoplaces à partir de 2019.

Au début de 2020, la *Força Aérea Portuguesa* ne possédait donc plus que 24 F-16AM et trois biplaces F-16BM qui devraient voler au moins jusqu'en 2030, aucune décision définitive quant à un éventuel successeur à cet avion n'ayant été prise.

***Un futur aviateur (?) devant le F-84G-26-RE Thunderjet (s/n 51-16648) de l'Esquadra 21. Cet avion fit partie d'un détachement envoyé en Angola, pays où il fut retiré du service en 1971 et préservé un temps à Luanda.***
*(Museu Do Ar)*

North American F-86F-35-NA Sabre (s/n 52-5199) de l'*Esquadra* 51. BA 5 Monte Real, 1978. Il s'agit d'un ancien avion de l'USAF (562nd FBS/388th FBW), livré à la *Força Aérea Portuguesa* en 1960 et retiré du service en 1981.

Fiat G.91R/4 (n° constr. 142) de l'*Esquadra* 303 « Tigres ». BA 4 Lajes (Açores), 1981. Cet ancien avion de la Luftwaffe fut retiré du service par le Portugal en 1990.

Fiat G.91R/3 (n° constr. 387) de l'*Esquadra* 301 « Jaguares ». BA 6 Montijo, 1992. Cet ancien avion de la Luftwaffe fut utilisé à la fin de sa carrière pour l'entraînement au sol, et finalement retiré du service en 1995.

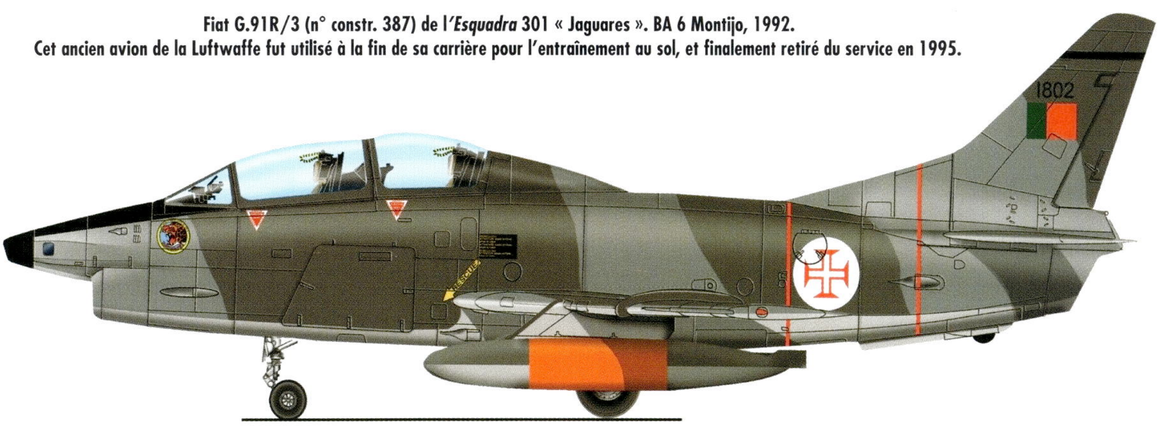


Fiat G.91T/3 (n° constr. 006) de l'*Esquadra* 301 « Jaguares ». BA 6 Montijo, 1986.

Fiat G.91T/3 (n° constr. 042) de l'*Esquadra* 303 « Tigres ». BA 4 Lajes (Açores), 1984.

Ling-Temco-Vought (LTV) A-7P Corsair II (BuNo 153250) de l'*Esquadra* 302 « Falcões ». BA 5 Monte Real, 1990. Cet ancien A-7A de l'US Navy a été transformé en A-7P pour être livré au Portugal où il est resté en service jusqu'en 1996.

LTV TA-7P Corsair II (ex BuNo 153224) de l'*Esquadra* 302 « *Águias Reais* » (aigles royaux). BA 5 Monte Real, 1995. Cette escadre, d'abord surnommée « *Falcões* » (faucons), a changé de nom en 1993 lorsque celui d'origine a été repris par l'*Esquadra 201* équipée de F-16.

*LTV A-7P Corsair II (ex BuNo 153244) de l'Esquadra 304 « Magnificos ». BA 5 Monte Real, 1994. Cet avion a été retiré du service en 1999.*
*(Museu do Ar)*

**Lockheed F-16B Block 15 OCU (s/n 93-0483) de l'*Esquadra 201 « Falcões »*. BA 5 Monte Real, 2006. Ce biplace fait partie du premier lot de F-16 acheté par le Portugal et est toujours en service dans la FAP, après avoir été modernisé dans le cadre du programme MLU *(Mid-Life Update)*.**

**General Dynamics F-16AM Block 20 MLU (s/n 83-1076) de l'Esquadra 301 « Jaguares » (jaguars), BA 5 Monte Real, 2008. Cet ancien avion de la Garde nationale du Texas a été fourni au Portugal dans le cadre du programme « Peace Atlantis II » en 2000.**

**General Dynamics F-16AM Block 20 MLU (s/n 83-1081) de l'Esquadra 201 « Falcões ». BA 5 Monte Real, 2014. Cet avion porte une décoration spéciale réalisée à l'occasion du 20e anniversaire de la mise en service du F-16 Fighting Falcon dans la Força Aerea Portuguesa.**

***Fiat G.91T/3 (c/n 006) de l'Esquadra 301 « Jaguares » à Lajes (Acores) en 1984.***
*(Coll. G. Paloque)*

*Lorsque la Luftwaffe quitta la base de Beja, en 1993, elle fournit en compensation 50 Alpha Jet A (dont dix pour pièces) à la FAP qui les utilisa au sein de l'Esquadra 103 jusqu'en janvier 2018. Lors du retrait de cet avion de la FAP, l'un d'entre eux (ci-contre) reçut une livrée célébrant le 50e anniversaire des « Caracois » (Esquadra 103).*
*(Museu do Ar)*

**Northrop T-38A-40-NO Talon (s/n 61-0890) de l'*Esquadra* 103 « *Caracóis* » (escargots). BA 5 Monte Real, 1994. Appareil retiré du service en 2000.**

**DDB Alpha Jet A (n° constr. 0060) de l'*Esquadra* 103 « *Caracóis* ». BA 11 Beja, 2010. L'*Esquadra 103* quitta Monte Real pour Beja en 1987 où elle fut rééquipée d'anciens Alpha Jet de la Luftwaffe qui reçurent progressivement ce nouveau camouflage.**

*Northrop T-38A Talon (s/n 61-0915) de l'Esquadra 103 « Caracois » à Beja à la fin des années quatre-vingt-dix.*
*(Coll. G. Paloque)*

# Portugal

Lockheed RT-33A-1-LO (s/n 53-5474) de l'*Esquadra* 103 « *Caracois* ». BA 5 Monte Real, 1977.

Lockheed T-33A-1-LO (s/n 56-1605) de l'*Esquadra* 103. BA 1 Sintra, 1971. Appareil livré au Portugal en 1968 et détruit par accident en janvier 1985.

*Lockheed T-33A-1-LO (s/n 51-17496) de l'*Esquadra 103 *« Caracois » à Beja en 1990. Ce « T-Bird » fut livré au Portugal en 1953 et utilisé jusqu'en août 1991.* *(Coll. G. Paloque)*

# ROUMANIE

*Tous les MiG-21 roumains disposant encore d'un potentiel important ont été modernisés en LanceR par la société israélienne Elbit au début du présent siècle. Ici le LanceR C (MiG-21MF-75 n° 96006196) codé « 6196 » de l'***Escadrila Vanatoare** *(escadron de chasse) 711 basée à Câmpia Turzii, et toujours en service au sein de la* **Fortele Aeriene Române.** *(FAR)*

La Roumanie fut l'un des cinq premiers pays au monde à se doter, en 1913, d'une aviation militaire indépendante. Devenue la *Fortele Aeriene Regale ale Romaniei* (armée de l'Air royale de Roumanie), elle combattit aux côtés des forces de l'Axe pendant la majeure partie de la Seconde Guerre mondiale, comptant notamment dans ses rangs un nombre conséquent d'avions produits localement.

La Roumanie ayant changé de camp en août 1944, son aviation militaire rejoignit le bloc communiste et devint, en 1946 la *Fortele Aeriene ale Republicii Populare Romane* (armée de l'Air de la République populaire de Roumanie). Elle fut rééquipée d'appareils soviétiques ou produits dans les pays satellites (Yak 17 et 23 puis, à partir de 1952 MiG-15 et Avia S-102 — version produite sous licence en Tchécoslovaque). En 1958, trois ans après que la Roumanie eut intégré le Pacte de Varsovie, les troupes soviétiques quittèrent le pays, tandis que les premiers jets supersoniques, des MiG-19 étaient livrés. Ceux-ci furent suivis, à partir de 1962 par des MiG-21F-13. L'*Aviatia Militare Române*, nouveau nom de l'armée de l'Air roumaine, possédera au total plus de 300 MiG-21 de diverses versions, ainsi que 46 MiG-23, 25 MiG-29A, S et UB et 84 IAR-93 Orao de fabrication nationale.

Après la chute du régime de Ceausescu, en décembre 1989, l'aviation militaire roumaine prit son nom actuel de *Fortele Aeriene Române*, tandis que sa flotte était à la fois réduite et modernisée. Face aux difficultés rencontrées pour maintenir en état de vol les MiG-29, il fut décidé de les retirer du service et de moderniser à la place les MiG-21, dont la Roumanie possédait encore près de 200 exemplaires au début des années quatre-vingt-dix. C'est la société israélienne Elbit qui fut chargée du programme, les MiG-21M et MF disposant encore d'un potentiel important étant choisis en priorité.

De 1996 à 2002, la Roumanie reçut ainsi 71 LanceR A (nouveau nom attribué à ces appareils) destinés à l'attaque au sol, 14 biplaces LanceR B d'entraînement, et enfin 25 LanceR C de défense aérienne. La Roumanie ayant intégré l'OTAN en 2004, elle commença trois ans plus tard à rechercher un remplaçant à ses LanceR à la fois moins onéreux à entretenir et davantage compatible avec les standards de l'OTAN.

Diverses solutions ayant été envisagées (Eurofighter Typhoon II, SAAB Gripen, etc.), la *Fortele Aeriene Române* reçut finalement en 2016-2017 neuf F-16A Bock 20 MLU et trois biplaces F-16B Block 20 MLU ayant précédemment appartenu au Portugal, dans le cadre du programme « Peace Carpathian I ». Ce contingent sera complété par un second de cinq autres anciens F-16A portugais faisant partie du programme « Peace Carpathian II » signé au début de 2020.

En 2019, la Roumanie possédait une quarantaine de LanceR répartis dans deux escadrons, des avions qui seront, à terme, remplacés par les F-16 déjà livrés et à venir.

LanceR A (MiG-21M n° 962812) de l'*Escadrila Aviatie Vanatoare* (Escadron de chasse) 862. Borcea-Fetesti. *Baza Aeriana* (BA, « Base aérienne ») n° 86, 2006. Avion retiré du service en 2019.

LanceR B (MiG-21UM n° 516941016) de l'*Escadrila* 851. Bacau, 2006.

*LanceR B (MiG-21UM n° 516953036) de l'*Escadrila *711. L'insigne porté à l'avant est celui de la* Baza 71 Aeriana *de Câmpia Turzii. (FAR)*

LanceR C (MiG-21MF n° 969611) de l'*Escadrila 711 Aviatie Vânatoare* (escadron de chasse 711). Câmpia Turzii (*Baza 71 Aeriana*), 2009.

*LanceR C (MiG-21MF-75 n° 96005917) de l'Escadrila 711 à Câmpia Turzii en 2019. L'insigne de l'escadron est peint de chaque côté de la dérive, et celui de la base sous le pare-brise.* *(FAR)*

*Ce biplace F-16B Block 20 MLU (« 1610 » — s/n 81-0822), comme tous les appareils de ce type utilisés par la FAR, est un ancien avion de l'USAF revendu une première fois au Portugal en mai 1999, puis à la Roumanie en 2016. Il est affecté à l'Escadrilla 53 « War Hawks », basée à Fetesti, la seule équipée de Fighting Falcon.*
*(FAR)*

*LanceR C (MiG-21MF-75 n°96006824) de l'Escadrila 861 de Fetesti en 2019. Tous les LanceR roumains sont actuellement camouflés en deux tons de gris au-dessus, et en bleu vif en dessous. On notera la position caractéristique de la cocarde nationale, sur la dérive, à côté de l'insigne de l'unité.*
*(FAR)*

La Roumanie est l'un des rares pays à utiliser des F-16 de troisième main. En effet, tous les appareils livrés ou restant à livrer ont d'abord appartenu à l'USAF, puis à la FAP portugaise.
*(FAR)*

*À terme, tous les LanceR encore en service au sein de la* Fortele Aeriene Române *seront remplacés par des F-16 (photo ci-contre), en attendant l'arrivée éventuelle d'appareils plus modernes…* (FAR)

General Dynamics F-16A Block 20 MLU Fighting Falcon (s/n 82-1022) de l'*Escadrila 53 Vanatoare « Warhawks »*. Fetesti (BA 86), 2017. Ancien avion de la Garde nationale du Texas, reçut par le Portugal en 1999 et revendu à la Roumanie en octobre 2016.

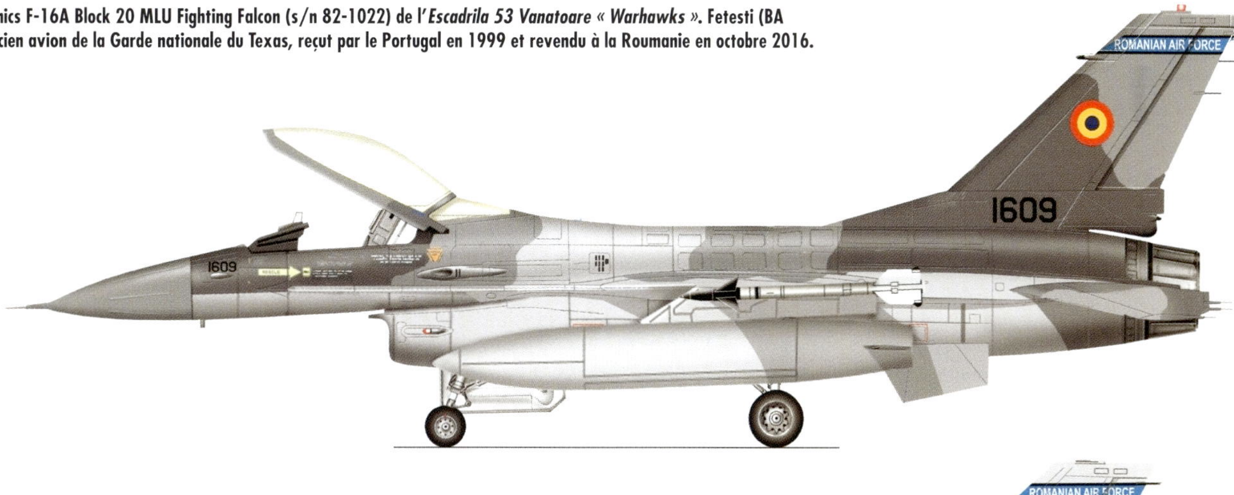


General Dynamics F-16B Block 20 MLU Fighting Falcon (s/n 83-1168) de l'*Escadrila 53*. Fetesti (BA 86), 2017.
Ce biplace, qui faisait partie du second lot reçu par le Portugal en 1999, a été livré à la Roumanie en 2016.

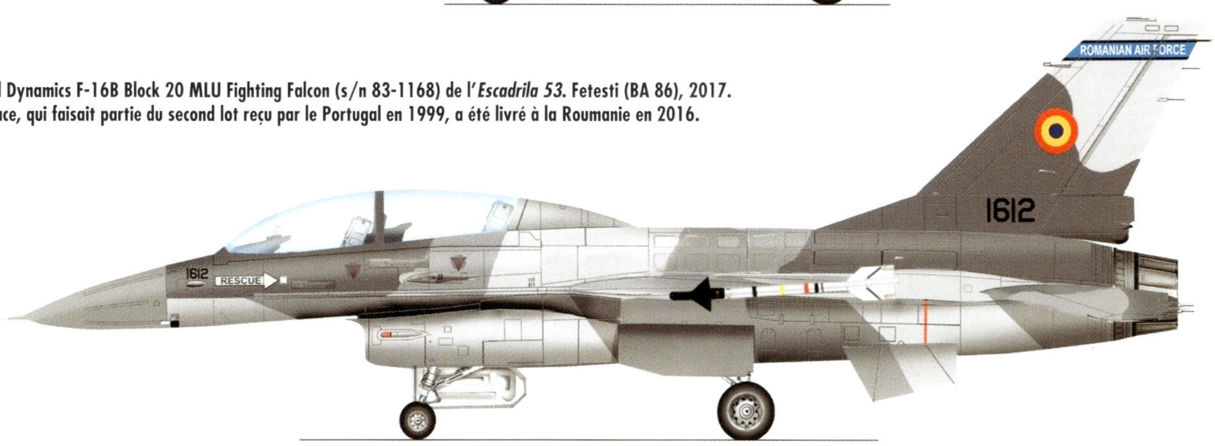

# ROYAUME-UNI

*À l'occasion du centenaire de la création de la Royal Air Force, en 2018, un Typhoon FGR.4 du No 29 Squadron de Coningsby reçut une décoration spéciale sur sa dérive commémorant l'événement.*
*(MoD RAF)*

À la fin de la Seconde Guerre mondiale, le Royaume-Uni possédait une importante flotte d'avions de combat rassemblée essentiellement au sein de la *Royal Air Force* et de l'aviation de la Marine, la *Fleet Air Arm*. Ces appareils étant majoritairement à hélice (Spitfire, Tempest, Mustang, Mosquito, etc.), hormis des Gloster Meteor à réaction entrés en service à la fin du conflit, leur remplacement par des avions plus modernes et plus performants, principalement des jets, s'avéra rapidement nécessaire.

### De Havilland Vampire et Venom

Après avoir reçu dans un premier temps une nouvelle version du Meteor, le F Mark 4 à la fin de 1945, la RAF sera équipée dès l'année suivante de De Havilland DH 100 Vampire, un chasseur monoréacteur arrivé trop tard pour participer aux combats. Le No 247 Squadron, basé à Odiham, fut la première unité dotée de la première version de série du petit appareil bipoutre, le F Mark I, et fut rapidement suivi par les Nos 54 et 72 Squadrons. Au total, le Vampire F.1 sera produit à 228 exemplaires, qui équiperont douze squadrons.

La version suivante, le Vampire FB.5 (pour *Fighter Bomber*, « chasse bombardement ») effectue son premier vol en 1948. Construit à 473 exemplaires, ce modèle sera d'abord versé au No 16 Squadron, et au total à dix-neuf unités de la RAF basées en Europe et au Moyen-Orient. Il cédera progressivement la place au Vampire FB.9, qui équipera, lui, dix-huit squadrons, et commencera à être remplacé en 1954. Une version du Vampire destinée à la chasse de nuit, le NF.10 (pour *Night Fighter*), équipera trois squadrons à partir de 1951, le No 23 basé à Coltishall (de 1951 à 1954), le No 25 à West Malling (1951 à 1954), et le No 151 à Leuchars (1952-1953).

Le successeur direct du Vampire, le De Havilland DH 112 Venom FB.1, entra en service dans la RAF en 1952. Il équipa d'abord le No 11, et au final dix-sept squadrons. Cette version sera suivie, à partir de juillet 1955, par le Venom FB.4, dont douze squadrons seront dotés, à commencer par le No 5. Deux versions de chasse de nuit du Venom, les NF.2 et NF.3, seront fabriquées au total à 90 exemplaires afin d'équiper dix squadrons.

### Gloster Meteor

En 1947, les Nos 74 et 222 Squadrons de la RAF volent sur Gloster Meteor F.4. L'année suivante, ce seront neuf autres squadrons qui seront équipés de cette version du chasseur biréacteur. En 1949, lors de la création de l'OTAN (dont le Royaume-Uni est l'un des douze membres fondateurs), une variante biplace de cet avion, le T Mark 7 commence à entrer en service. Elle sera produite à plus de 650 exemplaires et équipera un grand nombre d'unités jusqu'en 1970. La même année, la RAF reçoit également ses premiers Meteor F.8, une version qui constituera l'épine dorsale de la RAF entre 1950 et 1955 et sera utilisée par une trentaine d'unités.

En mars 1950, une version de reconnaissance dérivée du F.8, le Meteor FR.9, fait son apparition. Construite à 128

**De Havilland DH 100 Vampire F Mark 1 du No 130 (Punjab) Squadron. RAF Odiham, 1946.**

*Vampire FB.9 du No 213 (Ceylon) Squadron au-dessus de l'Égypte en 1954. Ce squadron fut chargé de la défense du canal de Suez jusqu'en septembre 1954, puis envoyé en Allemagne et doté de Canberra qu'il utilisa jusqu'à sa dissolution définitive, en décembre 1969.*
(IWM)

exemplaires, elle équipera six squadrons, à commencer par le No 208 basé à Fayid, en Égypte. Le Gloster Meteor PR.10 destiné à la reconnaissance photo à haute altitude, ne sera de son côté utilisé que par les Nos 2 et 541 Squadrons, unités rattachées à la *Royal Air Force Germany* (RAFG, « RAF en Allemagne ») formée en janvier 1959.

Les unités de chasse de nuit britanniques vont d'abord recevoir des Meteor NF.11 en 1951 (douze squadrons équipés au total), puis des NF.12 à partir de 1954. Ces biplaces, utilisés par sept squadrons, seront retirés du service en 1958-1959, les No 39 et No 219 Squadrons étant pour leur part dotés de Meteor NF.13 à partir de 1953.

Le NF.14, la dernière version de chasse de nuit du Meteor, sera construit à cent exemplaires qui entreront en service dans dix squadrons de la RAF au début de 1954, et commenceront à être retirés du service deux ans plus tard.

### Supermarine Swift et Canadair Sabre

Le Supermarine Swift, construit à 197 exemplaires, arrivera dans la RAF en 1954. Ses deux premières versions, les F.1 et F.2, peu performantes, resteront peu de temps en service et seront remplacées par le Swift FR.5 principalement destiné à la reconnaissance photographique, qui servira au sein de deux unités de la RAF Germany, les Nos 2 et 79 Squadrons de 1956 à 1961, et sera ensuite remplacé par des Hawker Hunter.

La RAF commencera à recevoir les premiers de ses 438 Canadair CL-13 Sabre Mk 4 en avril 1956. Cette version produite sous licence au Canada du célèbre chasseur, héros de la guerre de Corée, sera d'abord fournie au No 67 Squadron basé à Brüggen, en Allemagne, puis à dix autres squadrons de la RAFG (Nos 3, 4, 20, 26, 71, 93, 112, 130, 147 et 234) et deux basés au Royaume-Uni (Nos 66 et 92 Sqns). Les Sabre britanniques seront remplacés par des Hawker Hunter à partir de 1956.

### Hawker Hunter

C'est en juillet 1954 que les premiers Hawker Hunter F.1 entrent en service au No 43 Squadron basé à Leuchars. Le No 222 Sqn, stationné au même endroit, sera à son tour doté du nouveau chasseur à la fin de la même année, suivi en 1955 par le No 54 Sqn d'Odiham, et surtout par la No 229 OCU *(Operational Conversion Unit)* basée à Chivenor, qui recevra vingt-cinq Hunter F.1 destinés à la transformation des futurs pilotes de ce chasseur.

Entre 1955 et 1958, une nouvelle version, le Hunter Mark 4 équipera neuf squadrons basés au Royaume-Uni, ainsi que treize rattachés à la RAFG, en remplacement des Sabre Mk 4 et des Venom.

Le Hunter F.5 entrera en service en 1955 au sein des Nos 1, 34, 41, 56, 257 et 263 Squadrons, et sera suivi, en 1956, par le F.6 qui remplacera progressivement les précédentes versions du Hunter dans une vingtaine de squadrons de la RAF.

Le Hunter FGA.9, la version dédiée à l'attaque au sol de l'appareil, entre en service dans la RAF en janvier 1960 d'abord au sein du No 8 Squadron basé à Khormaksar, au Yémen, et au No 1 Sqn de Waterbeach. Ce modèle sera retiré du service entre 1960 et 1961. En outre, trente-trois F.6 seront convertis en Hunter FR.10 de reconnaissance,

**De Havilland DH 100 Vampire F.1 du No 130 (Punjab) Squadron. RAF Odiham, 1948.**

*Le premier exemplaire de série du De Havilland Vampire NF.10, la version biplace de chasse de nuit du célèbre chasseur bipoutre britannique. Cet avion fut brièvement affecté au No 5 Squadron en janvier 1953 avant d'être revendu à l'Inde quelques mois plus tard. (IWM)*

qui remplaceront les Swift FR.5 dans la RAFG, et les Gloster Meteor PR.10 au Moyen-Orient. Pour l'entraînement des pilotes, une version biplace, le Hunter T.7, sera développée, qui sera livrée à la No 229 OCU en juillet 1958. Les derniers exemplaires de cette version ne seront retirés du service actif qu'en 2014.

### Javelin et Lightning

Quatre cents Gloster Javelin seront construits dans onze versions différentes. Le Javelin FAW *(Fighter All-Weather,* « chasseur tout-temps ») Mark 1 entre en service dans la RAF en février 1956, afin de remplacer les Meteor NF basés à Odiham (No 46 Sqn) et à Brüggen, en Allemagne (No 87 Sqn). De 1956 à 1960, la RAF possédera dix-huit squadrons de Javelin, modèle dont les ultimes exemplaires seront retirés du service en 1968 et remplacés par des EE Lightning.

La RAF disposera au total de douze squadrons équipés des versions monoplaces de l'English Electric (ensuite BAC) Lightning (F.1, F.1A, F.3 et F.6), dont deux basés en Allemagne (No 19 et No 92). Deux versions biplaces de cet avion (T.4 — basée sur le F.1A — et T.5 — basée sur le F.3) seront construites à 44 exemplaires au total pour la RAF. Ces biplaces seront en service principalement au sein de la No 226 OCU de 1963 à 1977, ainsi que dans quelques escadrons. Les derniers Lightning de la RAF seront retirés du service en 1988.

### Canberra

Le premier squadron équipé d'English Electric Canberra B(I).8 (« I » pour *Interdictor,* version destinée à l'attaque au sol) sera le No 88 stationné à Laarbruch, en Allemagne. Il sera suivi par le No 59 de Gütersloh, puis par le No 16 de Laarbruch. Les Canberra B(I).8 seront rattachés principalement à la *2nd Tactical Allied Air Force* basée en Allemagne Fédérale et serviront de 1958 à 1972.

Vingt et un Canberra PR.9 de reconnaissance photographique à haute altitude entreront quant à eux en service en 1960. Le No 58 Squadron de Wyton en sera le premier équipé, suivi par le No 13 stationné à Akrotiri (Chypre), en août 1976, et par le No 39 constitué à Wyton fin 1982, et qui sera renommé 1 PRU *(Photo Reconnaissance Unit)* en juillet 1992 avant de faire mouvement vers Marham deux ans plus tard. Les derniers Canberra PR.9 de la RAF ont été retirés du service en 2005.

### Les Phantom FG.1 et FGR.2

En 1968, à la suite de la Royal Navy qui avait acheté quatre ans plus tôt une version spécifique du célèbre McDonnell Phantom II, le F-4K, redésigné FG.1 au Royaume Uni, la RAF reçut 115 F-4M Phantom II, renommés FGR.2. La première unité britannique dotée de ce modèle sera la No 228 OCU (No 64 Sqn) de Coningsby en août 1968, car elle était destinée à assurer la formation de tous les pilotes britanniques de cet avion. La RAF disposera au total de onze squadrons de Phantom FGR.2 basés au Royaume Uni, et de six en Allemagne.

En 1978, à la suite du retrait des derniers porte-avions de la Royal Navy, la RAF récupéra les Phantom FG.1 de cette dernière. Ils seront retirés du service en 1989, et les FGR.2 en 1992.

En 1983, à la suite du transfert du No 29 Squadron (renommé No 23 Sqn) à Port Stanley, dans l'archipel des Malouines, la défense aérienne des îles britanniques se trouva affaiblie. Pour compenser ce départ, la RAF reçut l'année suivante quinze anciens F-4J de l'US Navy, renommés F-4J(UK), qui seront affectés au No 74 Sqn basé à Wattisham et utilisés jusqu'en 1991.

### Harrier

Le No 1 Squadron stationné à Wittering fut la première unité à recevoir, en avril 1969, des Hawker Siddeley Harrier GR.1. Ces « *jump jets* » seront ensuite remplacés par des GR.3 puis, à partir de 1988, par des GR.5.

L'OCU 223, l'unité de conversion opérationnelle sur Harrier, d'abord basée à Wittering à partir d'octobre 1970, fera mouvement vers Wildenrath, en Allemagne, le mois suivant, où elle sera renommée No 20 Squadron (R) en 1992. Cette unité volera sur Harrier GR.3 et T.4 jusqu'en 1996. Le No 3 Squadron s'installa quant à lui à Gütersloh (Allemagne de l'Ouest) en 1977, et fut équipé de quasiment tous les modèles de Harrier (GR.3, 5, 7, 7A et T.4) sur lesquels il vola jusqu'en 2006.

Le No 4 Squadron prit ses quartiers à Wildenrath au début de 1970, après avoir effectué sa transformation sur Harrier. Transféré à Gütersloh en janvier 1977, il fut doté de Harrier GR.3, 7, 9 et T.2. Quittant la RAF Germany en 1999, il retourna au Royaume Uni, à Cottesmore, où il fut dissous en 2010.

Deux versions biplaces du Harrier furent produites en petites quantités : le T.2, basé sur le GR.1 (dix exemplaires construits), et le T.4, basé sur le GR.3 (onze exemplaires). Les Harrier de la RAF ont été engagés aux Malouines, dans les Balkans, en Irak et en Afghanistan, et les derniers exemplaires ont définitivement quitté le service en 2010.

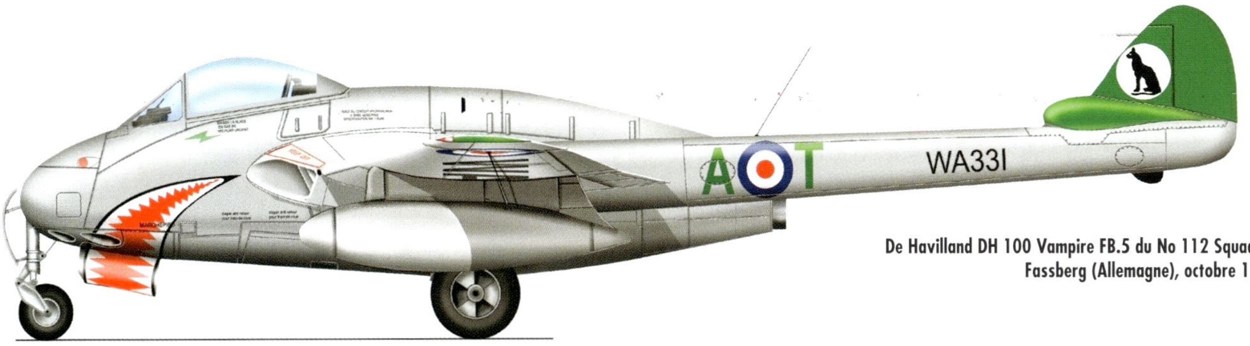


**De Havilland DH 100 Vampire FB.5 du No 112 Squadron. Fassberg (Allemagne), octobre 1951.**

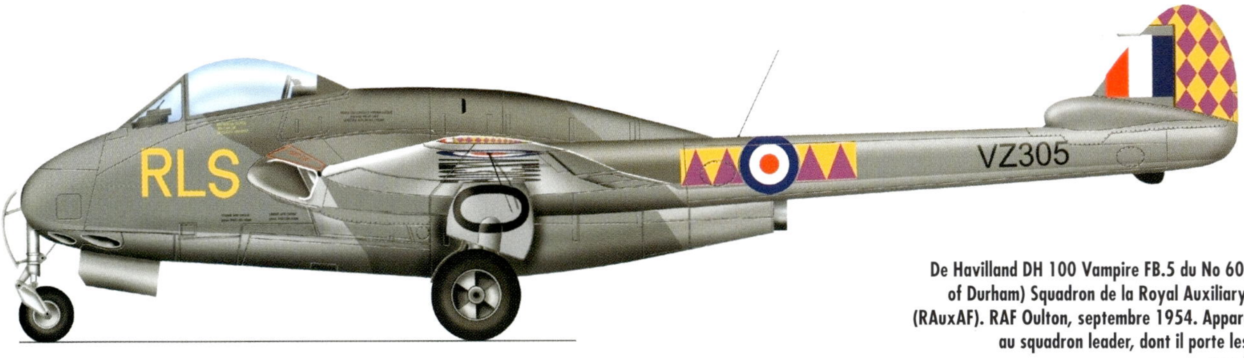


**De Havilland DH 100 Vampire FB.5 du No 607 (County of Durham) Squadron de la Royal Auxiliary Air Force (RAuxAF). RAF Oulton, septembre 1954. Appareil affecté au squadron leader, dont il porte les initiales, sous le cockpit.**

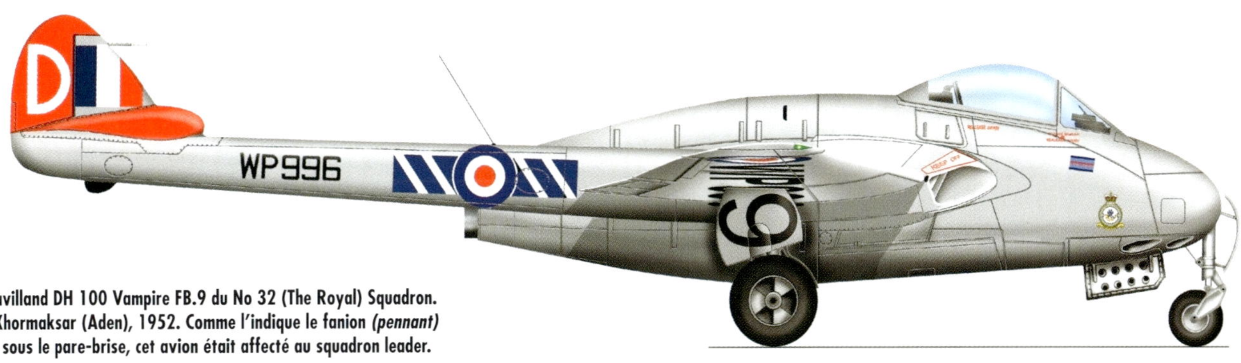


**De Havilland DH 100 Vampire FB.9 du No 32 (The Royal) Squadron. RAF Khormaksar (Aden), 1952. Comme l'indique le fanion *(pennant)* porté sous le pare-brise, cet avion était affecté au squadron leader.**

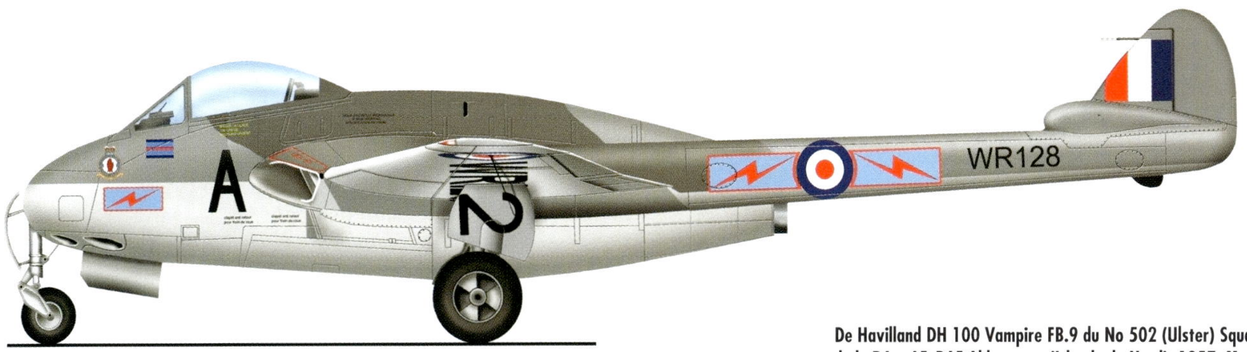


**De Havilland DH 100 Vampire FB.9 du No 502 (Ulster) Squadron de la RAuxAF. RAF Aldergrove (Irlande du Nord), 1957. Monture personnelle du squadron leader.**

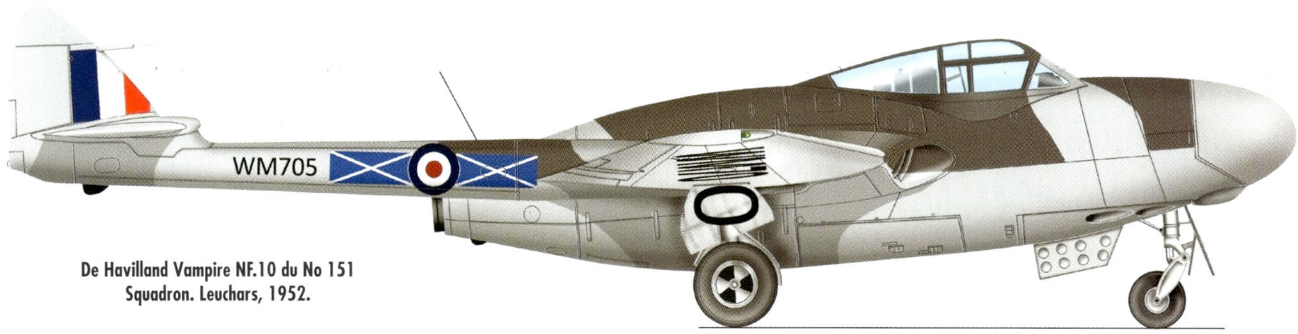


De Havilland Vampire NF.10 du No 151 Squadron. Leuchars, 1952.

De Havilland Vampire T.11 du No 219 Squadron. RAF Oulton, 1958.

### *Jaguar et Buccaneer*

À partir de 1974, la RAF reçut 165 SEPECAT Jaguar monoplaces (GR.1, 2, et 3A) et 38 biplaces T.2 et T.4. L'avion franco-britannique équipa au total dix squadrons, cinq basés en Allemagne de l'Ouest (Nos 2, 14, 17, 20 et 31) et cinq au Royaume Uni (Nos 6, 16 — qui deviendra la No 226 OCU en 2000 —, 41 et 54), les biplaces étant quant à eux répartis dans les différents squadrons.

Les Jaguar anglais participeront à la guerre du Golfe de 1991, et seront ensuite engagés en ex-Yougoslavie à partir de 1993. Les derniers Jaguar de la RAF quitteront le service actif en 2007.

La Royal Navy transféra ses Blackburn Buccaneer à la RAF après le retrait du dernier de ses porte-avions, en 1978. Au total, six squadrons furent équipés de ce modèle (Nos 12, 15, 16, 208, 216 et 208 — précédemment No 237 OCU) dont les derniers exemplaires ont été retirés du service en 1994.

### *Panavia Tornado*

Au total, 228 Tornado IDS (pour *Interdiction/Strike, « interdiction/assaut »*) destinés à l'appui au sol et au bombardement ont été fournis au Royaume Uni par le consortium Panavia.

Ces avions équipèrent cinq squadrons basés en Grande Bretagne (Nos 12, 13, 27, 45 et 617) et huit en Allemagne de l'Ouest (Nos 2, 9,14,15,16,17,20 et 31), ces unités retournant au Royaume Uni au cours des années quatre-vingt-dix. Les derniers Tornado IDS anglais ont volé jusqu'en 2019 et les unités qui en étaient équipées ont été soit dissoutes, soit dotées de nouveaux avions (Eurofighter Typhoon ou F-35).

La RAF fut l'une des rares aviations à percevoir la version spécialisée dans la défense aérienne du Panavia Tornado, l'ADV (pour *Air Defence Variant,* « variante de défense aérienne »*)*. Au total, 165 exemplaires seront livrés à la RAF, dans deux variantes principales, le F.2 (18 exemplaires) et le F.3 (147 ex.), qui équiperont huit squadrons à partir de 1987 (Nos 29,5,11, 23,25,43, 111, et 56). Les derniers Tornado ADV de la RAF ont été retirés du service en 2011.

### *Eurofighter Typhoon*

Après la création de la *Typhoon Operational Evaluation Unit* (ou TOEU, « Unité d'évaluation opérationnelle du Typhoon ») et de la *Typhoon Operational Conversion Unit* (OCU), toutes deux basées à l'usine British Aerospace (BAe) de Warton, et qui reçurent leurs premiers avions à la fin de 2013, le No 3 (Fighter) Squadron fut la première unité de la RAF à être déclarée opérationnelle sur l'Eurofighter Typhoon le 31 mars 2006, lorsqu'il s'installa à Coningsby.

Le dernier des 160 Eurofighter destinés à la RAF a été livré le 27 septembre 2019, cet avion — essentiellement la version monoplace multirôle FGR.4, ainsi que quelques biplaces T.3 — étant actuellement en service au sein de cinq squadrons basés à Coningsby (Nos 3, XI, 12, 29 et 41), quatre à Lossiemouth (Nos 1, 2, 6 et IX) et du *1435 Flight* (escadrille) basé à Mount Pleasant, aux Malouines.

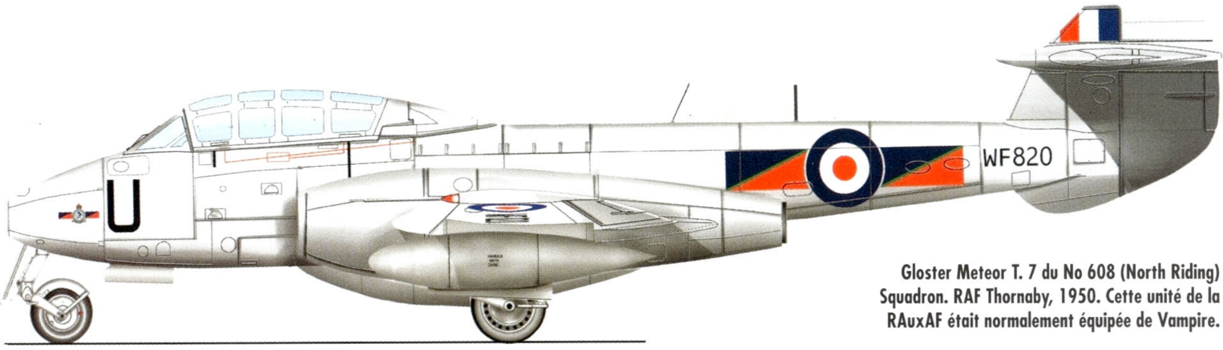


**Gloster Meteor T. 7 du No 608 (North Riding) Squadron. RAF Thornaby, 1950. Cette unité de la RAuxAF était normalement équipée de Vampire.**

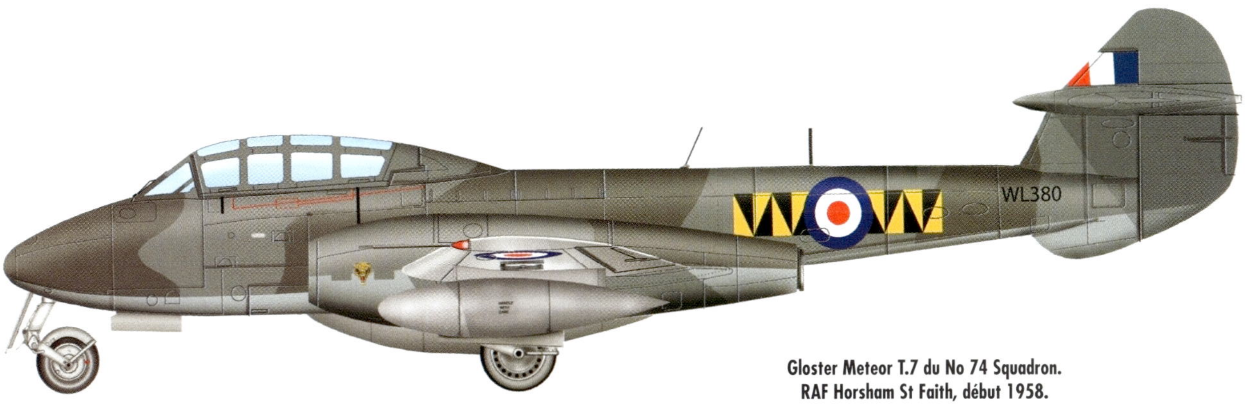


**Gloster Meteor T.7 du No 74 Squadron. RAF Horsham St Faith, début 1958.**

*Marque du No 263 Sqn portée sur les réacteurs*

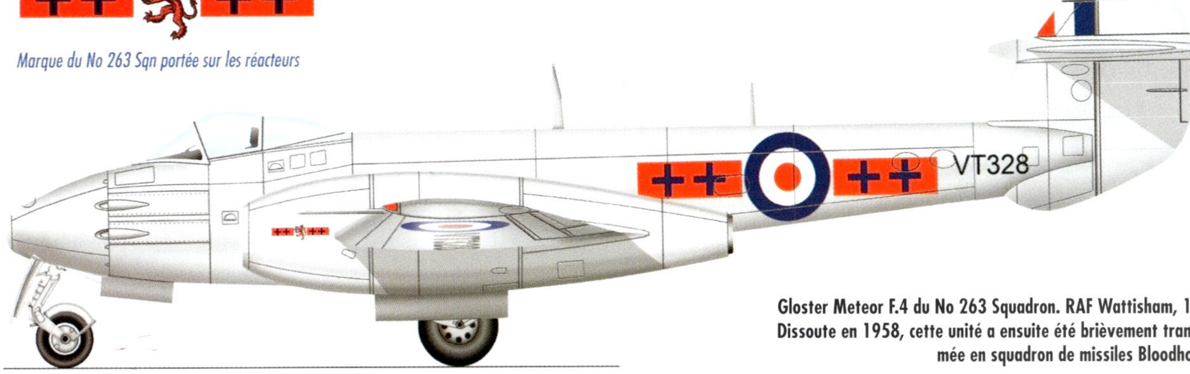


**Gloster Meteor F.4 du No 263 Squadron. RAF Wattisham, 1950. Dissoute en 1958, cette unité a ensuite été brièvement transformée en squadron de missiles Bloodhound !**

*Gloster Meteor F.8 du No 85 Squadron de Wattisham en 1968. Cette unité était à l'époque chargée du remorquage de cibles en tant que Target Facilities Squadron. Pour cet usage spécifique, le nez et l'arrière du fuselage de cet avion étaient peints en Day-Glo. (DR)*

*Formation de Gloster Meteor F.4 du No 66 Squadron de Duxford en 1949.* *(IWM)*

**Gloster Meteor F.8. Appareil du Squadron Leader du No 19 Squadron. RAF Church Fenton, 1951.**

**Gloster Meteor F. 8 du No 245 Squadron. RAF Horsham St Faith, 1956. Avion attribué au Squadron Leader.**

*Armstrong Whitworth Meteor NF.14 du No 264 Squadron.* *(DR)*

*Insigne du No 208 Squadron*

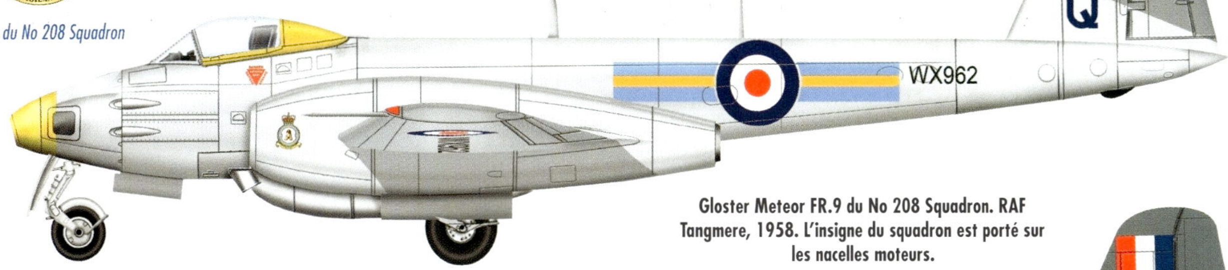


**Gloster Meteor FR.9 du No 208 Squadron. RAF Tangmere, 1958. L'insigne du squadron est porté sur les nacelles moteurs.**

**Gloster Meteor FR.9 du No 79 (Madras Presidency) Squadron. RAF Benson, 1956. Avion personnel du squadron leader.**

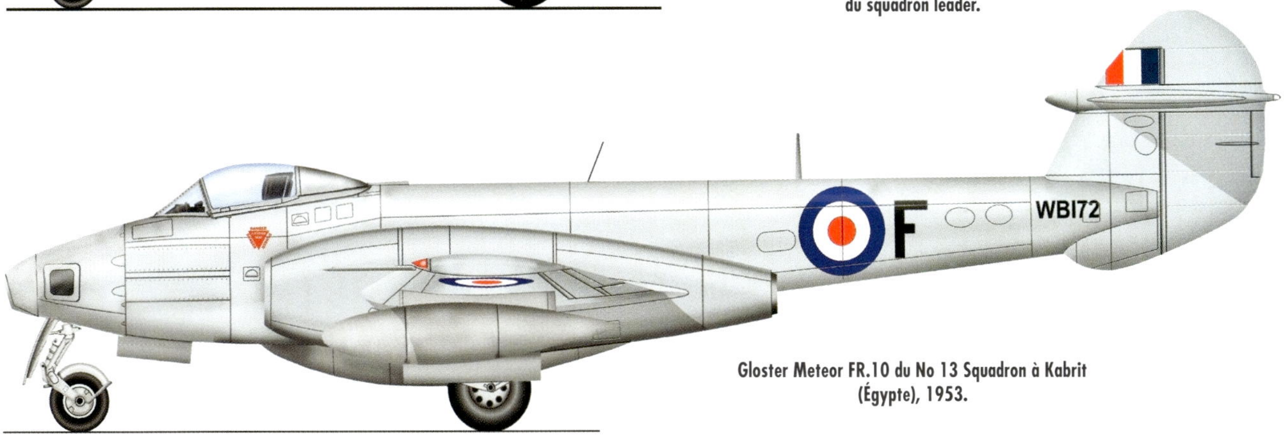


**Gloster Meteor FR.10 du No 13 Squadron à Kabrit (Égypte), 1953.**

*Armstrong Whitworth Meteor NF.14 du No 85 Squadron basé à Church Fenton en 1958. L'année suivante, cette unité fut rééquipée de Gloster Javelin.*
*(DR)*

Armstrong Whitworth Meteor NF.11 du No 68 Squadron. RAF Wahn (Allemagne), 1956.

Armstrong Whitworth Meteor NF.11 du No 29 Squadron. RAF Tangmere, 1955.

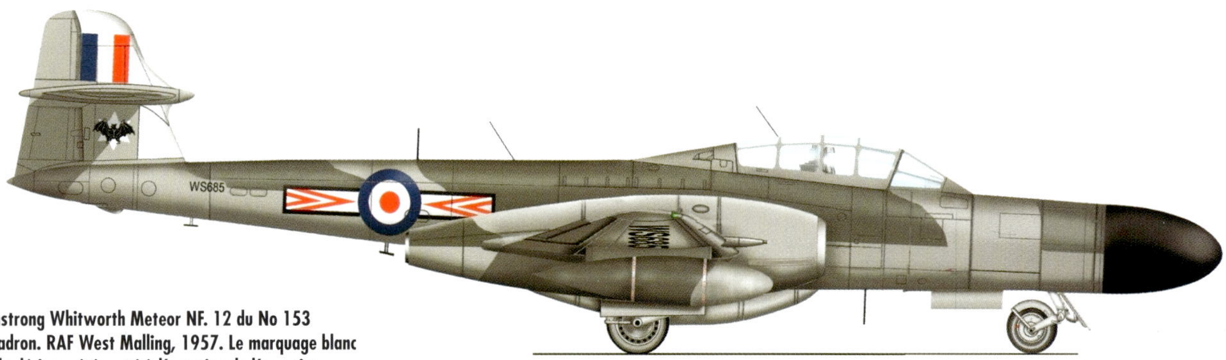


Armstrong Whitworth Meteor NF. 12 du No 153 Squadron. RAF West Malling, 1957. Le marquage blanc sur la dérive a été porté à l'occasion de l'exercice « Vigilant ».

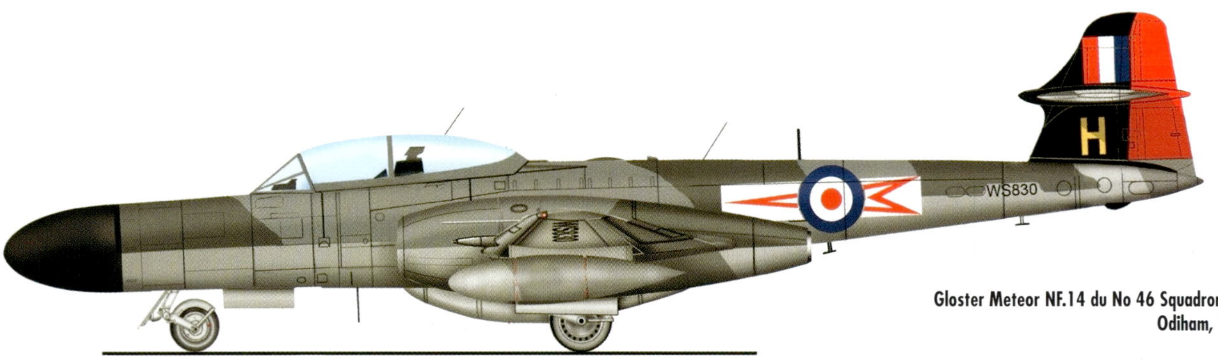


Gloster Meteor NF.14 du No 46 Squadron. RAF Odiham, 1955.

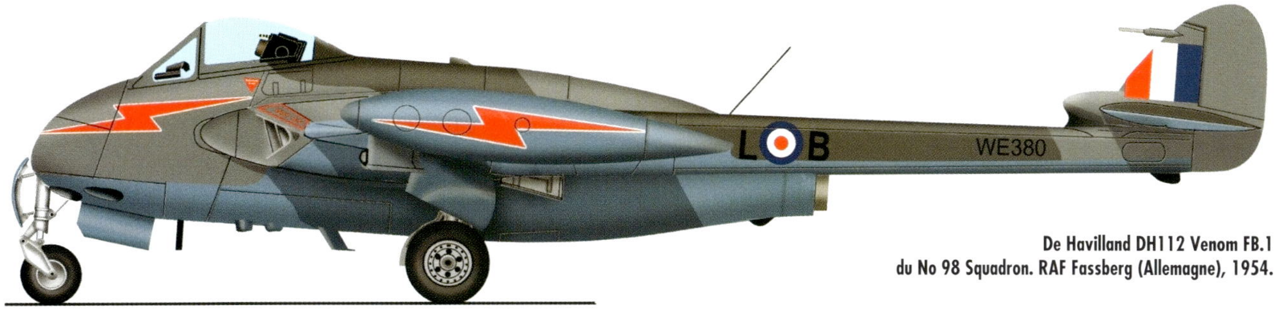


**De Havilland DH112 Venom FB.1 du No 98 Squadron. RAF Fassberg (Allemagne), 1954.**

**De Havilland Venom FB. 4 du No 266 (Rhodesia) Squadron. RAF Wunsdorf (Allemagne), 1957. Cet avion porte sur ses réservoirs d'extrémité d'ailes la devise du squadron, « Hlabezulu » (frappeur du ciel, en langue shona).**

**De Havilland Venom NF.2A du No 253 Squadron. RAF Waterbeach, 1957.**

*Armstrong Whitworth Meteor TT.20 du No 151 Squadron. Basé à Leuchars, en Écosse, ce squadron de chasse de nuit fut équipé de Meteor NF.11 jusqu'en 1953, puis de DH Venom NF.3.*
*(IWM)*

Supermarine Swift FR.5 du No 79 Squadron.
RAF Gütersloh (Allemagne), 1956.

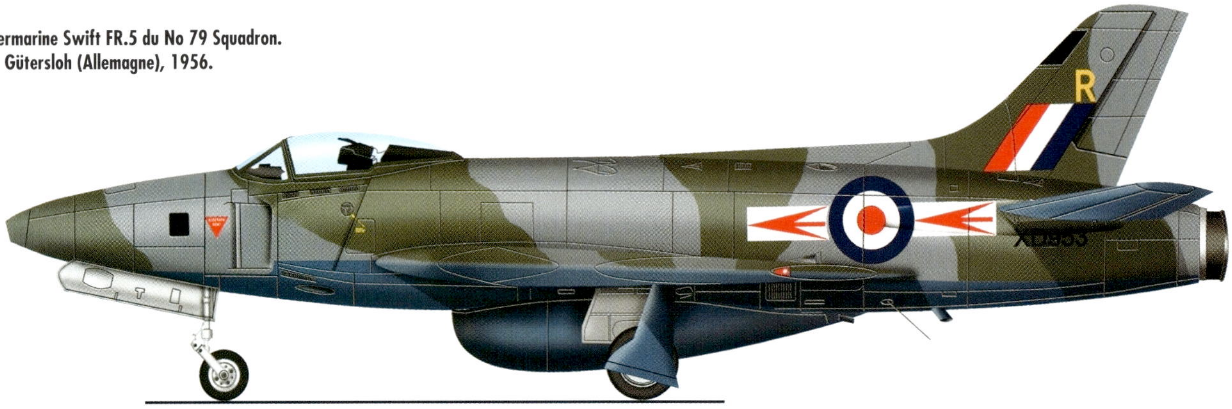

Hawker Hunter F.1 du No 54 Squadron.
RAF Odiham, 1956.

Hawker Hunter F.4 du No 112 Squadron.
RAF Brüggen (Allemagne), 1957.

*Supermarine Swift FR.5 du No 79 Squadron. Basé en Allemagne, cette unité fut l'un des trois squadrons de la RAF à utiliser la version de reconnaissance de cet avion aux performances très décevantes en tant que chasseur pur, et produit en faible quantité.*
*(BAE Systems)*

*Hawker Hunter F.6 de la Tactical Weapons Unit (TWU).* (DR)

**Hawker Hunter F.6 du No 63 Squadron. RAF Waterbeach, 1958. De la fin de 1958 à juin 1963, ce squadron constitua une unité « fantôme » *(shadow)* au sein du Central Fighter Establishment.**

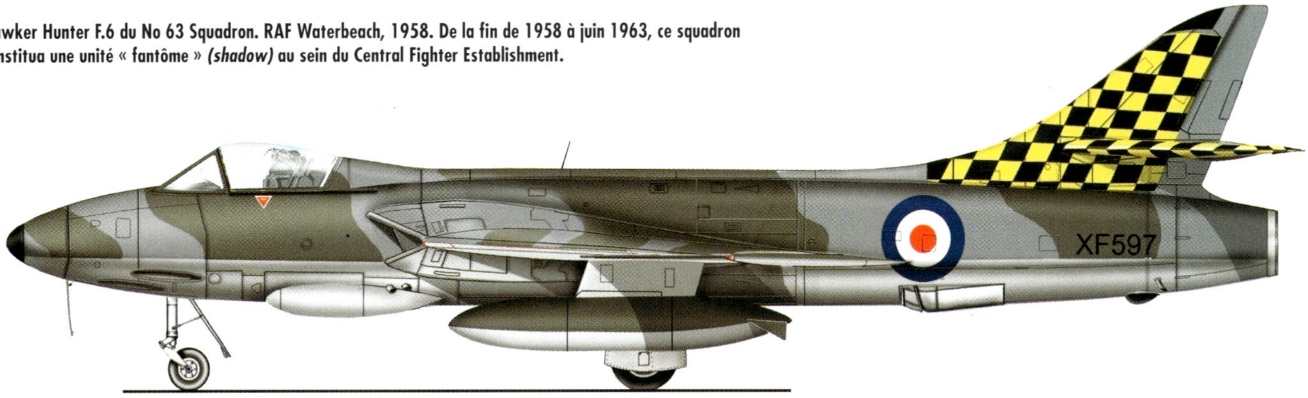


**Hawker Hunter F6.A de la No 1 Tactical Weapons Unit (TWU). RAF Brawdy, 1979. La TWU, chargée principalement des essais d'armements, fut créée en 1974 à la suite de la dissolution de la No 229 OCU. Cette unité, qui possédait divers types de Hunter et quelques Jet Provost, fut scindée en deux en 1978.**

*Hawker Hunter FGA.9 du No 45 Squadron. Cette unité fut basée à Wittering de septembre 1972 à juillet 1976, date de sa dissolution. Le FGA.9 est la dernière version monoplace du Hunter, spécialisée dans l'attaque au sol et obtenue à partir de F.6 transformés et dont la cellule avait été renforcée.* (DR)

*Hawker Hunter F.6 du No 63 Squadron basé à RAF Waterbeach à la fin des années cinquante.* (DR)

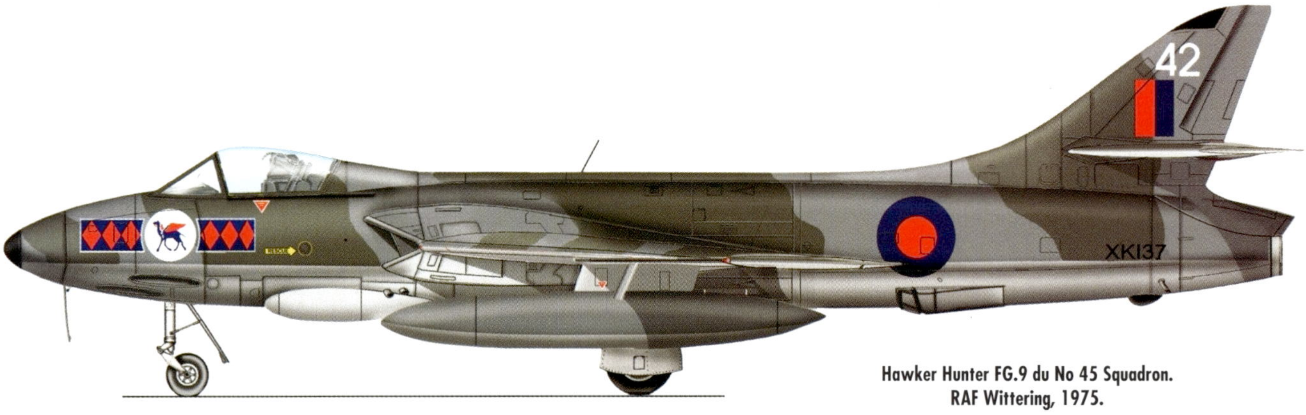


**Hawker Hunter FG.9 du No 45 Squadron. RAF Wittering, 1975.**

**Hawker Hunter FR.10 du No IV Squadron. RAF Gütersloh (Allemagne), 1969.**

*Hawker Hunter FR.10 du No 79 Squadron à Chivenor, en 1971. Cette unité était en fait un « Shadow Squadron » (squadron fantôme) rattaché à la No 229 Operational Conversion Unit (OCU, unité de transformation opérationnelle) spécialement chargée d'entraîner les pilotes des Hunter de reconnaissance.* (DR)

*Hawker Hunter FGA.9 de la 1 Tactical Weapons Unit (TWU). Cet avion est actuellement préservé au musée de la RAF de Hendon, en Grande Bretagne.* (BAE Systems)

**Hawker Hunter T.7 du No 43 Squadron. RAF Leuchars, 1959.**

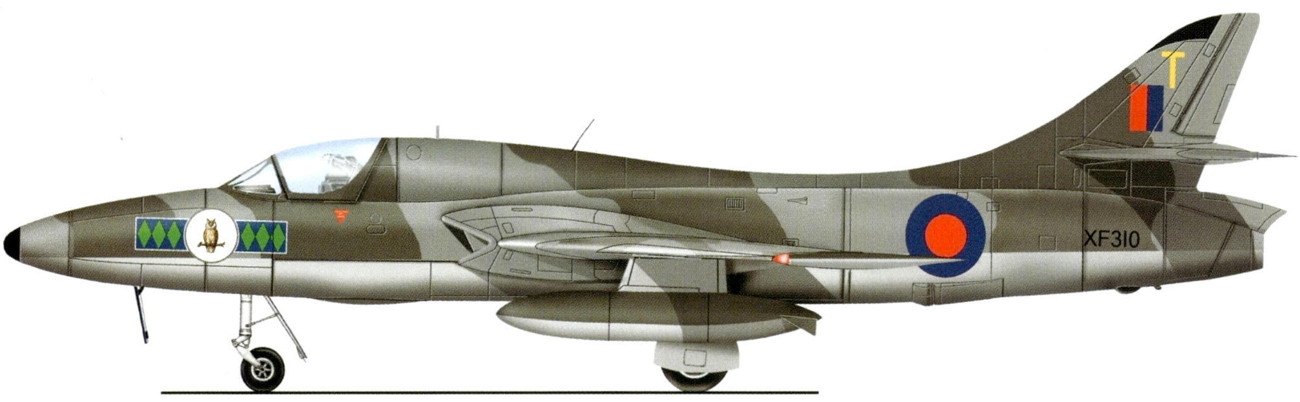


**Hawker Hunter T.7 du No 58 Squadron. RAF Wittering, 1973. Cet ancien squadron de Canberra fut spécialement reformé sur Hunter en août 1973 afin d'entraîner les pilotes de Jaguar de la RAF, cette mission s'achevant en juin 1976 avec sa dissolution définitive**

Canadair CL-13 Sabre F Mark 4 du No 92 Squadron. RAF Linton-on-Ouse, 1955. Appareil affecté au squadron leader de cette unité qui ne vola que deux ans sur Sabre, de février 1954 à avril 1956.

Canadair CL-13 Sabre F.4 du No 234 Squadron. RAF Geilenkirchen (Allemagne), 1955. Comme le précédent, ce squadron n'utilisa ses Sabre que pendant à peine deux années (1954 à 1956), avant d'être rééquipé de Hawker Hunter.

Gloster Javelin FAW.1 du No 46 Squadron. RAF Odiham, 1956. Ce squadron utilisa les trois versions du Javelin (FAW.1, 2 et 6) avant d'être dissous en juin 1961 puis recréé cinq ans plus tard comme unité de transport tactique !

*Atterrissage à Linton-on-Ouse, en avril 1956, d'un Sabre F.4 du No 92 Squadron. Un damier rouge et jaune entoure la cocarde de fuselage.* (IWM)

*Gloster Javelin FAW.9R du No 25 Squadron en vol en 1960. L'avion est armé de missiles air-air Firestreak.* (RAF)

Gloster Javelin FAW.9 du No XI Squadron. RAF Geilenkirchen (Allemagne), 1966.

Gloster Javelin FAW.9R du détachement du No 64 Squadron à Tengah (Singapour), 1967. Chargé de l'interception tout temps en recevant des Javelin, en septembre 1958, ce squadron assura cette mission à Singapour à partir d'avril 1965 jusqu'à sa dissolution, en juin 1967.

*Gloster Javelin FAW.5 du No 151 Squadron à la fin des années cinquante. La présence d'un drapeau écossais sur la dérive s'explique par le fait que ce squadron était à l'époque basé à Leuchars, en Écosse.* (BAE Systems)

English Electric Lightning F Mark 1A du No 145 Squadron (No 226 OCU). RAF Middelton, 1963.

English Electric Lightning F.1A du No 56 (Punjab) Squadron. RAF Wattisham, 1963.

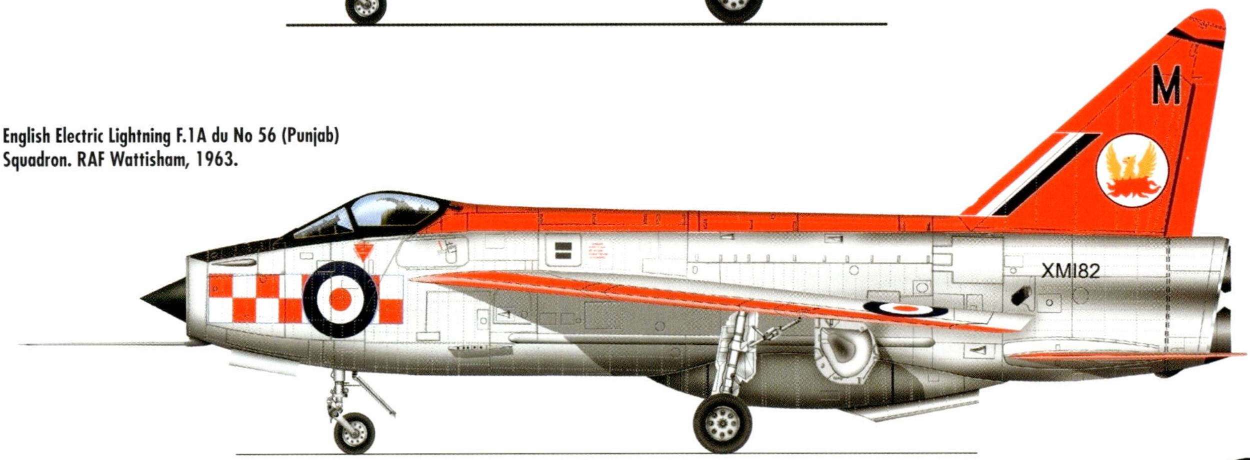


English Electric Lightning F.1 du No 74 Squadron. RAF Leuchars, 1964.

*English Electric Lightning F.3 du No 11 Squadron de Leuchars à la fin des années soixante.* (DR)

**English Electric Lightning F.1A du No 111 Squadron. RAF Wattisham, 1964. Monture personnelle du squadron leader.**

**English Electric Lightning F.2 du No 19 Squadron. RAF Gütersloh (Allemagne), 1973. Les avions de ce squadron furent les premiers à recevoir un camouflage vert foncé (Dark green) sur les surfaces supérieures et une grande partie des flancs du fuselage à partir de mai 1972, le dessous des appareils restant métal naturel, tandis que le blanc des cocardes nationales était progressivement supprimé.**

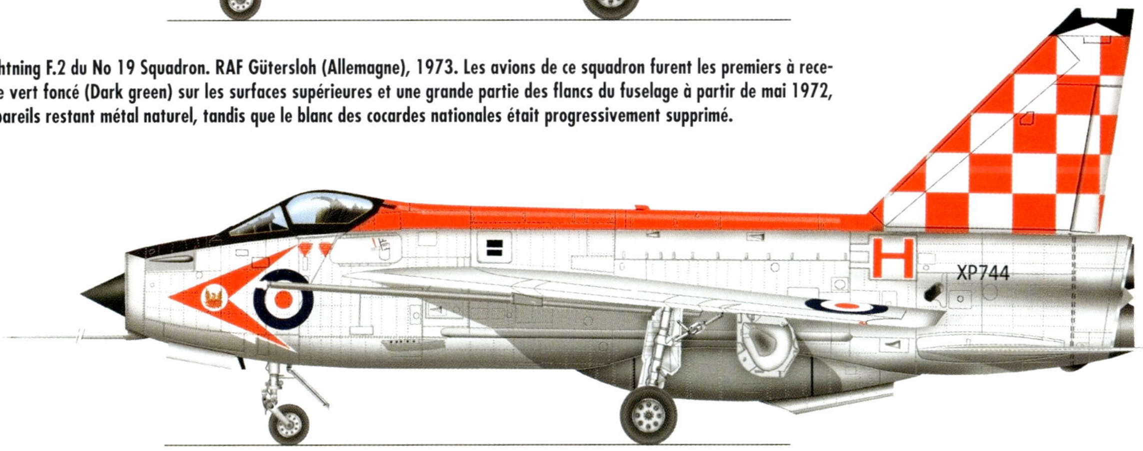


**English Electric Lightning F.3 du No 56 Squadron. RAF Wattisham, 1965. Appareil perdu au large de Chypre le 10 mai 1971 suite à un feu à bord. Le pilote parvint à s'éjecter.**

*English Electric Lightning F.6 du No 5 Squadron. Basé à Binbrook, ce squadron utilisa ses Lightning pendant plus de vingt ans car il ne les échangea contre des Tornado F.3 qu'en 1987.* *(Coll. G. Paloque)*

English Electric Lightning T.4 du No 92 Squadron. RAF Wildrenrath, 1976.

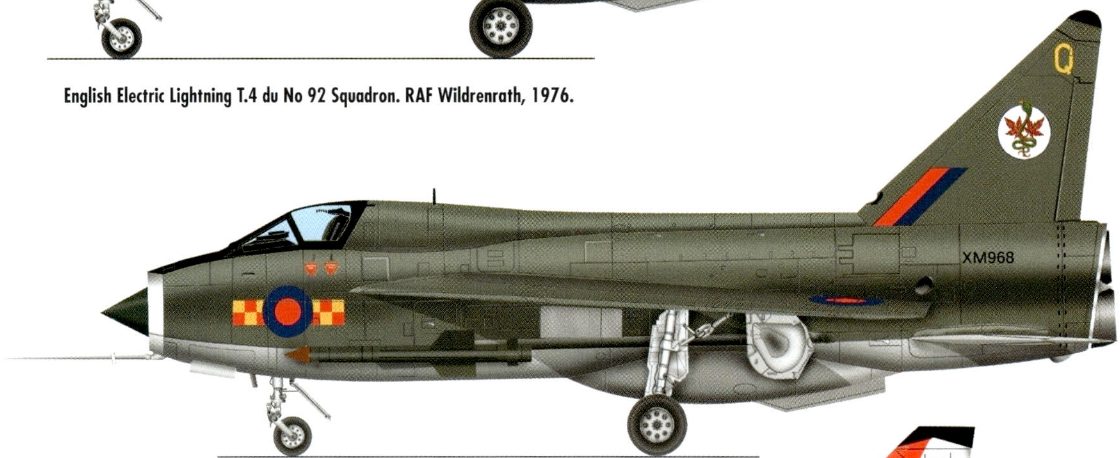


English Electric Lightning T.4 du No 92 Squadron. RAF Gütersloh (Allemagne), 1974.

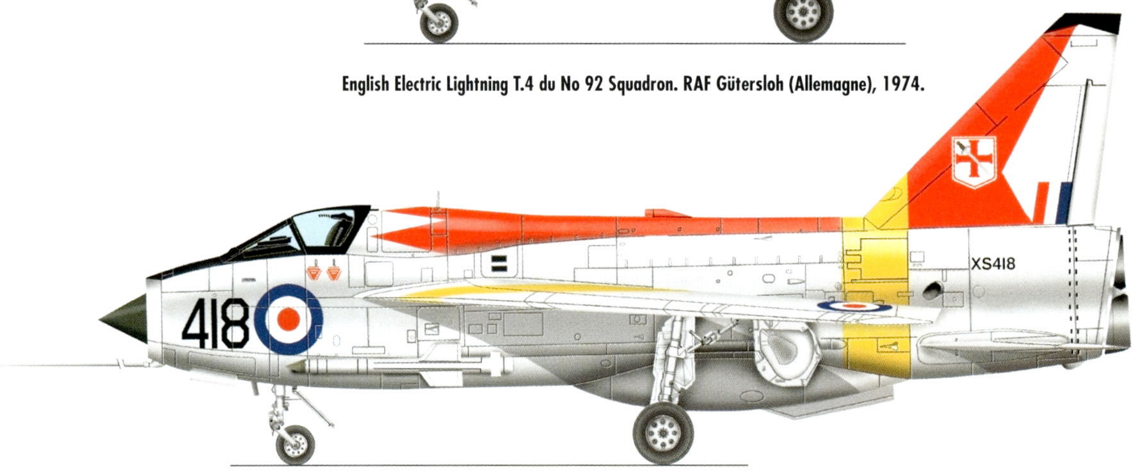


English Electric Lightning T.5 de la No 226 Operational Conversion Unit (OCU).
RAF Coltishall, 1964.

*English Electric Lightning F.1A du* Target Facilities Flight *(TTF) basé à Wattisham. L'insigne peint sur la dérive était surnommé* « The Supersonic cat » *(le chat supersonique).* (DR)

English Electric Lightning T.5 du *Lightning Training Flight* (LTF, escadrille d'entraînement Lightning). RAF Binbrook, 1977. Le LTF fut formé en octobre 1975 quand il prit la succession du « *C Flight* » (escadrille C) du No XI Squadron. Équipé de Lightning F.3, F.6 et T.5, il fut dissous en avril 1987.

English Electric Lightning T.5 du No XI Squadron. RAF Binbrook, 1979. Il s'agit du même appareil que précédemment, mais affecté à un autre squadron et portant le deuxième modèle de camouflage, avec ajout de taches gris foncé (Dark sea grey).

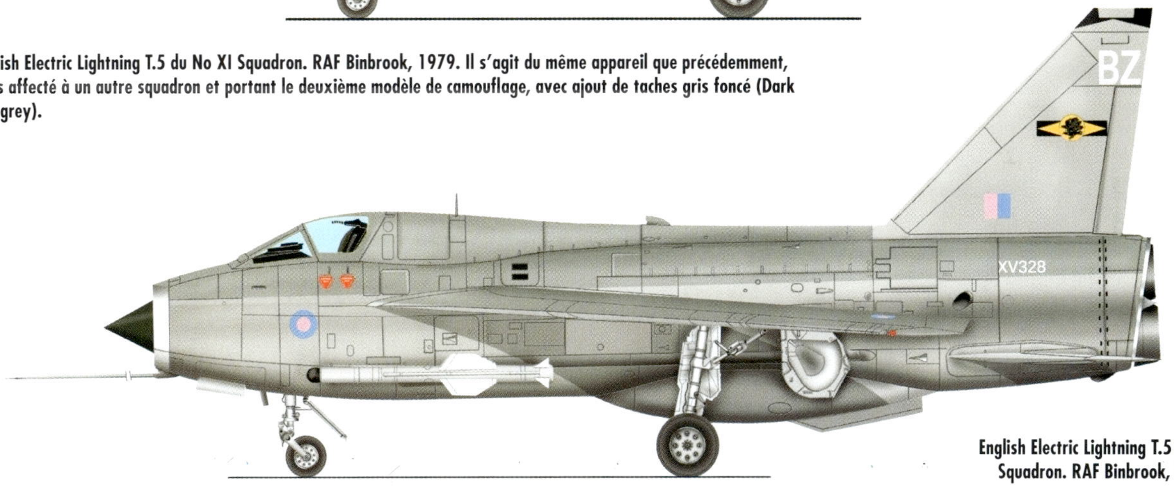


English Electric Lightning T.5 du No XI Squadron. RAF Binbrook, 1987.

*Deux Lightning F.6 du No 5 Squadron « biberonnent » derrière un HP Victor K.2 du No 57 Squadron en 1978.* (DR)

*EE Lightning F.3 du Lightning Training Flight (LTF) de RAF Binbrook. Cet avion eut une fin de carrière tragique car il s'écrasa en mer le 26 août 1983 suite à une erreur de son pilote qui perdit la vie dans l'accident.* (DR)

**English Electric Lightning F.3 du No XI Squadron. RAF Binbrook, 1978. Appareil armé de missiles Red Top.**

**English Electric Lightning F.3 du No XI Squadron. RAF Binbrook, 1984. Le camouflage à dominante grise fut introduit au début des années quatre-vingt sur les Lightning. Plusieurs variantes existèrent, en fonction du nombre (deux ou trois) et des nuances des teintes utilisées, tandis que les marques de nationalité voyaient leurs couleurs affadies.**

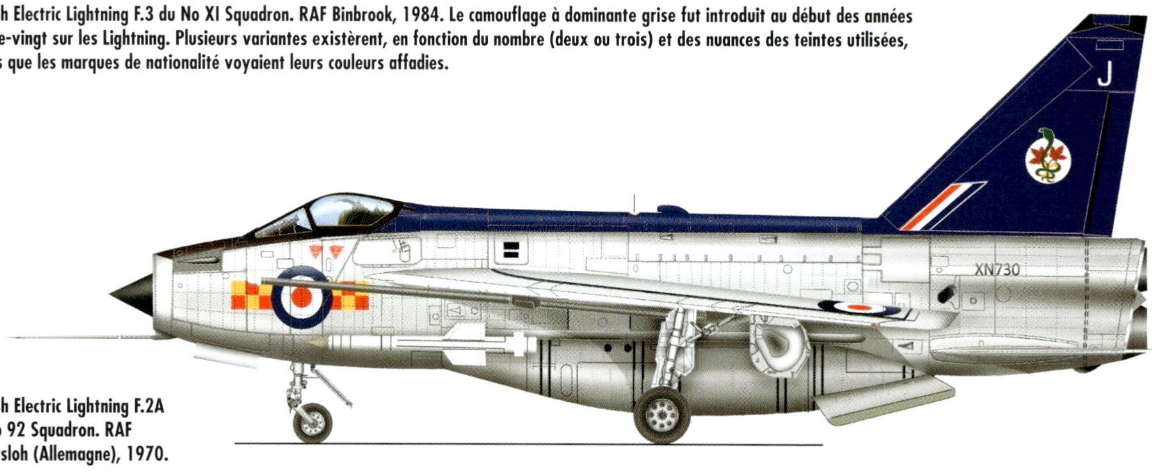


**English Electric Lightning F.2A du No 92 Squadron. RAF Gütersloh (Allemagne), 1970.**

**English Electric Lightning F.6 du No 19 Squadron. RAF Binbrook, 1979.**

**English Electric Lightning F.2A du No 92 Squadron. RAF Gütersloh (Allemagne), 1973.**

**English Electric Lightning F.6 du No 5 Squadron. RAF Binbrook, 1984.**

*English Electric Lightning T.5 du No 111 Squadron. Seuls 22 exemplaires de cette version biplace furent produits, qui reprenaient les améliorations introduites sur le F.3 (dérive agrandie, réacteur plus puissant et possibilité de tirer le missile Red Top).* (DR)

McDonnell Phantom FGR.2 du No 41 Squadron. RAF Coningsby, 1976.

McDonnell Phantom FGR.2 du No II (Army Co-operation) Squadron. RAF Brüggen (Allemagne), 1971.

McDonnell Phantom FG.1 (F.4K) du No 43 Squadron. RAF Leuchars, 1972.

Mc Donnell Phantom FG.2 du No 19 Squadron. RAF Wildenrath (Allemagne), 1983.

*Atterrissage d'un Phantom FGR.2 du No 92 Squadron. Cette unité, basée à RAF Wildenrath, en Allemagne, commença à remplacer ses Lightning par des Phantom II en 1977 et les conserva jusqu'en 1991, lorsqu'elle fut dissoute dans le cadre de la réduction des effectifs de la RAF* **Germany.** *(DR)*

**McDonnell Phantom FG.1 du No 111 Squadron. RAF Leuchars, 1990. Il s'agit de la monture personnelle du squadron leader de cette unité.**

**McDonnell Phantom F-4M (FGR.2) du No 92 Squadron. RAF Wildenrath (Allemagne), 1989. À la suite de la disparition du bloc de l'Est, ce squadron fut dissous en Allemagne en juillet 1991. Il a depuis été reformé, mais comme unité d'entraînement.**

*Phantom FGR.2 du No 54 Squadron de Coningsby. Prévue à l'origine pour être dotée de Harrier, cette unité chargée de missions d'attaque au sol reçut, à la place, des Phantom en 1969. Elle échangea ces appareils cinq ans plus tard contre des Jaguar.* *(DR)*

McDonnell Phantom FGR.2 du No 56 Squadron.
RAF Wattisham, 1970.

McDonnell F-4J(UK) Phantom II du No 74 Squadron.
RAF Wattisham, 1991. Cet ancien avion de l'US Navy (BuNo 153785) fut livré à la RAF en août 1984 et retiré du service en 1991.

SEPECAT Jaguar GR.1 du No 54 Squadron.
RAF Coltishall, 1979.

*SEPECAT Jaguar GR.1 du No 54 Squadron. Spécialement chargé de l'attaque au sol depuis 1960, ce squadron reçut successivement des Hunter, des Phantom FGR.2 et finalement des Jaguar, qu'il conserva jusqu'à sa dissolution, en mars 2005* (DR)

**SEPECAT Jaguar GR.3A du No 16 Squadron. RAF Coltishall, 2005. Décoration spéciale pour les 90 ans de l'unité.**

**SEPECAT Jaguar T.2 du No 31 Squadron. RAF Brüggen (Allemagne), 1990.**

*En haut.*
***Deux Jaguar GR.3A des Nos 54 (au premier plan) et 16 Squadrons dont les dérives ont été spécialement décorées pour le 90e anniversaire de ces unités.***
*(MoD RAF)*

***Emportant un Sidewinder d'exercice sur son rail, un Jaguar GR.3A du No 41(F) Squadron s'arrache de la piste de la base roumaine de Constanta pendant un exercice, en mai 2004.***
*(MoD RAF)*

Le Buccaneer S.2B XV350 fut intensivement utilisé pour des essais d'armements. On le voit ici avec quatre missiles anti-navires Martel sous les ailes. *(BAE Systems)*

Blackburn Buccaneer S.2A du No 16 Squadron. RAF Laarbruch (Allemagne), 1978.

Hawker Harrier GR.1 du No 4 Squadron. RAF Gütersloh (Allemagne), 1983.

*Blackburn S.2B Buccaneer de la No 237 OCU en 1987. Créée en 1971 et chargée de la formation des pilotes des Buccaneer de la RAF, cette unité, rattachée au No 208 Squadron, fut dissoute en octobre 1991. (Coll. G. Paloque)*

**Hawker Harrier GR.3 du No 4 Squadron (No 233 OCU). RAF Wittering, 1983.**

**Hawker Harrier GR.3 du No 4 Squadron. RAF décoration spéciale pour les 60 ans du squadron. RAF Gütersloh (Allemagne), 1987.**

*Insigne du No 1 Squadron*

**Hawker Harrier GR.3 du No 1 Squadron. Camouflage hivernal lors de l'exercice OTAN en Norvège, hiver 1985.**

*Les Harrier GR.3 du No 1 Squadron à Tromsø (Norvège) lors d'un exercice hivernal de l'OTAN, en 1979. Les avions ont reçu un badigeon temporaire blanc sur le gris de leur camouflage afin de les rendre plus discrets*
*(BAE Systems)*

*Hawker (BAe) Harrier GR.9 du No 1 Squadron, avec sa dérive spécialement décorée pour le centenaire de cette unité. Le No 1 Sqn faisait partie de la « Joint Force Harrier », qui rassembla, à partir de 2000, toutes les unités de la RAF et de la Royal Navy encore équipées de Harrier. La JFH fut dissoute lors du retrait du service de l'avion, en janvier 2011.* *(BAE Systems)*

*Insigne du No 20 Squadron*

**Hawker Harrier GR.7 du No 20(R) Squadron. RAF Wittering, 2002.**

*Insigne du No 3 Squadron*

**Hawker Harrier T.2 du No 3 Squadron. RAF Wildenrath, 1976.**

*Atterrissage d'un Harrier GR.7 du No 20(R) Squadron à Wittering. On notera, en haut de la dérive, les couleurs de l'ancienne No 233 OCU dont ce squadron reprit les traditions en 1992.* *(MoD RAF)*

**Harrier GR.1 de la No 233 OCU en vol stationnaire lors d'un essai d'emport de bombes.** *(BAE Systems)*

**Hawker Harrier T.4 du No 4 Squadron. Exercice OTAN en Norvège, hiver 1981.**

*Insigne du No 4 Squadron*

**Hawker Harrier T.10 du No 4 Squadron. RAF Cottesmore, 1998.**

***Harrier T.4 de la No 233 OCU en 1983. Les barres latérales entourant l'insigne de cette unité chargée de la formation des pilotes de Harrier reprenaient les couleurs des quatre squadrons utilisant cet avion en 1973, date de création de cet emblème. Les biplaces T.4 furent utilisés de 1973 à 1992, quand l'OCU fut renommée No 20(R) Squadron.*** *(Coll. G. Paloque)*

Panavia Tornado GR.1 du No 16 Squadron.
RAF Laarbruch (Allemagne), 1985.

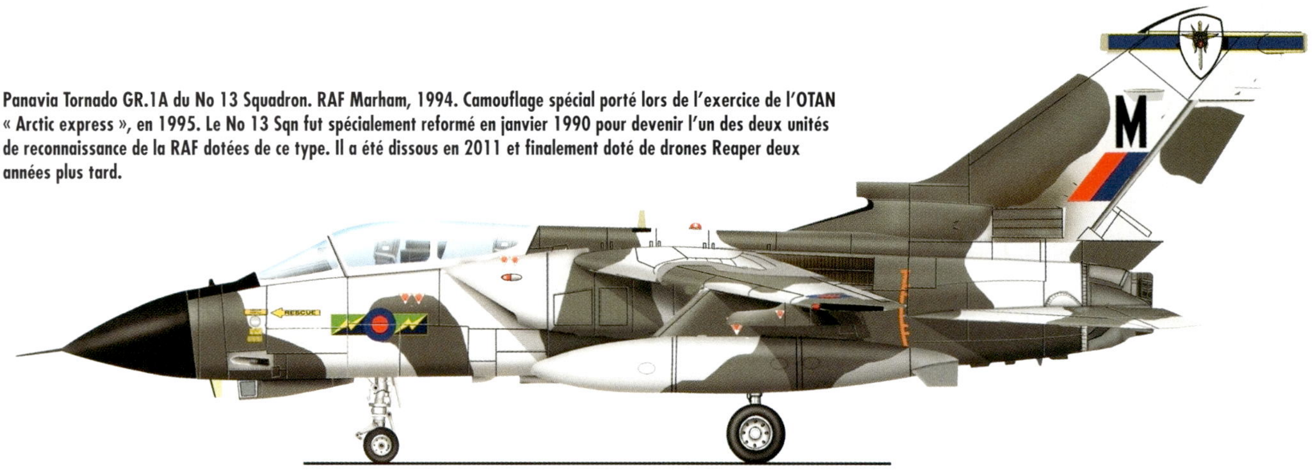


Panavia Tornado GR.1A du No 13 Squadron. RAF Marham, 1994. Camouflage spécial porté lors de l'exercice de l'OTAN « Arctic express », en 1995. Le No 13 Sqn fut spécialement reformé en janvier 1990 pour devenir l'un des deux unités de reconnaissance de la RAF dotées de ce type. Il a été dissous en 2011 et finalement doté de drones Reaper deux années plus tard.

*Tornado GR.4 du No 31 Squadron à Gioia del Colle, en Italie pendant l'opération « Unified Protector ». On notera les marques de largage de bombes Paveway et de missiles Storm Shadow et Brimstone.*
*(Glenn Sands)*

*Page précédente.*
***En septembre 2015, la RAF rassembla un Tornado GR.4 de chacun des squadrons basés à Marham et Lossiemouth et qui avaient tous reçu une livrée commémorative pour l'occasion. D'avant en arrière : No 15, No 12, No IX, No 31 et No 41 Squadron.*** *(MoD RAF)*

***Un GR.4 du No 13 Squadron pendant l'exercice « Skylance 07 ». Ce squadron a abandonné ses Tornado lors de sa dissolution, en juin 2011, et est devenu, l'année suivante, le premier squadron de drones Reaper de la RAF basé au Royaume Uni.*** *(MoD RAF)*

**Panavia Tornado GR.4 du No IX(B) Squadron. RAF Marham, 2015. Ce squadron fut le premier à être équipé de Tornado, en juin 1982. Il les a échangés contre des Typhoon FGR.4 en 2019.**

**Panavia Tornado F.3 du No 111 Squadron. RAF Leuchars, 2005. Surnommé « Trebble One », ce squadron a échangé ses Phantom II contre des Tornado ADV en 1990 et les a conservés jusqu'en 2011, date de sa dissolution définitive.**

***En 2019, à l'occasion du retrait de ses Tornado par le No IX(B) Squadron, ce GR.4 reçut cette décoration spéciale sur sa dérive.*** *(MoD RAF)*

*Insigne du No 3 Squadron*

**Eurofighter Typhoon FGR.4 du No 3 Squadron. RAF Coningsby, février 2012. Cet avion a été retiré du service et mis en stockage en 2018**

*Eurofighter Typhoon FGR.4 serial ZK351 du No 1(F) Squadron lors de l'opération « Shader », au Moyen Orient. La RAF a reçu ses premiers Eurofighter en décembre 2003 et le dernier des 160 exemplaires commandés en septembre 2019. Tous les monoplaces anglais encore en service ont été portés au standard multirôle FGR.4, alors que les versions du début étaient des chasseurs purs.* (MoD RAF)

*Page précédente.*
***Deux Typhoon FGR.4 du No IX(B) Squadron escortent un Tornado de la même unité spécialement décoré lors de la cérémonie de retrait de ce type en 2019.***
*(MoD RAF)*

***Tir d'un missile ASRAAM par un Typhoon FGR.4 du No 3 Squadron.***
*(MoD RAF)*

*Insigne du No 29 Squadron*

**Eurofighter Typhoon T.3 du No 29 Squadron. RAF Coningsby, 2012. Ce biplace a été retiré du service à la fin de l'année 2018 afin de servir de cellule d'instruction.**

***Décollage du Typhoon FGR.4 serial ZJ924 du No IX(B) Squadron. On notera que les Eurofighter britanniques ne portent plus forcément d'insigne d'unité sur la dérive, leur numéro individuel étant seulement constitué des trois chiffres de leur serial.***
*(MoD RAF)*

English Electric Canberra B(I).8 du No 16 Squadron. RAF Laarbruch (Allemagne), 1972. Ce squadron de la RAFG utilisa ses Canberra de 1951 à 1972.

English Electric Canberra PR.9 du No 13 Squadron. RAF Akrotiri (Chypre), 1961. Chargé de la reconnaissance photo, ce squadron s'installa à Chypre en 1956 et fut alors équipé de Canberra PR.7, puis de PR. 9 en 1961. En 1965, il déménagea à Malte où il resta jusqu'en 1978.

English Electric Canberra PR.9 du No 39 Squadron. RAF Wyton, 1983. Le No 39 Squadron fut rebaptisé 1 PRU (Photographic Reconnaissance Unit) en juillet 1992.

English Electric Canberra PR.9 du 1 PRU. RAF Marham, 1999.

*Les Canberra B.2 du No 12 Squadron à Coningsby au début des années cinquante. Dissoute en 1961 après avoir participé à la campagne de Suez de 1957, cette unité fut par la suite équipée de Vulcan, de Buccaneer, de Tornado et désormais d'Eurofighter Typhoon !*
*(RAF)*

English Electric Canberra PR.9 du 1 PRU. RAF Marham, 2005. Ayant déménagé à Marham en décembre 1993, le 1 PRU n'utilisait plus que trois Canberra PR.9, dont celui-ci, au moment de sa dissolution, en juillet 2006.

BAe Hawk T.1A de la No 2 Tactical Weapons Unit. RAF Chivenor, 1981. La No 2 TWU, composée des Nos 63(R) et 151(R) Squadrons, était chargée de la formation des pilotes et des navigateurs des jets de la RAF. Elle fut rebaptisée No 7 Flying Training School (FTS) en 1992, et finalement dissoute en octobre 1995.

*Les quatre premier F-35A destinés à la RAF à leur arrivée à Marham, en juin 2018. Comme pour beaucoup d'autres pays de l'OTAN, le Lightning II sera le principal avion de combat du Royaume Uni (avec l'Eurofighter Typhoon), la Royal Navy ayant de son côté acheté la version à décollage vertical de cet avion, le F-35B, pour équiper ses nouveaux porte-avions. (LMTAS)*

# SLOVAQUIE

*Décollage de deux MiG-29AS slovaques du 1. Takticka Letka. Après avoir récupéré la moitié de la flotte des « Fulcrum » tchécoslovaques en 1992 (neuf monoplaces 9-12A et un biplace MiG-29UB 9-51), la Slovaquie a reçu de la Russie, en 1994-1995, douze monoplaces et deux biplaces supplémentaires. Trois appareils ont été perdus par accidents, huit stockés et les treize restants ont été modernisés de 2004 à 2008. Ces appareils, renommés MiG-29AS et MiG-29UBS, ont été rendus compatibles avec les normes de l'OTAN grâce à l'installation, par l'usine RSK MiG, d'équipements d'origine à la fois russe et occidentale. Les avions modernisés ont reçu un nouveau camouflage, le plus récent étant le modèle « digital » visible ici.* (DR)

La Slovaquie fut créée en 1939, à la suite du démantèlement de la Tchécoslovaquie par l'Allemagne nazie qui avait envahi le pays en mars de la même année. L'occupant autorisa la constitution d'une petite force aérienne slovaque, qui fut équipée de matériel allemand et combattit aux côtés des forces de l'Axe jusqu'au soulèvement d'août 1944 et le passage du pays dans le camp allié. La Tchécoslovaquie ayant été reconstituée en 1945, elle passa très rapidement dans le giron soviétique, devint une république populaire et intégra le Pacte de Varsovie en 1955. Son armée de l'Air, la *Ceskoslovenské letectvo* fut essentiellement équipée d'appareils soviétiques ou produits localement sous licence (chasseurs MiG-15, 19 et 21F).

Cette situation dura jusqu'à l'effondrement du bloc de l'Est, et la « Révolution de velours » de novembre 1989, la Tchécoslovaquie devenant, dans un premier temps, la République fédérale tchèque et slovaque, avant d'être purement et simplement dissoute à la fin de 1992 pour laisser la place à deux pays, la Slovaquie et la République tchèque, au début de l'année suivante.

Ces deux pays se partagèrent la flotte de l'aviation militaire tchécoslovaque selon un ratio établi d'après leur population respective, la Tchéquie récupérant près des deux tiers des appareils. Cette répartition connut deux exceptions. Les MiG-23 furent en effet exclusivement attribués à la République tchèque, tandis que la flotte des MiG-29 était divisée en parts égales. En 1995, l'armée de l'Air slovaque abandonna définitivement l'ancienne organisation datant de l'ère soviétique au profit d'une structure « occidentalisée », basée sur des escadres et des escadrons. Au début du présent siècle, la Slovaquie retira progressivement du service ses avions les plus anciens, à savoir les Sukhoï Su-22 et Su-25, ainsi que les MiG-21 survivants, les hélicoptères Mil Mi-24 connaissant le même sort en 2011.

La Slovaquie ayant rejoint l'OTAN en 2004, dix ans plus tard, en 2014, le gouvernement slovaque et l'avionneur RSK MiG signèrent un contrat portant sur la modernisation de la flotte des MiG-29 qui devait s'étendre sur une durée de trois ans. La même année, le ministre de la Défense slovaque annonça officiellement que son pays avait choisi de remplacer ses anciens « Fulcrum » par des SAAB JAS-39 Gripen. Toutefois, cette transaction n'aboutit pas et, à la suite d'une nouvelle étude de marché, il fut finalement annoncé, en juillet 2018, que la Slovaquie allait plutôt acheter quatorze Lockheed Martin F-16V Block 70/72. En 2020, tous les avions de combat de la *Vzdušné sily Ozbrojených síl Slovenskej republiky* (Force aérienne militaire de la République slovaque) étaient rassemblés sur la base de Sliac, au centre du pays, qui comprenait un escadron équipé de MiG-29AS et UBS (biplaces) et un escadron d'Aero L-39 Albatros.

*Aero L-39ZA Albatros (n° 934707) du 2. Taktická letka (2e escadron tactique). Cet avion était toujours en service en 2020, après avoir été modernisé (L-39ZAM) et camouflé en gris.* (DR)

Mikoyan Gourevitch MiG-29AS (n° 2960536064) du *1. Taktická letka* (1er escadron tactique) du *Taktické krídlo* (escadre tactique) « Generálmajora Otta Smika ». Sliac, 2004. Cet appareil fait partie du second lot de « Fulcrum » livré directement par la Russie à la Slovaquie.

Aero Vodochody L-39ZA Albatros (n° 934707) du *2. Taktická letka* (2e escadron tactique). Sliac, 2004.

*MiG-29UBS (n°N50903028253) du* 1. Takticka Letka. *Les trois « Fulcrum » biplaces de l'armée de l'Air slovaque ont tous été modernisés et étaient en service en 2020. (DR)*

**Deux Aero Vodochody L-39ZAM Albatros (n° 934701 et 934711) du 2. Taktická Letka en vol.** *Ce monoréacteur est actuellement, avec le MiG-29, le seul avion d'armes dont dispose la Slovaquie.* (DR)

**MiG-29AS (n° 2960532039) du 1. Takticka Letka.** *Cet appareil fait partie du lot provenant du démantèlement de la force aérienne tchécoslovaque.* (DR)

***MiG-29UBS (n°N50903028113) du* 1. Takticka Letka.** ***Cette unité étant un escadron « tigre », ce biplace a reçu une livrée appropriée !*** *(DR)*

*Insigne du 1. Letka*

**MiG-29UBS (n° N50903028253) du *1. Taktická Letka.* Sliac, 2004.**

**Aero L-39ZAM Albatros (n° 934711) du *2. Taktická Letka.* Sliac, 2005. Appareil retiré du service en 2018. Le L-39ZAM est une variante modernisée du L-39ZA uniquement utilisée par la Slovaquie.**

# République Tchèque

Deux SAAB JAS-39C Gripen tchèques en vol. Les douze appareils de ce type, dont dispose le pays, ont été loués jusqu'en 2027, avec une option pour deux années supplémentaires. Avec les Aero L-159, également basés à Caslav, il s'agit des seuls avions de combat dont dispose aujourd'hui la République tchèque
*(DR)*

À la suite de la « Révolution de velours » en Tchécoslovaquie qui aboutit, le 1er janvier 1993, à la création de deux pays distincts, la Slovaquie et la République tchèque (cf. p. 296), ces dernières se partagèrent les appareils de la *Ceskoslovenské letectvo,* l'armée de l'Air de la Tchécoslovaquie, selon un ratio tenant compte de leur population respective.

L'armée de l'Air de la République tchèque *(Letectvo a Protivzdusná obrana Armády Ceskej republiky)* récupéra ainsi la majeure partie de la flotte tchécoslovaque, et notamment la totalité des MiG-23MF et ML encore en service à l'époque, ainsi que la moitié des MiG-29 qui avaient été livrés à l'origine par l'Union Soviétique. Dans un premier temps, la Tchéquie décida de conserver ses MiG-21 afin d'assurer la transition en attendant la mise en service de son remplaçant, tandis que les MiG-29 (9.12) étaient de leur côté retirés du service en 1995, et les MiG-23 entre 1994 (MF) et 1998 (ML).

La République tchèque ayant rejoint l'OTAN le 12 mars 1999, elle décida de doter d'un nouveau chasseur son armée de l'Air, devenue l'année précédente la *Vzdušné síly Armády Ceské republiky* (litt. « Forces aériennes de l'armée de la République tchèque »). Au moins six options différentes furent envisagées, et c'est finalement le SAAB JAS-39 Gripen qui fut choisi. Au terme d'un accord binational signé en 2005, il fut ainsi décidé que l'avionneur suédois louerait pour une durée de dix ans à la République tchèque douze JAS-39C monoplaces et deux JAS-39D biplaces destinés à l'entraînement.

L'entrée en service de ces avions, en 2005, entraîna le retrait des derniers MiG-21 dont une dizaine avait auparavant été modernisée pour prolonger leur durée de vie et redésignés MiG-21MFN.

Le premier contrat de location des Gripen tchèques étant arrivé à échéance en 2015, il fut décidé de le reconduire pour douze autres années, avec une option pour deux ans supplémentaires.

À l'heure actuelle, les SAAB Gripen tchèques sont épaulés par seize Aero Vodochody L-159A qui peuvent être utilisés aussi bien pour l'assaut tactique que la police du ciel, en remplacement des JAS-39, tandis que huit anciens L-39ZA Albatros et cinq L-159T1 sont utilisés pour l'entraînement des pilotes, en complément des deux Gripen biplaces.

MiG-21MF « Fishbed J » (n° 96005581) du 41. Stíhací Letka *(SLt, « 41e Escadron de chasse »)* en 2004.
*(Coll. G. Paloque)*

Mikoyan Gourevitch MiG-21MF « Fishbed J » (n° 965214) du *47. Stihaci Letka* (SLt, « Escadron de chasse »). Cet appareil a été retiré du service en 2000.

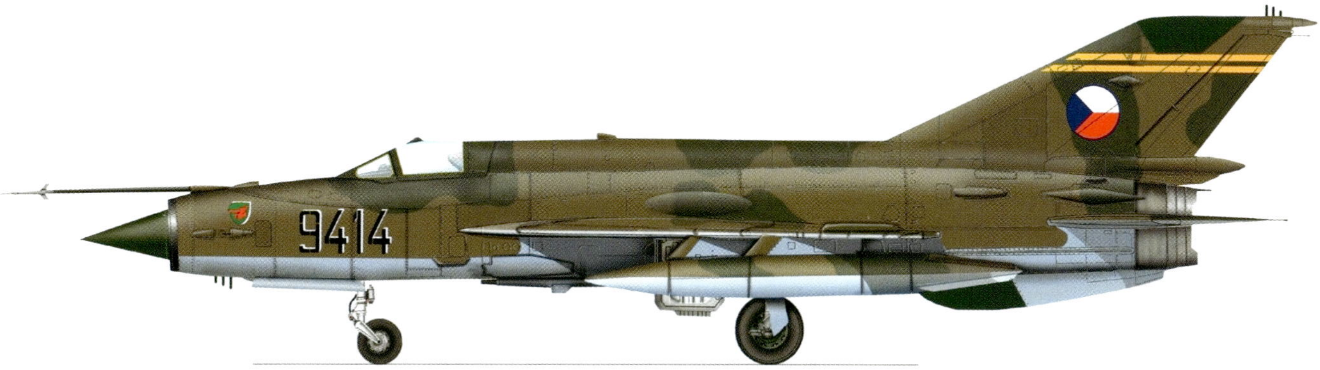


Mikoyan Gourevitch MiG-21MF « Fishbed J » (n° 969414) du *41. Stíhací Letka* (SLt). Caslav, 2004.

Mikoyan Gourevitch MiG-21MF « Fishbed J » (n° 969805) du 41. SLt. Caslav, 2005. À la fin de leur carrière, les MiG-21 tchèques ont reçu un camouflage « basse visibilité » composé de trois tons de gris et avec des marques de nationalité dépourvues de toute couleur.

*MiG-21MFN (n° 96004127) du* 41. Stíhací Letka. *Cet avion a été perdu par accident en octobre 2000.* *(Coll. G. Paloque)*

Mikoyan Gourevitch MiG-21 UM « Mongol B » (n° 516999332). Caslav, 2004.
Ce biplace est actuellement préservé au musée de Prague-Kbely.

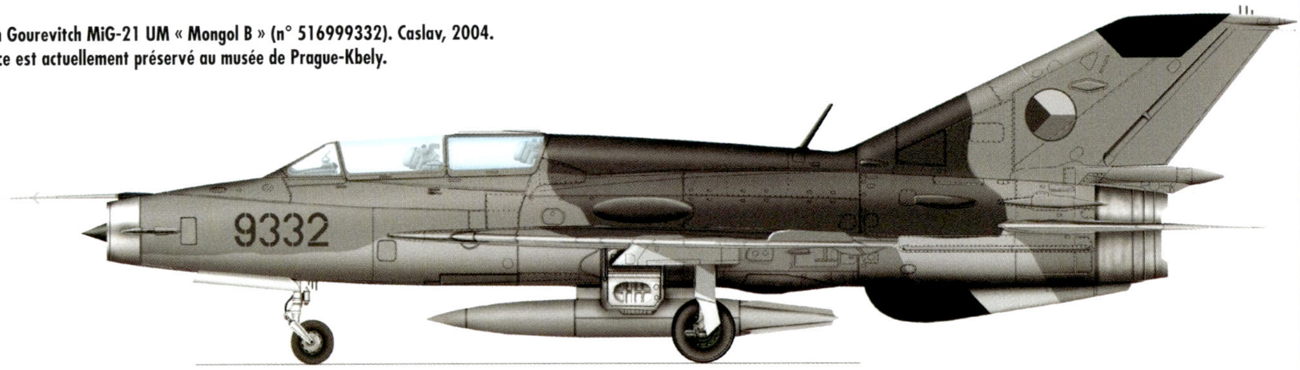


SAAB JAS-39C Gripen (n° 39-245) du *211. Tacticka Letka* (TL, « Escadron tactique ») de la *21. Základna Taktického Letectva* (ZTL, « Base aérienne tactique »). Caslav, 2005.

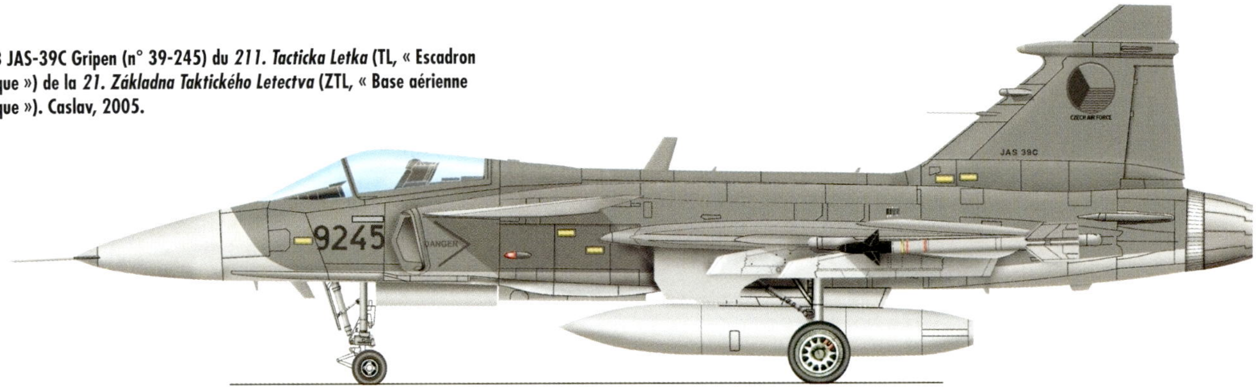

*MiG-29UB « Fucrum B » (n° N50903014528)* du 11. Stíhací Letecký Pluk *(11. SLP, 11e régiment de chasse) de Žatec en 1994. Cet unique biplace récupéré par la Tchéquie a été cédé à la Pologne en décembre 1995.* (DR)

*Aero Vodochody L-159A (n° 156066) du 212. Tlt. Cette version spécialement destinée à la Force aérienne tchèque a été produite à 72 exemplaires (24 biplaces et 48 monoplaces) et livrée à partir de 2001. Aujourd'hui, seule une vingtaine de ces avions reste en service en Tchéquie, les autres ayant été soit stockés, soit revendus à l'Irak et à la société américaine Draken International.*

SAAB JAS-39D Gripen (n° 39-820) du *211. Tacticka Letka.* 21. ZTL, Caslav, 2005.

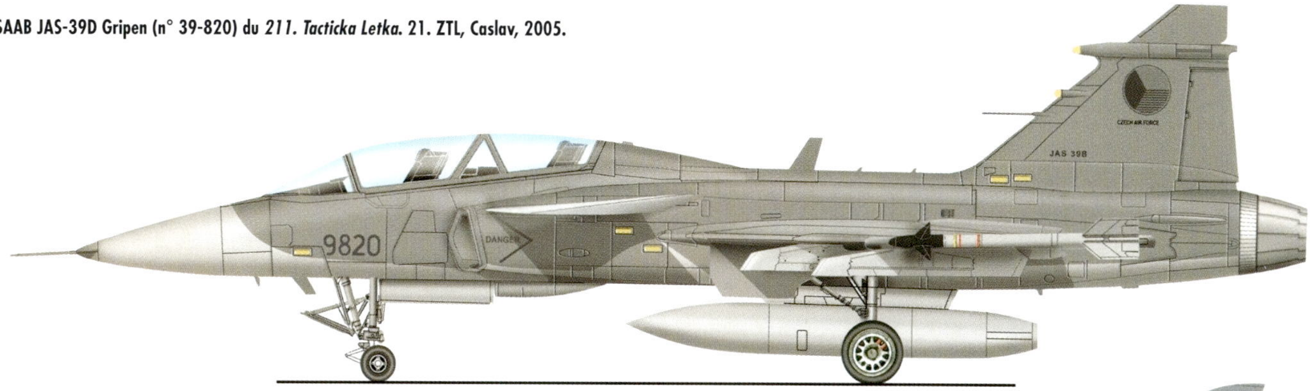


Aero Vodochody L-159A (n° 156063) du *212. Takticka Letka* (TLt, « Escadron tactique »). Caslav, 2017. Tous les L-159 sont basés à Caslav, aux côtés des Gripen, certains d'entre eux étant utilisés pour l'entraînement au sein du *213. Výcviková Letka* (VLt, « Escadron d'entraînement »).

*SAAB JAS-39D Gripen (n° 39-819) du 211. SLt portant une inscription spéciale commémorant les 10 000 heures de vol du Gripen en Tchéquie. (DR)*

En 2010, ce F-16C Block 50 (s/n 93-0664) du 151nci Filo (151e Escadron), basé à Bandirma, reçut cette décoration spéciale célébrant le 68e anniversaire de l'entrée de la Turquie dans l'OTAN. *(Türk Hava Kuvvetleri/THK)*

# TURQUIE

La force aérienne militaire turque, la *Türk Hava Kuvvetleri* (THK) est l'une des plus anciennes armées de l'Air du monde puisqu'elle fut fondée en 1911, sous l'Empire ottoman. Disposant d'une flotte de plus de 500 avions de combat en 1940, elle ne participa toutefois pas à la Seconde Guerre mondiale, la Turquie étant restée neutre jusqu'en février 1945, date où elle rentra dans le conflit aux côtés des alliés, mais sans toutefois participer à aucun combat.

Majoritairement équipée de matériel occidental (britannique et américain) depuis les années trente, la THK reçut en 1948 180 Republic F-47D Thunderbolt, des appareils qui restèrent en service jusqu'en 1959. Après avoir envoyé certains de ses pilotes aux États-Unis afin d'y être formés sur avions à réaction dès 1950, la Turquie entra dans l'ère du jet en 1952, année où elle rejoignit l'OTAN, lorsque 489 Republic F-84G Thunderjet lui furent livrés dans le cadre du programme d'assistance militaire MDAP *(Mutual Defense Assistance Program)*. Ces avions furent utilisés par douze *Filo* (escadrons) jusqu'en 1966, et rejoints, entre 1959 et 1966, par 300 Republic F-84F Thunderstreak et 68 RF-84F Thunderflash de reconnaissance fournis par différents pays de l'OTAN comme la France, l'Allemagne de l'Ouest et les Pays-Bas. À la fin de leur carrière, ces avions cédèrent la place à des Northrop F-5 et RF-5A, et à des McDonnell RF-4E.

Entre 1954 et 1968, la Turquie perçut également 106 Canadair Sabre, qui furent affectés à trois escadrons basés à Akinci (plus tard Mürted), les 141, 142 et 143 Filo.

En 1965, au titre du MAP *(Military Assistance Program)*, la Turquie fit l'acquisition de 108 Northrop et Canadair F-5A/B, NF-5A/B et RF-5A.

À compter de 1972, la THK recevra 206 F-100C/D et F-100F Super Sabre pour équiper huit de ses escadrons. Ces appareils participeront en 1974 aux combats entre la Grèce et la Turquie lors du conflit relatif à l'île de Chypre. Cette intervention entraînera l'arrêt de l'aide militaire américaine à la Turquie. Les Super Sabre seront retirés du service en 1982, le 181 Filo étant la dernière unité à voler sur ce type.

L'OTAN ayant repris son assistance militaire à la Turquie en 1975, cette dernière reçut de la Norvège vingt-six F-5A et six RF-5A, quarante-quatre NF-5A et seize NF-5B de la part des Pays-Bas, et enfin six F-5A et trois F-5B précédemment utilisés par Taïwan. Grâce à ce nouvel apport à la flotte des Freedom Fighter, la THK disposait, en 1979, de neuf Filo dotés de (N)F-5A et B.

A partir de 1968, une cinquantaine d'anciens Convair F-102A et TF-102A Delta Dagger de l'US Air Force furent livrés à la Turquie. Le premier escadron équipé de ce modèle fut le 191 Filo, renommé en janvier 1973, 142 Filo et basé à Mürted. En 1971, le 182 Filo de Diyarbakir remplaça ses

**Republic F-84G-11-RE Thunderjet (s/n 51-10210) du 161nci Filo (161e escadron). Bandirma, 1957. Appareil livré par les Pays-Bas en 1957 et retiré du service en 1960.**

Republic F-84F-46-GK Thunderstreak (s/n 52-8894) du 193nci Filo en 1960. Ancien appareil de l'Armée de l'Air française livré à la Turquie en 1959 et perdu par accident (pilote tué) le 18 février 1966.

Republic F-84F-55-RE Thunderstreak (s/n 52-6965) en 1966. Ancien appareil de l'USAF, livré à la Turquie en mars 1958.

*Republic F-84F-75-RE Thunderstreak (s/n 53-7214). Après avoir servi au sein de la Luftwaffe, cet avion fut livré à la Turquie qui l'utilisa jusqu'en octobre 1975.* (THK)

***Republic F-84F-41-GK Thunderstreak (s/n 52-8779) du 183nci Filo au début des années soixante. Cet ancien avion de l'Armée de l'Air a été livré à la Turquie en novembre 1959 et s'est écrasé à Diyarbakir le 6 avril 1965.*** *(DR)*

F-84F par des F-102 qui restèrent en service jusqu'en 1979. À la fin de leur carrière, les Delta Dagger turcs furent remplacés par des F-104G (142 Filo) et des F-100C (182 Filo).

La *Türk Hava Kuvvetleri* fut, en 1963, la première force aérienne de l'OTAN à recevoir des Starfighter au titre du plan d'assistance MDAP. Trente-deux F-104G et quatre biplaces TF-104G, équiperont dans un premier temps deux escadrons et une unité de transformation opérationnelle. La flotte des Starfighter turcs sera par la suite complétée par plusieurs dizaines d'appareils retirés du service par d'autres aviations de l'OTAN, ainsi que par quarante F-104S achetés neufs à l'Italie. Au total, la THK utilisera environ 400 F-104, destinés à la défense aérienne et à l'attaque au sol, huit Filo étant dotés de cet avion entre 1963 et 1995, répartis sur quatre bases aériennes différentes (Mürted, Bandirma, Diyarbakir et Balikesir).

Le McDonnell F-4 Phantom II arriva en Turquie en 1974. Au final, la Turquie fit l'acquisition de plus de 200 F-4E et RF-4E entre 1974 et 1991, la plupart de ces appareils étant de seconde main, auparavant utilisés par différentes aviations de l'OTAN (USAF, Allemagne, etc.). À partir de 1995, un programme de modernisation (nouvelle avionique, nouvel armement) effectué par l'Israélien IAI sur le modèle du « Kurnass 2000 », permit la remise à niveau d'une cinquantaine de Phantom II de la THK. Ces avions, rebaptisés F-4E-2020 Terminator, étaient toujours en service en… 2020 !

Un programme similaire, mais concernant les Freedom Fighter de la THK, et baptisé F-5-2000, fut lancé en 1998. Il s'agissait cette fois de moderniser vingt F-5A, huit F-5B et vingt NF-5A/B. Remis en service à partir de 2001, tous les F-5 modernisés ont été affectés aux 133 et 132 Filo basés à Konya. En 2020, les derniers NF-5A et B à voler en Turquie sont ceux du 134 (Akrotim) Filo, les « Türk Yildizlari » (étoiles turques), la patrouille acrobatique nationale.

En septembre 1983, la Turquie fit connaître sa volonté de doter son aviation de General Dynamics (ensuite Lockheed Martin) F-16C et D Fighting Falcon afin de remplacer ses anciens F-104 Starfighter. Au total, la THK reçu 270 de ces appareils à partir d'octobre 1987, la grande majorité de ces avions étant fabriqués sous licence en Turquie par l'avionneur TUSAS Aerospace Industries (TAI) installé à Mürted.

Les livraisons furent réparties en quatre lots (ou « programmes ») différents :

— « Peace Onyx I » portant sur 136 F-16C et 24 biplaces livrés entre 1987 et 1995, les 44 premiers exemplaires étant au standard « Block 40 », tandis que les autres étaient des « Block 50 ».

— « Peace Onyx II » : programme lancé en mars 1992 et comprenant 34 F-16C et six F-16D Block 50 livrés en 1996-1997.

— « Peace Onyx III » : quarante avions supplémentaires (26 F-16C et 14 F-16D Block 50) livrés en 1998 et 1999.

— « Peace Onyx IV » : quatorze F-16C et seize F-16D Block 50 livrés en 2011-2012. Ce lot était à l'origine destiné à remplacer les avions précédemment perdus et à permettre d'assurer l'intérim en attendant l'arrivée des premiers F-35.

Les F-16 turcs ont participé aux opérations en ex Yougoslavie de 1999 à 2001, certains d'entre eux étant à cette occasion basés à Aviano, en Italie.

Après le coup d'État manqué de juillet 2016 la THK fut réorganisée en profondeur, de nombreux escadrons de F-16 étant dissous (141 et 142 Filo basés à Mürted, 151 et 152 Filo à Merzifon, 161 et 162 Filo à Bandirma, 181 et 182 Filo à Diyarbakir, et enfin 192 et 191 Filo à Balikesir).

En 2020, la *Türk Hava Kuvvetleri* disposait d'environ 250 F-16C et D, d'une cinquantaine de F-4-2020 Terminator et d'une quinzaine de NF-5A/B-2000. Le remplacement d'une partie de ces appareils par les F-35A prévus à l'origine (certains déjà livrés et basés aux États-Unis) a été compromis par la décision de l'administration étasunienne, en août 2019, de cesser toute livraison de cet avion à la Turquie pour des motifs géopolitiques.

**Republic RF-84F-5-RE Thunderflash (s/n 51-1854) du 118nci Filo de la 8nci Ana Jet Üs (AJÜ, « 8e Base principale de jets »). Diyarbakir, 1958.**

**Canadair CL-13 Sabre Mk 2 (n° 19335) du 141nci Filo. Merzifon, 1964. La flèche à l'avant du fuselage était de couleur jaune au 142 Filo et bleue au 143.**

**North American F-100D-10-NA Super Sabre (s/n 54-2219) du 113nci Filo « Isik » (lumière) de la 1nci AJÜ. Eskisehir, 1960. Appareil livré à la Turquie en 1959.**

**North American F-100D-85-NH Super Sabre (s/n 56-3399) du 111nci Filo « Panter » (panthère) de la 1nci AJÜ. Eskisehir, 1975. Appareil livré à la Turquie en février 1969.**

*Canadair CL-13 Sabre Mk 2 (n° 19184). Les Sabre de la THK (comme ceux livrés à la Grèce quasiment simultanément) étaient d'anciens appareils de la RCAF, remis en état et légèrement modifiés par Canadair en 1955, et parfois renommés « F-86E(M) » avant leur livraison aux nouveaux utilisateurs.*
*(THK)*

North American F-100F-15-NA Super Sabre (s/n 56-3997) du 111nci Filo « Panter ». Eskisehir, 1968.
Appareil livré à la Turquie en octobre 1958.

North American F-100F-15-NA Super Sabre (s/n 56-3946) du 112nci Filo « Seytan » (satan). Eskisehir, 1970.
Cet ancien biplace utilisé par le 435th TFS de l'US Air Force a été fourni à la Turquie en décembre 1969.

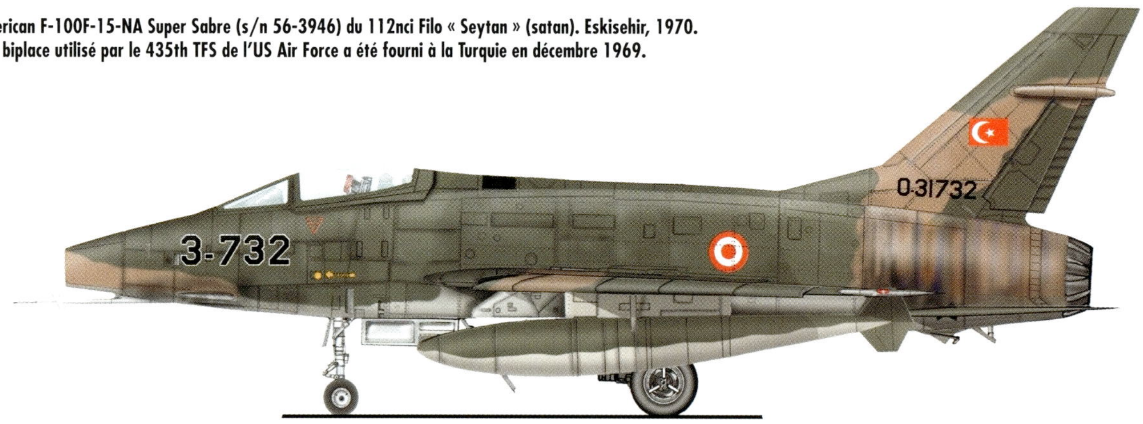


North American F-100C-1-NA Super Sabre (s/n 53-1732) du 131nci Filo « Ejder » (dragon) de la 3nci AJÜ. Konya, 1975. Appareil livré à la Turquie en septembre 1973. La cocarde ronde a été introduite en 1972, en remplacement du carré rouge liseré de blanc des origines.

*North American F-100C-25-NA Super Sabre (s/n 54-1978). Cet avion a été livré à la Turquie en juillet 1972.*
*(THK)*

Lockheed (Canadair) F-104G Starfighter (s/n 62-12344) de la 4nci AJÜ. Mürted, 1970. Les premiers Starfighter livrés à la *Türk Hava Kuvvetleri* au titre du plan d'assistance militaire MAP étaient similaires à leurs homologues de l'USAF, « *Buzz Number* » compris, seules les marques de nationalité étant différentes.

Lockheed F-104G Starfighter (n° constr. 2056) de la 6nci AJÜ. Bandirma, 1981. Cet avion fait partie du lot de 200 anciens Starfighter de la Luftwaffe reçus par la Turquie entre 1980 et 1988.

Lockheed (Canadar) F-104G Starfighter de la 4nci AJÜ. Mürted, 1981. Cet avion fut acheté neuf dans le cadre du programme MAP.

*Republic RF-84F-31-RE Thunderflash (s/n 52-7450) du 114 Filo de la 1nci AJÜ. Eskisehir, à la fin des années soixante. Cet ancien avion de l'USAF fut fourni à la Turquie en septembre 1956.*
*(THK)*

Lockheed (Canadair) F-104G Starfighter (s/n 64-17783) du 191nci Filo de la 4nci AJÜ. Mürted, 1970.
Cet appareil acheté neuf sera perdu le 21 juillet 1974.

Aeritalia/Alenia F-104S Starfighter (n° constr. 6903) du 191nci Filo de la 9nci AJÜ. Balikesir, 1981.

Lockheed TF-104G Starfighter (s/n 61-3029) de la 4nci AJÜ. Mürted, 1964.

**UNITÉS de F-104 de la THK**

*— 4nci Ana Jet Üs (Mürted) : 141 et 142 Filo. Escadrille de transformation F-104.*
*— 6nci AJÜ (Bandirma) : 161 et 162 Filo.*
*— 8nci AJÜ (Diyarbakir) : 181 et 182 Filo.*
*— 9nci AJÜ (Balikesir) : 191, 192 et 193 Filo.*

*Lockheed (Fokker) F-104G Starfighter (n° constr. 8168) du 192nci Filo de la 9 Ana Jet Üs de Balikesir en 1989. Cet ancien avion du JaboG 33 de la Luftwaffe fut livré à la Turquie en novembre 1985 et retiré du service en 1993.* (DR)

*Lockheed (Fokker) F-104G Starfighter (n° constr. 8334) du 181nci Filo de la 8 Ana Jet Üs de Diyarbakir en 1993. Un ancien avion de la Luftwaffe fourni à la Turquie en janvier 1989 et retiré du service en octobre 1993.*
*(M. Freer)*

**Lockheed TF-104G Starfighter (s/n 62-12279) de la 9nci AJÜ. Balikesir, 1981. Ancien avion de l'*Ejercito del Aire* espagnole, livré à la Turquie en juin 1972 et retiré du service en 1994.**

**Lockheed TF-104G Starfighter (n° constructeur 5905) de la 6nci AJÜ. Bandirma, 1982. Précédemment utilisé par le JaboG 34 de la Luftwaffe, ce biplace, qui conserva son camouflage allemand d'origine, a servi dans la THK de 1983 à 1995.**

*Lockheed TF-104G Starfighter (s/n 61-3033) du 181nci Filo de la 8nci AJÜ de Diyarbakir en 1992. Ce biplace fut d'abord utilisé par la Luftwaffe jusqu'en 1985, puis cédé à la Turquie qui le retira du service en 1993.*
*(Coll. G. Paloque)*

Northrop F-5A-20-NO (s/n 64-13348) du 151nci Filo « Tunäs » (bronze) de la 5nci Ana Jet Üs. Merzifon, 1968. Cet appareil fait partie du premier lot de Freedom Fighter reçus neufs par la Turquie en 1965. Il a été retiré du service en 1999 et utilisé comme réserve de pièces détachées.

Northrop F-5B-25-NO Freedom Fighter (s/n 67-21273). 1971. Avion détruit en 1984.

Northrop F-5A-30-NO Freedom Fighter (s/n 66-9126) du 151nci Filo « Tunäs ». Izmir, 1987.

Canadair NF-5A Freedom Fighter (s/n 70-3027) du 133nci Filo « Pençe » (serre) de la 3nci AJÜ. Konya, 1966. Fourni par les Pays-Bas en 1993, cet avion a été porté au standard NF-5A/2000 en 2000.

**Canadair NF-5A Freedom Fighter (s/n 71-3066) du 133nci Filo « Pençe » de la 3nci AJÜ. Konya, 1993. Également fourni par les Pays-Bas en 1993, cet avion a été porté au standard NF-5A/2000 en 1999.**

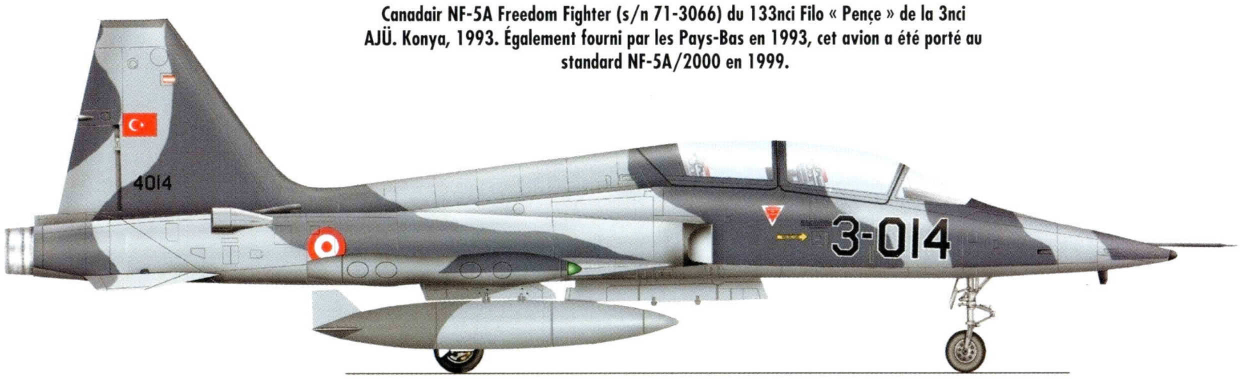


**Canadair NF-5B-25 Freedom fighter (s/n 71-4014) du 133nci Filo « Pençe » de la 3nci AJÜ. Konya, 1994. Ancien avion de la KLu néerlandaise.**

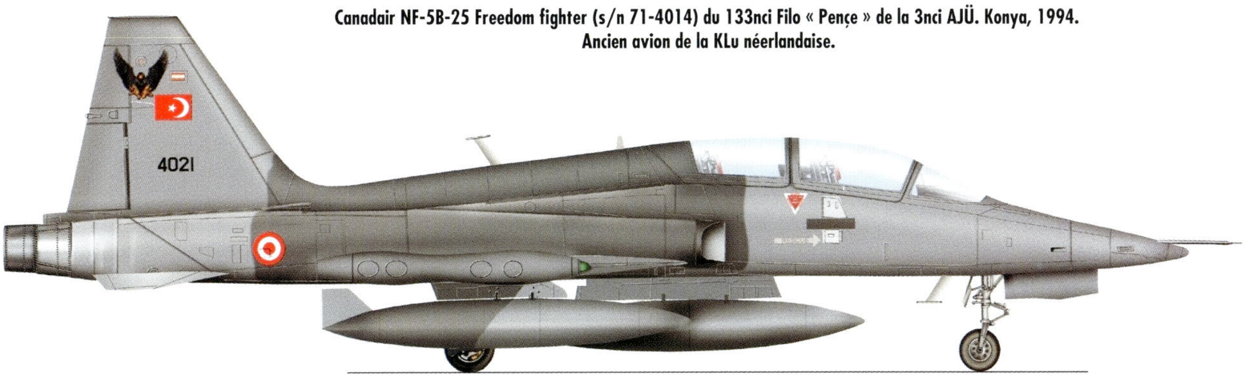


**Canadair NF-5B-25 Freedom fighter (s/n 71-4021) du 133nci Filo « Pençe » de la 3nci AJÜ Konya, 2007. Biplace fourni par les Pays-Bas et modernisé en NF-5B-2000.**

*Northrop F-5A-35-NO Freedom Fighter (s/n 67-21199) du 152nci Filo de la 5nci AJÜ. Prévu à l'origine pour la Libye, cet avion fut finalement livré neuf à la Turquie en 1975 et retiré du service à la suite d'un accident, en juin 1987.*
*(Coll. G. Paloque)*

**Northrop F-5B-50-NO Freedom Fighter (s/n 72-0449) du 152nci Filo « Akinci » (raiders) de la 5nci AJÜ. Merzifon, 1987. Ancien biplace de l'USAF fourni en 1986 à la Turquie, cet avion a été modernisé en F-5B/2000 en 2001.**

**Northrop F-5B-40-NO Freedom Fighter (s/n 70-01408) du 152nci Filo « Akinci » de la 5nci AJÜ. Merzifon, 1986. Cet ancien « Aggressor » de l'USAF a conservé son camouflage d'origine et a été modernisé en 2010.**

**Northrop RF-5A-35 (s/n 67-21205) du 184nci Filo de la 8nci AJÜ. Diyarbakir, 1968. Ce Freedom Fighter, modernisé en appareil de reconnaissance avant sa livraison en 1968, a été endommagé lors d'un accident en novembre 1990.**

***Northrop F-5B-45NO Freedom Fighter (s/n 71-01033) du 151nci Filo de la 5nci AJÜ. Cet ancien avion de l'USAF est arrivé en Turquie en mars 1986.***
*(Coll. G. Paloque)*

**Northrop RF-5A-40-NO Freedom Fighter (s/n 68-9099) du 184nci Filo. Diyarbakir, 1984.**

**Convair F-102A-45-CO Delta Dagger (s/n 55-3413) du 142nci Filo. Mürted, 1968. Après avoir achevé sa carrière dans l'USAF au sein de la Garde Nationale de Californie, ce chasseur a été livré à la Turquie en août 1968. Il a été perdu par accident le 22 juillet 1974.**

**Convair TF-102A-35-CO (s/n 54-1360) du 144nci Filo. Mürted, 1968. Cet ancien biplace de la Garde nationale du Wisconsin est arrivé en Turquie en juin 1968. Il a été retiré du service en mai 1979 en raison d'un manque de pièces détachées pour assurer sa maintenance.**

*Canadair NF-5A Freedom Fighter (s/n 70-3004) du 133nci Filo de la 3nci AJÜ. Cet avion a été livré par les Pays-Bas en 1990 et modernisé en NF-5A-2000 en 2004.*
*(Coll. G. Paloque)*

McDonnell F-4E-66-MC Phantom II (s/n 77-0306) du 111 Filo « Panter » (panthère) de la 1nci AJÜ. Eskisehir, 1975. Le code des Phantom II turcs est composé du numéro de l'escadre, suivi des trois derniers chiffres du serial number.

McDonnell F-4E-37-MC Phantom II (s/n 68-0313) du 133nci Filo « Hançer » (poignard) de la 3nci AJÜ. Konya, 1990. Ancien avion de l'USAF livré en octobre 1987 et portant encore son camouflage d'origine « European One ».

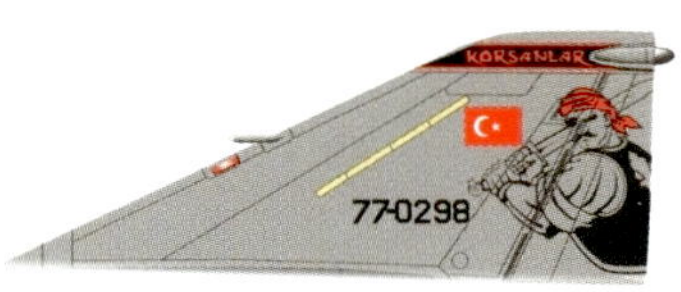


*Marquage spécial en 2011*

McDonnell F-4E-2020 Terminator (F-4E-65-MC Phantom II s/n 77-0286) du 171 Filo « Korsan » (pirates) de la 7nci AJÜ. Malatya-Erhaç, 2004. Appareil remis en service en 2002 après avoir été modernisé.

*McDonnell Douglas RF-4E-44-MC Phantom II (s/n 69-7459) du 113nci Filo « Ceylan » de la 1nci AJÜ. Eskisehir, 1997.* *(Coll. G. Paloque)*

## F-4E et RF-4E de la THK

— 1nci Ana Jet Üs (Eskisehir) : 111 Filo (F-4E/ Terminator), 112 Filo (F-4E) et 113 Filo (RF-4E).
— 3nci AJÜ (Konya) : 131 et 132 Filo (F-4E).
— 7nci AJÜ (Erhac-Malaya) : 171 et 172 Filo (F-4E) et 173 Filo (RF-4E).

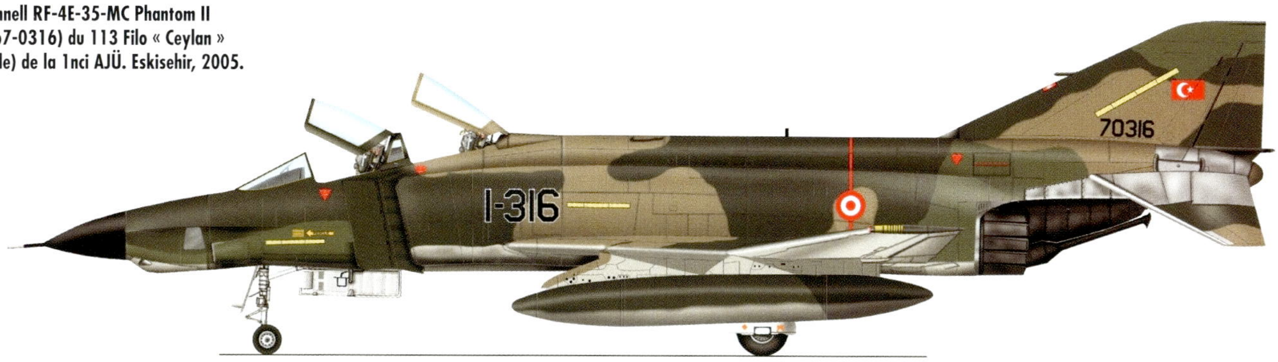


**McDonnell RF-4E-35-MC Phantom II (s/n 67-0316) du 113 Filo « Ceylan » (gazelle) de la 1nci AJÜ. Eskisehir, 2005.**

**McDonnell Douglas RF-4E-44-MC Phantom II (s/n 69-7459) du 113nci Filo « Ceylan » de la 1nci AJÜ. Eskisehir, 1997. Fourni par la Luftwaffe en 1994, cet avion a conservé son camouflage d'origine.**

**McDonnell F-4E-2020 Terminator (F-4E-57-MC s/n 73-1029) du 111nci Filo « Panter ». Eskisehir, 2016.**

*McDonnell F-4E-66-MC Phantom II (s/n 77-0306) du 133nci Filo en 1990. Appareil livré en novembre 1978 et modifié en F-4E-2020 « Terminator ». (Coll. G. Paloque)*

*F-16D Block 50+ (s/n 07-1022) du 161 Filo « Yarasa » (chauve-souris) armé de bombes JDAM.* *(THK)*

Lockheed Martin (TAI) F-16D Block 40 Fighting Falcon (s/n 90-0022) du 182 Filo « Atmaca » (faucon) de la 8nci AJÜ. Diyarbakir, 2015.

Lockheed Martin (TAI) F-16C Block 50F Fighting Falcon (s/n 93-0661) du 151 Filo « Savasan Kurt » (loup combattant), de la 5nci AJÜ. Merzifon, 2011.

*Marquage du 152 Filo « Akincir »*

Lockheed Martin (TAI) F-16C Block 50+ Fighting Falcon (s/n 07-1012) du 161 Filo « Yarasa » (chauve-souris) de la 6nci AJÜ. Bandirma, 2015. Cet avion, équipé de réservoirs supplémentaires de fuselage dits « conformes », fait partie du dernier lot de F-16 acquis par la Turquie dans le cadre du programme « Peace Onyx IV »

*F-16C Block 50 (s/n 93-0658) du 151 Filo « Savasan Kurt » (loup combattant). La plupart des F-16 de la Türk Hava Kuvvetleri ont été fabriqués localement par la société turque TAI.*
*(THK)*

**Northrop T-38M Talon (s/n 62-3649) du 121nci Tekamül Filosu (escadron d'entraînement) « Ari » (abeille) de la 2nci JÜUO (escadre d'entraînement). Izmir, 2011. T-38M est la désignation des Talon de la THK modernisés par la firme nationale TAI.**

*Ce F-4E-2020 Terminator (s/n 77-0283), armé d'une bombe guidée Popeye, fait partie de la cinquantaine de Phantom II turcs modernisés par l'Israélien IAI au début du présent siècle. Tous les avions de ce type encore en service sont affectés au seul 111 Filo « Panter » (panthère) basé à Eskisehir.*
*(THK)*

# SOMMAIRE





**ÉDITIONS HEIMDAL**
2, rue de la Cartoucherie
14400 St-Martin-des-Entrées
Téléphone : 02-31-51-68-68
Courriel : adv@editions-heimdal.fr
www.editions-heimdal.fr

Ouvrage réalisé par Gérard Paloque
sous la direction de Dominique Breffort.

Profils, insignes et textes de Gérard Paloque.

Révision des textes et légendes des photos d'époque :
Dominique Breffort.

Conception, maquette et mise en pages :
Magali Masselin et Dominique Breffort